Digitale Literaturwissenschaft

Reihe herausgegeben von
Thomas Weitin, Darmstadt, Deutschland
Evelyn Gius, Darmstadt, Deutschland

Beiratsmitglieder
Berenike Herrmann, Bielefeld, Deutschland
Julia Nantke, Hamburg, Deutschland
Nicolas Pethes, Köln, Deutschland
Massimo Salgaro, Verona, Italien
Holger Spamann, Cambridge, MA, USA
Inge van de Ven, Niederlande

Die Schriftenreihe ist ein Forum für literaturwissenschaftliche Arbeiten, die Forschungsfragen mit Hilfe digitaler Methoden zu lösen versuchen. Sie widmen sich literaturgeschichtlichen Themen oder Problemen der Literaturtheorie ebenso wie dem medialen Wandel oder kulturellen Kontexten. Charakteristisch ist die jeweilige fachliche Fundierung der digitalen Analysen, die in der Durchführung transparent sind und im Ergebnis so kommuniziert werden, dass ein breites Publikum damit weiterarbeiten kann. Die Reihe ist der nachhaltigen Fachwissenschaft verpflichtet und setzt neben eingängigen Argumentationen auch die Reproduzierbarkeit sämtlicher Datenanalysen voraus.

Weitere Bände in der Reihe https://link.springer.com/bookseries/16777

Thomas Weitin

Digitale Literaturgeschichte

Eine Versuchsreihe mit sieben Experimenten

 J.B. METZLER

Thomas Weitin
Germanistik – Digitale
Literaturwissenschaft
Technische Universität Darmstadt
Darmstadt, Deutschland

ISSN 2731-4022 ISSN 2731-4030 (electronic)
Digitale Literaturwissenschaft
ISBN 978-3-662-63662-6 ISBN 978-3-662-63663-3 (eBook)
https://doi.org/10.1007/978-3-662-63663-3

Die Deutsche Nationalbibliothek verzeichnet diese Publikation in der Deutschen Nationalbibliografie; detaillierte bibliografische Daten sind im Internet über http://dnb.d-nb.de abrufbar.

© Der/die Herausgeber bzw. der/die Autor(en), exklusiv lizenziert durch Springer-Verlag GmbH, DE, ein Teil von Springer Nature 2021
Das Werk einschließlich aller seiner Teile ist urheberrechtlich geschützt. Jede Verwertung, die nicht ausdrücklich vom Urheberrechtsgesetz zugelassen ist, bedarf der vorherigen Zustimmung der Verlage. Das gilt insbesondere für Vervielfältigungen, Bearbeitungen, Übersetzungen, Mikroverfilmungen und die Einspeicherung und Verarbeitung in elektronischen Systemen.
Die Wiedergabe von allgemein beschreibenden Bezeichnungen, Marken, Unternehmensnamen etc. in diesem Werk bedeutet nicht, dass diese frei durch jedermann benutzt werden dürfen. Die Berechtigung zur Benutzung unterliegt, auch ohne gesonderten Hinweis hierzu, den Regeln des Markenrechts. Die Rechte des jeweiligen Zeicheninhabers sind zu beachten.
Der Verlag, die Autoren und die Herausgeber gehen davon aus, dass die Angaben und Informationen in diesem Werk zum Zeitpunkt der Veröffentlichung vollständig und korrekt sind. Weder der Verlag noch die Autoren oder die Herausgeber übernehmen, ausdrücklich oder implizit, Gewähr für den Inhalt des Werkes, etwaige Fehler oder Äußerungen. Der Verlag bleibt im Hinblick auf geografische Zuordnungen und Gebietsbezeichnungen in veröffentlichten Karten und Institutionsadressen neutral.

Coverabbildung: © Sylverarts/stock.adobe.com

Planung/Lektorat: Ferdinand Poehlmann
J.B. Metzler ist ein Imprint der eingetragenen Gesellschaft Springer-Verlag GmbH, DE und ist ein Teil von Springer Nature.
Die Anschrift der Gesellschaft ist: Heidelberger Platz 3, 14197 Berlin, Germany

Inhaltsverzeichnis

1	**Einführung**...	1
2	**Goethe im kulturellen Gedächtnis des 19. Jahrhunderts**...........	13
	Moderne Methoden – klassische Gründungserzählungen.............	14
	Wer hat's erfunden? Goethe!................................	16
	Eine frühe Realistin?.......................................	19
	Gegen alle Evidenz: Realismus bleibt männlich – Frauen werden zum Märchen sortiert...	21
	Erstes Experiment: Wie zentral ist Goethe?.....................	22
	Die Datenbasis des Netzwerkmodells......................	24
	Ein Gruppierungsalgorithmus nach Georg Simmel............	27
	Ergebnisse...	30
3	**Vergleichende Korpusanalyse als Erkenntnisinstrument der Literaturgeschichte**..	35
	„Great Unread" als strategisches Argument.....................	35
	Big Data? Textkenntnis!....................................	36
	Zweites Experiment: Autorennetzwerke im 18. Jahrhundert und in der Goethezeit...	38
	Code-Kompetenz als Fähigkeit zur Kritik..................	38
	Fund: ein Autorinnen-Netzwerk...........................	42
	„Mind your corpus".....................................	44
	Eine unwahrscheinliche Gruppe..........................	47
	Ergebnisse...	51
4	**Stilometrie**...	53
	Schnelles Denken/Langsames Denken.........................	53
	Anknüpfungspunkte der Stilometrie...........................	54
	Operationalisierung und Theorie..............................	55
	Thesen der literaturwissenschaftlichen Stilometrie.................	57
	Drittes Experiment: Stilometrische Parametermanipulation..........	59
	Die kognitionswissenschaftliche Theorie hinter dem Autorschaftssignal...	62
	Signalinterferenzen.....................................	63

    Viertes Experiment: Zwei Distanzmaße im Vergleich 65
        Das Problem unterschiedlicher Textlängen in Theorie und Praxis 67
        Wichtiger Unterschied: Feature-Vektor und geometrischer Vektor 70
        Ergebnisse 72

5 Textklassifikation durch maschinelles Lernen 75
    Gegenderte Autorschaft: Der Fall *Elisa* 76
    Bestseller – das Geschlecht des Erfolgs 78
    Wertungssysteme im Umbruch 79
    Kosten der Kunstautonomie 81
    1795: Elisa oder das Weib, Wilhelm oder die Entsagenden 83
    Fünftes Experiment: Automatische Klassifikation nach der Variable
    Gender 85
        Überwachte und unüberwachte Verfahren 85
        Warum welcher Algorithmus? 86
        3 Texte im Test 87
        Kontrastanalyse als methodische Alternative zu Worthäufigkeiten 90
        Ergebnisse 92
        La Roches Werk und Wielands Beitrag 93
        Ergebnisse 94
        Bekenntnisse einer schönen Seele – von wem „selbst"
        geschrieben? 95
        Goethes Rezension: Nicht nachmachen! 97
        Was Goethe peinlich ist: Weibliches Genie und
        gleichgeschlechtliche Liebe 98
        Ein zusätzlicher Test zu den *Bekenntnissen* 101
        Ergebnisse 104

6 Quantitative Semantik 107
    Was auch Künstliche Intelligenz nicht gut kann: Bedeutung verstehen . . . 107
    Auf die Theorie kommt es an: Frauen sind keine Dinosaurier 108
    Wie weit trägt, was wir schon wissen? 110
    Trade-off: Kontextsensitivität und Vergleichbarkeit 115
    Sechstes Experiment: Topic Modeling als Reading at Scale 118
        Technik und Theorie des Topic Modeling 119
        Proliferationsklassen: Autorentopics und Diskurstopics 121
        Unterschiede in männlicher und weiblicher Empfindsamkeit? 127
        Ergebnisse 128
        Negativer Tugend-Diskurs 128
        Semantische Latenz: Topic Modeling und Kookkurrenzanalyse 130
        Das Problem der Stabilität 132
        Kontrollmodelle sind nötig 132
        Tugend als gegendertes Konzept: Statistik und Stellenlektüre 133
        Ergebnisse 143
    Siebentes Experiment: Semantische Netzwerkmodelle 145
        Ergebnisse 154

Bibliografie 157

Personenregister 165

Sachregister 169

Einführung 1

Wenn Sie dieses Buch zur Hand nehmen, suchen Sie vermutlich keine weitere Belehrung darüber, wie die Digitalisierung unser Leben verändert. In der Debatte dazu können wir mittlerweile alle locker mitschwimmen, wir kennen die Verheißungen und wissen um die Verwerfungen. Vielleicht interessiert es Sie gerade deshalb, welche konkreten Herausforderungen dort entstehen, wo traditionell analoge Gegenstände digital werden und entsprechende Methoden verlangen, um damit umzugehen. Grundsätzlich sind diese Herausforderungen für die Literaturgeschichte auch nicht anders als für die Regelungstechnik. Nur neigen wir eher dazu, uns den Übergang vom gedruckten zum digitalen Text als Kulturkrise vorzustellen als jenen vom elektrischen zum digitalen Regler. Dabei geht es hier wie dort um das Gleiche: Menschen mit einer speziellen Kompetenz müssen etwas Neues lernen. Die Wissenschaft als Ganzes hat im Zuge der Digitalisierung die gleichen Probleme wie alle anderen gesellschaftlichen Bereiche und kann daher, wie alle anderen, mit ihren Versuchen über den eigenen Tellerrand hinaus nachhaltig wirken – oder eben nicht.

Die Digital Humanities beschreiben sich selbst als eine „Transformationswissenschaft", die Know-how für die „geisteswissenschaftlichen Fachdisziplinen" entwickelt (Jannidis et al. 2017, S. XI), parallel dazu haben sich innerhalb der vorhandenen Fächer digitale Forschungsansätze und Lehrprogramme etabliert. Beide Arten der universitären Institutionalisierung stehen im Wettbewerb, können aber gut koexistieren und brauchen einander, weil sie die gleichen Schwierigkeiten bewältigen müssen. Das fängt bei den Zugangsvoraussetzungen an. Wer heute in den Digitalen Geisteswissenschaften studiert, wird meist frühzeitig in die Forschung eingebunden. Die Studierendenzahlen sind so überschaubar wie überall in den Geisteswissenschaften jenseits des Lehramts, weil zusätzlich zur Doppelkompetenz historisch-hermeneutischer *und* mathematisch-naturwissenschaftlicher Prägung jene Risikobereitschaft verlangt wird, die Geisteswissenschaftler und Geisteswissenschaftlerinnen immer mitbringen müssen. Im Übrigen ist das

© Der/die Autor(en), exklusiv lizenziert durch Springer-Verlag GmbH, DE, ein Teil von Springer Nature 2021
T. Weitin, *Digitale Literaturgeschichte,* Digitale Literaturwissenschaft, https://doi.org/10.1007/978-3-662-63663-3_1

ein starkes Doppelargument für eine konsequente Digitalisierung des Lehramtsstudiums: Hier findet sich eine im Vergleich zu geisteswissenschaftlichen Fachstudiengängen relativ große Kohorte von Studierenden, die auch Mathematik oder Naturwissenschaften belegen, Fächer, die außerhalb des Lehramts ebenfalls klein sind. Geboten wird eine klare Perspektive auf einen Job, den die Gesellschaft händeringend mit guten Leuten zu besetzen sucht.

Auf absehbare Zeit besteht die Umwelt digitaler geisteswissenschaftlicher Forschung aus der überwältigenden Mehrheit von Kolleginnen und Kollegen, die selbstverständlich ihre digitalen Endgeräte, das Internet und soziale Netzwerke nutzen und trotzdem methodisch bei dem bleiben, was sie in vordigitaler Zeit gelernt haben oder was auch ohne digitale Medien funktionieren würde. Das ist weder erstaunlich noch kritikwürdig, führt aber, wenn man versucht, digitale Methoden im engeren Sinn breiter zugänglich zu machen, in ein Dilemma. Digitale Methoden im engeren Sinn beruhen auf der Formalisierung und anschließenden Quantifizierung des Forschungsgegenstandes, wofür es in sämtlichen Geisteswissenschaften faszinierende historische Vorläufer gibt, die jedoch kaum weiterhelfen, wenn heute fast allen die entsprechende Ausbildung fehlt. Für eine umfassende Weiterbildung entscheiden sich nur wenige, sie scheint auch kaum nötig, wenn ständig neue Tools auf den Markt kommen, die nicht schwieriger zu bedienen sind als ein Textverarbeitungsprogramm. Ohne Frage ist das wünschenswert. Die Anwendung solcher Tools ist bisher trotzdem zaghaft geblieben, was nicht gegen die Benutzeroberflächen, sondern für die Benutzerinnen und Benutzer spricht, die erkannt haben, dass der anfangs ersparte Aufwand am Ende doch aufgebracht werden muss, wenn man mit den Ergebnissen sinnvoll arbeiten will. Die bestehen bei sehr vielen Tools vor allem aus visuellen Darstellungen, die entgegen dem ersten Anschein keineswegs einfach für sich stehen. Wer sie interpretieren will, muss erklären können, wie sie zustande gekommen sind. Dazu muss man unter der Oberfläche nach den Daten schauen und zumindest der Sache nach verstehen, was gerechnet worden ist, um die entsprechende Grafik zu erhalten. Auch statistisches Wissen ist bei der Auswertung häufig notwendig. Ohne diesen Mehraufwand werden leicht Scheinevidenzen produziert. Wer ihn auf sich nimmt, für den gibt es im Grunde keine einfachen Tools mehr.

Dass der Zugang zu digitalen Methoden voraussetzungsreich ist und anders als in den Geisteswissenschaften traditionell üblich nicht allein durch das Lesen neuer Bücher bewältigt werden kann, führt unmittelbar zu einem weiteren Problem. Die Geisteswissenschaften haben im Umgang mit neuen Methoden eine Strategie entwickelt, die psychologisch verständlich, aber nicht immer hilfreich ist. Dazu gehört die Betonung ihres disruptiven Charakters, des dadurch ausgelösten *turns* oder Paradigmenwechsels. Oft unterscheiden sich Verfechter und Skeptiker allein dadurch, dass sie die Umwälzung mitvollziehen oder bekämpfen wollen, wobei leicht untergeht, dass eine neue Methode sich nur dann bewähren kann, wenn es gelingt, mit ihr auf alte Fragen eine Antwort zu finden. Sicherlich ist es so, dass die Digitalisierung von Texten die maßgebliche Gegenstandsbasis geisteswissenschaftlicher Analysen so stark verändert, dass auch ganz neue Fragen entstehen und nach Antwort verlangen. Aber um eine Methode, die nur Fragen diskutiert, die sie selbst verursacht hat, wird es schnell wieder einsam. Das gilt für die Digitalen Geisteswissenschaften ganz besonders, weil ihre Analysetechniken allesamt aus anderen Fächern stammen, wo deren Anwendung sich längst etabliert hat. Sie kommen aus der Computerlinguistik und Informatik, aus der Statistik und aus den quantitativen Sozialwissenschaften. Wirklich neu werden die Methoden durch ihren Gebrauch in den geisteswissenschaftlichen Fächern. Dort aber können sie nur dann nachhaltig wirken, wenn zur *domain adaption* nicht nur die technische Abstimmung auf das geisteswissenschaftliche Feld, sondern auch der Versuch gehört, sich den dort existierenden Fragen zu stellen. Gebraucht werden Ergebnisse, mit denen Wissenschaftlerinnen und Wissenschaftler unabhängig von ihrer methodischen Ausrichtung weiterarbeiten können. Ideal wäre es, wenn Zusammenarbeit zunächst durch gemeinsame Fragen entsteht und dann von unterschiedlichen Methoden profitiert.

In der Realität sehen wir ein uneinheitliches Bild. Die Digital Humanities haben internationale Konferenzen und Zeitschriften mit einer attraktiven Debattenkultur etabliert. Derweil sind die geisteswissenschaftlichen Fächer Buchkulturen geblieben. In den klassischen Medien kommen Digitale Geisteswissenschaften vor allem als Debatte über Digitale Geisteswissenschaften vor. Von Ergebnissen ist, mit Ausnahme der digitalen Editionen, kaum die Rede, sodass sich manche fragen, ob es überhaupt welche gibt. Bei digitalen Untersuchungen, die in traditionellen Fachzeitschriften publiziert werden, lassen viele beim Lesen den Methodenteil aus, was die Resultate schnell dünn erscheinen lässt. Umgekehrt wissen alle digitalen Geisteswissenschaftlerinnen und Geisteswissenschaftler, wie viel Zeit das Lernen, Anwenden und Auswerten auch nur einer bestimmten Methode verschlingt. Wenn das nicht wertgeschätzt wird, bleiben nicht wenige mit ihren Publikationen lieber im einschlägigen Kontext.

Ein drittes Problem hat innerhalb der *scientific community* der Digitalen Geisteswissenschaften für eine Entwicklung gesorgt, die sich als nachhaltig entpuppen könnte. Was in der ersten Aufmerksamkeitswelle als Digital Humanities populär wurde, war ein vehementes Plädoyer für einen neuen Umgang mit der Literaturgeschichte. Anstatt weiter entlang weniger großer Bücher erzählt zu werden, sollte sie sich fortan auf die Makroanalyse (cf. Jockers 2013) großer Korpora dessen konzentrieren, was historisch tatsächlich geschrieben und gelesen worden ist. Für solche Textmassen kam Durchlesen als methodische Option nicht infrage, sie waren ausschließlich statistisch zu modellieren, wozu die Literaturgeschichte experimentellen Charakter annehmen sollte (Moretti 2000a, S. 62)[1]. „Experiments with history" (ibid., S. 61) lautete die Leitidee, womit die Digitalen Geisteswissenschaften auf empirische Evidenz verpflichtet wurden. Auch diese Idee war nicht völlig neu und ließ sich etwa mit Verweis auf den Positivismus in der Philologie des 19. Jahrhunderts oder den gleichzeitigen Methodenstreit in

---

[1] „[I]deally, *all* of literary history becomes a long chain of related experiments" (Herv. im Original).

der Geschichtswissenschaft autorisieren. Allerdings wurden, nachdem sich die erste Aufregung um die im kernigen Avantgarde-Duktus vorgetragene Methodenrevolution gelegt hatte, nicht etwa fehlende historische Anknüpfungspunkte zum Problem. Einer nachhaltigen Weiterentwicklung der ersten Ansätze stand vielmehr im Weg, dass ihre Ergebnisse nicht reproduziert werden konnten. Denn obwohl sie offensiv empirische Evidenzkriterien für sich in Anspruch nahmen, versetzten sie ihr Publikum bei den weitaus meisten Modellen, grafischen Darstellungen und Visualisierungen nicht in die Lage, zu versuchen, ob man mit den gleichen Daten auch zu diesen Ergebnissen kommt.

Inzwischen wird es mehr und mehr zur Selbstverständlichkeit, dass Untersuchungen nicht nur Ergebnisse präsentieren und erläutern, wie sie dazu gelangt sind, sondern mit der Publikation auch die Textkorpora in der je spezifischen Aufbereitungsform bereitstellen, die die Resultate immer mit beeinflusst. Oft werden auch die Metadaten zu den Texten, Informationen wie man sie in den Bibliothekskatalogen findet, mit zur Verfügung gestellt. Und natürlich der Code, mit dem Berechnungen durchgeführt und die Daten für entsprechende Modelle erzeugt worden sind. Da man beim Schreiben von Code ähnlich spezielle Marotten entwickelt wie beim Schreiben von Texten, ist es wichtig, die Skripte so zu kommentieren, dass andere auch wirklich etwas damit anfangen können.

Reproduzierbarkeit zu gewährleisten ist keine bloße Anpassung an das Wissenschaftsideal, das in den empirischen Natur- und Sozialwissenschaften vorherrscht. Sicher kommen die sich abzeichnenden neuen Standards auch durch den Druck renommierter Zeitschriften zustande, dem die Digital Humanities als Zeitschriftenkultur ausgesetzt sind. Im Grunde aber geht es dabei um etwas, das die Geisteswissenschaften ihrem traditionellen Selbstverständnis nach unbedingt wollen sollen, nämlich darum, Kritik möglich zu machen. Nur wer seine Leserinnen und Leser in die Lage versetzt, den Nachweis zu führen, dass ein Irrtum oder Fehler vorliegt, schafft wirklich eine kritische Öffentlichkeit. Philologie und Hermeneutik sind im Umgang mit Texten seit jeher an diesem Grundsatz ausgerichtet worden. Die in den Geisteswissenschaften im Ringen um Aufmerksamkeit weitgehend habitualisierte Orientierung an Originalität lässt uns das manchmal fast vergessen. Die unvermeidliche Empirie digitaler Methoden bietet womöglich eine Gelegenheit, die Kategorien origineller Erkenntnis selbst neu zu verhandeln. Denn wenn Autorinnen und Autoren andere in die Lage versetzen müssen, es ihnen gleich zu tun, kann Originalität kein Feldherrnhügel mehr sein.

Einmal bei Metaphern des Herausragens angelangt, ist an das größte Versprechen zu erinnern, das die Digitale Literaturgeschichte bislang gegeben hat. Sie ist angetreten, mit ihren Mitteln das sogenannte „Great Unread" (Moretti 2013, S. 87–89) zu erforschen, jenen riesigen Eisberg unter der kleinen Spitze des Kanons, der aus dem Blickfeld geraten und vergessen worden ist. Während eine überschaubare Zahl von Autoren und verschwindend wenige Autorinnen in die großen Literaturgeschichten des 19. Jahrhunderts Eingang gefunden haben, historisch-kritisch kommentierte Ausgaben erhielten und so bis heute in Erinnerung geblieben sind, regelmäßig mit neuen Studien bedacht und in den Schulen gelehrt werden, blieb dem größten Teil der literarischen Werke so eine

Überlieferungskarriere verwehrt. Dabei handelt es sich nicht selten um Werke, die zu ihrer Zeit einflussreiche Bestseller waren und breit rezensiert wurden. Die Digitalisierung führt uns vor Augen, dass diese Texte nicht einfach verschwunden sind und *on demand* sogar als gedruckte Bücher zu uns zurückkehren können. Richtig Teil der Literaturgeschichte werden sie dadurch aber nicht, weil es sich bei fast allen Werken, was die Forschung angeht, um nahezu unbeschriebene Blätter handelt, von der prekären Editionslage gar nicht zu reden.

Desto naheliegender erscheint der Gedanke, die für große Textmengen ausgelegten Werkzeuge der Digitalen Literaturgeschichte zu nutzen, um die vielen vergessenen Werke bei Korpusanalysen mit zu berücksichtigen. Da jede Gesellschaft nur einen Bruchteil von dem erinnern kann, was an Literatur hervorgebracht worden ist, gehören die Gesetzmäßigkeiten der Kanonisierung zu den klassischen Fragen. Darüber wissen wir auf der einen Seite sehr viel. Das ist die Seite der Akteure und Institutionen, wo wir ohne weiteres eine Positivliste von paratextuellen Kriterien zusammenstellen können, deren Vorhandensein es wahrscheinlich macht, dass ein Text kanonisch wird und bleibt (Erwähnung in Literaturgeschichten, zitierfähige Ausgaben etc.). Auf der anderen Seite konnten bislang keine Merkmale in den Texten selbst isoliert werden, die kanonische und nicht-kanonische Werke jeweils gemein hätten. So wie Jodie Archers und Matthew Jockers' umfangreicher Versuch, einen algorithmischen „Bestseller Code" (Archer und Jockers 2016) der Gegenwartsliteratur zu ermitteln, letztlich ein negatives Ergebnis brachte, war zuvor schon Franco Morettis exemplarische Suche nach einem berechenbaren Kanonmarker erfolglos geblieben (Moretti 2000b). Neuere Studien zu Komplexitätsunterschieden zwischen Hoch- und Populärliteratur haben gezeigt, dass sich die verschiedenen Genres innerhalb dieser Klassen wesentlich stärker unterscheiden als die Klassen selbst (Jannidis et al. 2019). Bis wir es womöglich besser wissen, müssen wir daher davon ausgehen, dass Kants Kritik des menschlichen Urteilsvermögens in Kunstdingen auch für quantitative Analysen mit dem Computer gilt: Es gibt keine objektiven Kriterien, nach denen festgestellt werden könnte, ob ein Text ‚schön' ist und wert, von unserer Erinnerung bewahrt zu werden.

Wenn das so ist, wird die Frage wichtig, wie denn dann die Auswahl erfolgte. Kein Text fällt einfach so dem Vergessen anheim oder wird von selbst kulturelles Erbe. Als sicher gilt, dass der Selektionsprozess, der sich im Verhältnis von Kanon und Great Unread beschreiben lässt, keiner Zufallsverteilung entspricht und den Autorinnen und Autoren gegenüber, von denen die Texte stammen, nicht neutral war. Die sieben Experimente dieses Buches gehen davon aus, dass der sichtbare und der unsichtbare Teil der Literaturgeschichte einen *gender bias* haben. Das ist ganz und gar offensichtlich und nichts, was man noch empirisch nachweisen müsste. Schon beim Aufbau von Korpora wird es einem bewusst, denn der Frauen-Anteil ist in den einschlägigen Repositorien zwar höher als in der narrativen Literaturgeschichte in Buchform, aber um auch nur halbwegs genügend Texte von Autorinnen für einen quantitativen Vergleich zusammenzubekommen, muss man für das 18. und 19. Jahrhundert zusätzlich digitale Volltexte erstellen, was durch die schlechte Ausgabensituation zusätzlich erschwert wird.

Dass die in diesem Buch vorgestellten Experimente und Modelle auf einen Vergleich zwischen weiblichen und männlichen Autoren hinauslaufen, war nicht von vornherein so geplant. Ich war mit Korpusanalysen zur Zentralität Goethes in verschiedenen historischen Vergleichskontexten beschäftigt, als sich plötzlich eine Gruppe von Autorinnen abzeichnete, von denen mir die meisten unbekannt waren oder nur von ungefähr dem Namen nach etwas sagten. In meiner Arbeitsgruppe rief die Beobachtung zunächst ungläubiges Staunen, dann Euphorie hervor; uns wurde klar, dass auch andere mit ähnlichen Korpora schon darauf gestoßen waren. Allerdings hatte bislang die mangelnde Stabilität der Gruppe bei wechselnden Parametereinstellungen des Modells (Lauer und Jannidis 2014) oder die Sorge, andere Signale könnten den vermeintlichen Gender-Zusammenhang überlagert haben (Erlin 2014, S. 76), dazu geführt, dass nicht weiter in diese Richtung untersucht worden war.

In einem ersten Impuls hielten wir es für unsere logische Aufgabe, nun nachzuweisen, dass tatsächlich ein Gender-Zusammenhang besteht, womit, je nachdem welche Daten wir für die Modelle zugrunde legten, gezeigt werden würde, dass Frauen (stilistisch) anders oder (thematisch) über anderes schrieben als Männer. Relativ rasch zeichnete sich in unseren Diskussionen jedoch ein etwas anderer Weg ab. Natürlich wollten wir den Unterschied im Auge behalten, unsere verschiedenen digitalen Methoden sollten aber dazu dienen, in einer Reihe von Experimenten zu prüfen, wo und wie er sich zeigt. Es reifte die Idee für dieses Buch, in dem ein durchgehender thematischer Fokus helfen sollte, die verwendeten Methoden auch kritisch auf ihren Erkenntniswert hin zu hinterfragen und etwas über die untersuchten Gegenstände zu lernen. Gerade die nicht-kanonischen Texte sollten nicht nur im Korpuszusammenhang mit modelliert, sondern in die Lektüre einbezogen werden, auch wenn dafür im Rahmen einer solchen Untersuchung immer nur kurze Ausschnitte bleiben. Quantitative Modelle und Zusammenhänge, die dadurch deutlich oder eben auch fragwürdig werden, stellen eine eigene Motivation dar, um die Texte, die immer wieder untersucht werden, mit jenen in Beziehung zu setzen, die die Forschung als ‚Frauenliteratur' abgestempelt hat. Es geht nicht nur darum, mehr Frauen in die Literaturgeschichte zu integrieren, sondern um eine ergebnisoffene Analyse, für die bestehende und nicht-bestehende Gender-Zusammenhänge gleichermaßen produktiv sind.

Kap. 1 beschäftigt sich mit der Literaturgeschichtsschreibung im 19. Jahrhundert, in der die Goethezeit historisch geworden ist. Am Beispiel einer großen Novellensammlung lässt sich beobachten, wie der Realismus seine Selbstbeschreibung als Epoche auf die Gründungsfigur Goethe zurückführt und dessen Werk als Stilvorlage in eine Schlüsselposition bringt, zu der sich alles ins Verhältnis setzen lassen muss, was als bewahrenswert erachtet werden soll. Unser erstes Experiment kann demgegenüber in einer stilometrischen Korpusanalyse aller Texte der Sammlung, die als Netzwerk modelliert werden, Goethe nicht als einen zentralen Knotenpunkt darstellen. Die beiden realistischen Herausgeber sind in dem Modell sehr wohl zentral, was auch für eine heute völlig vergessene Autorin gilt, deren Werk in der Sammlung ursprünglich für die prominente Position der ersten realistischen Novelle nach der Romantik vorgesehen gewesen war – bis diese dann doch einem Mann zufiel.

Datenbasierte Modelle können helfen, gegenüber der Literaturgeschichte, die immer auch selbst Erzählung sein muss, eine narrativkritische Haltung einzunehmen. In unserem Fall kann etwa die Diskrepanz zwischen der behaupteten und der gemessenen Zentralität von Goethes Stil als Hinweis auf eine Legitimationsstrategie des Realismus verstanden werden, die nicht mit dem verwechselt werden darf, was die Epoche tatsächlich zu kanonisieren versucht hat.

Vor diesem Hintergrund arbeitet das Buch in den nachfolgenden Kapiteln mit zwei Untersuchungskorpora, die aus Romanen des 18. Jahrhunderts und der Goethezeit (1770–1830) bestehen. Dass dabei eine ganze Reihe von Werken zu beiden Korpora gehört, ist beabsichtigt, die Aufteilung dient dem Versuch, die Position von Texten in unterschiedlichen historischen Vergleichszusammenhängen zu bestimmen. Mit einem Korpus stellen wir Intertextualität als materielles Artefakt her, das Kontextanalyse ermöglicht. Dass unsere Korpusanalyse quantitativ ist, bedeutet, wir rechnen nicht mit den Texten selbst, sondern einem numerischen Stellvertreter, über den sie sich in Beziehung setzen lassen. Diese Relationen können dann genutzt werden, um Ähnlichkeiten zwischen den Texten für das gesamte Korpus zu modellieren, was in diesem Buch zumeist über Netzwerke geschieht, wo die Knoten für die Texte und die Verbindungen für die Ähnlichkeitsverhältnisse zwischen ihnen stehen. Indem wir die größten Ähnlichkeiten innerhalb dieser Beziehungen herausfiltern, können wir innerhalb des Korpus einzelne Gruppen unterscheiden.

Auf diese Weise kamen wir auf die Spur der erwähnten Autorinnen-Gruppe, die in unserer vergleichenden Korpusanalyse zur Zentralität Goethes unerwartet aufgetaucht war. Kap. 2 diskutiert ausführlich das entsprechende Experiment und lotet aus, wie sich diese Gruppe zu den kanonischen Autoren des Korpus verhält, wenn wir den historischen Kontext variieren.

Während sich ein solcher diachroner Vergleich auf Korpusebene höchstens durch die digitale Durchführung von dem unterscheidet, was Literaturgeschichte ohnehin tut, wird es in Kap. 3 zugleich technischer und theoretischer. Mit dem dritten und vierten Experiment bewegt sich das Kapitel im Rahmen dessen, was von einer stilometrischen Versuchsreihe erwartet wird. Sie manipuliert sukzessive einzelne Parameter, um möglichst systematisch zu klären, wie sich das auf die Ergebnisse auswirkt. Die interpretierbaren Gruppierungen von Autorinnen und Autoren bleiben dabei im Fokus. Ohne verschiedene Berechnungsmöglichkeiten von Textähnlichkeit unterscheiden zu können, ist es letztlich nicht möglich, den berechneten Ergebnissen gegenüber die notwendige kritische Distanz zu wahren. Die Frage, was eine Berechnung berücksichtigt und wie es gewichtet wird, etwa die Wörter, die Autorinnen und Autoren bewusst einsetzen, im Verhältnis zu jenen, die ihren unbewussten *habits* entsprechen, ist gleichermaßen technisch und theoretisch relevant. Sie führt schnell zur Grundfrage, welche der literaturwissenschaftlichen Kategorien sich überhaupt auf diese Weise operationalisieren lassen. Wir wissen, dass wir mit Autorschaft auf der sicheren Seite sind, und können mit Hilfe linguistischer und kognitionswissenschaftlicher Theorie gut erklären, warum das so ist. Trotzdem lohnt es sich, die Aufmerksamkeit auch von riskanteren Kategorien wie Gender nicht abzuziehen, wo die Signale komplizierter sind, die Uneindeutigkeit aber auch in der Sache liegt.

Schreiben Frauen anders als Männer? Die Frage muss polarisieren, und es lassen sich einige Gründe finden, warum sie so nicht gut gestellt ist. Die Literaturgeschichte zeigt uns aber, dass der darin unterstellte Unterschied historisch stark empfunden wurde. Ob ein Roman von einer Frau oder einem Mann stammte, war für seine Popularität bei Verlag und Publikum und die spätere Kanonisierung – meist mit wechselndem Vorzeichen – ein wichtiger Faktor. Kap. 4 widmet sich drei historischen Fällen von Autorschaftsstreits aus der Goethezeit, die auf unterschiedliche Weise mit der Frage nach dem Geschlecht des Autors verknüpft waren. *Elisa oder wie das Weib sein sollte* erschien 1795, im gleichen Jahr wie Goethes *Wilhelm Meister*. Es handelt sich um einen in der Sache durchaus mehrschichtigen, letztlich aber repressiven Bildungsroman, der die Frau sich dem Mann unterordnen und dabei im Verborgenen familiäre Macht und pädagogische Kompetenz entwickeln lässt. Der Roman wurde ein europaweiter Bestseller, sein Titel ein geflügeltes Wort, mit dem die zeitgenössische Ratgeberliteratur ihre Auflagen antrieb. Seines reaktionären Frauenbildes wegen hat die feministische Literaturwissenschaft nachzuweisen versucht, dass nicht die zeitlebens anonym gebliebene Wilhelmine von Wobeser, sondern nur ein Mann der Urheber dieses Werkes gewesen sein kann (Schieth 1990).

Ein solcher Verdacht wurde im Falle der gleichfalls anonym erschienenen *Bekenntnisse einer schönen Seele. Von ihr selbst geschrieben* bereits direkt nach deren Erscheinen 1806 laut, allerdings aus ganz gegensätzlichen Gründen. Der Bildungsroman präsentierte eine derart selbstbewusste Protagonistin und autobiographische Ich-Erzählerin, dass Goethe höchstselbst die Riege der Rezensenten anführte, die die Annahme, dass eine Frau unmöglich so schreibt, geradewegs als Rezeptionsbedingung verstanden wissen wollten. Dass der Roman eine unverhohlene Anspielung auf Goethes eigene ‚Bekenntnisse einer schönen Seele' im 6. Buch von *Wilhelm Meisters Lehrjahren* war und somit als Gegenentwurf zu dem dort entwickelten resignativ-religiösen Weiblichkeitsideal verstanden werden musste, verlieh der Diskussion zusätzliche Brisanz.

Nicht lange anonym geblieben ist die Verfasserin in unserem dritten Fall. Die *Geschichte des Fräuleins von Sternheim* (1771) begründete den literarischen Ruhm Sophie La Roches und machte sie zur ersten finanziell unabhängigen Schriftstellerin im deutschsprachigen Raum. Die Schattenseite dieses Ruhmes warf ihr Mentor und Herausgeber Christoph Martin Wieland, der den empfindsamen Roman nicht nur stark redigiert und vom schwäbischen Dialekt befreit, sondern auch mit einer Vorrede bedacht hatte, die ihn als ‚von und für Frauen geschrieben' zu lesen empfahl (Becker-Cantarino 1997, S. 396). Das war die Geburtsstunde des fürderhin so verstandenen Frauenromans, der unter dieser Rubrik zugleich glänzend verkaufte, seines moralischen Inhalts wegen der weiblichen Leserschaft empfohlen und als Kunstwerk ignoriert werden konnte, wozu wiederum auch eine Goethe-Rezension beitrug. Für den Umgang der Literaturgeschichte mit Sophie La Roche hatte das einschneidende Folgen. Zwar erschien

Wielands altväterliche Einführung in das Erstlingswerk seiner ehemaligen Verlobten schon den Zeitgenossen lächerlich. Durchgesetzt hat sie sich trotzdem und *à la longue* dazu geführt, dass ausschließlich dieser eine Roman der bis ins Alter hochproduktiven Autorin kanonisch wurde.

Vor dem Hintergrund der Fall-Konstellation werden im fünften Experiment verschiedene Verfahren zur automatischen Textklassifikation nach der Variable Gender getestet. Die Versuchsreihe arbeitet mit einem fusionierten Korpus aus Romanen des 18. Jahrhunderts und der Goethezeit. Daran wird untersucht, wie gut sich das Autorengender algorithmisch vorhersagen lässt. Anders als in den vorangegangenen Experimenten geschieht das in einem zweistufigen Prozess, in dem der Algorithmus zunächst an einem Teil des Korpus trainiert wird, um dann an einem anderen Teil die gewünschten Vorhersagen zu treffen. Das damit verfolgte Erkenntnisziel ist mehrschichtig. Einerseits suchen wir nach einem Klassifikationsverfahren mit einer möglichst hohen Trefferquote, andererseits interessieren uns diejenigen Texte, denen das ‚falsche' Gender zuerkannt wird, wobei wir die drei historischen Autorschaftsdebatten besonders im Auge behalten. Optimal ist ein Ergebnis dann, wenn wir mit hoher Genauigkeit bestimmte Fehlzuschreibungen erhärten können. Ein weiteres Ziel der Versuchsreihe liegt darin, auch Alternativen zu den worthäufigkeitsbasierten Ansätzen zu testen, die in der digitalen Textanalyse lange dominierten. Mit einer Kontrastanalyse lässt sich ermitteln, welche Wörter genau den Unterschied zwischen den Texten von Frauen und Männern ausmachen. Diese Wörter werden nicht nach ihrer Häufigkeit, sondern danach quantifiziert, wie kontinuierlich sie jeweils gebraucht werden. Für eine Diskursanalyse erscheint diese Operationalisierung vielversprechend.

Kap. 5 versammelt zwei Experimente, die weiter in diese Richtung denken. Das sechste Experiment verwendet Topic Modeling als eine Methode der quantitativen Bedeutungsanalyse, die sich gut eignet, um zwischen Einzeltext- und Korpusebene hin und her zu schalten. Das klingt immer gut, geht aber keineswegs stufenlos und muss mit einer gewissen Umständlichkeit gehandhabt werden, die allein vor Kurzschlüssen bewahren kann. Der Gedanke, dass bei der Analyse von Bedeutung die Textlektüre die größte Kontextsensitivität besitzt, wohingegen Topic Models abstrakte semantische Felder weit vom Text entfernt darstellen, ist sowohl systematisch als auch im technischen Sinne richtig, insofern es sich um ein *bag of words*-Verfahren handelt. Für die Auswertung heißt das, die entsprechenden statistischen Ergebnisse lassen sich nicht direkt hermeneutisch rekontextualisieren, indem man einzelne, gut interpretierbare Wortfelder (Topics), die das Modell errechnet hat, im Text nachvollzieht. Sie müssen zunächst im Rahmen aller Topics und des kompletten Datensatzes betrachtet werden, damit etwa ihre ganz unterschiedliche Verteilung im Korpus bei der Interpretation berücksichtigt werden kann. Und dann ist da noch ein Elefant im Raum dieser Methode: Topic Models sind relativ instabil, was fast alle Untersuchungen einfach nicht thematisieren. Unser Experiment schlägt zur Milderung des Problems eine Routine mit Kontrollmodellen vor und zeigt, wie auch die konsolidierende Lektüre davon profitieren kann.

Das siebente und letzte Experiment spannt den Bogen zum Anfang zurück und nutzt die im Topic Modeling anfallenden Daten als Grundlage für weitere Netzwerkmodelle zum Vergleich der Untersuchungskorpora 18. Jahrhundert und Goethezeit. Diese semantischen Netzwerke werden über das Gewicht berechnet, das für jedes Topic angibt, wie stark es in jedem einzelnen der Korpustexte präsent ist. Wenn man diese Information hat, lassen sich über einen Schwellenwert diejenigen Texte herausfiltern, die Topics von besonderem Gewicht gemeinsam und entsprechende semantische Ähnlichkeiten haben. Das Gerüst mit den stärksten semantischen Zusammenhängen lässt sich auf das zurückführen, was die Literaturgeschichte von Romanen innerhalb des untersuchten historischen Epochenspektrums weiß und erwartet: Es ist vor allem der Empfindsamkeitsdiskurs, der sich in den Modellen besonders abzeichnet. Im Hinblick auf Gender wird dabei jedoch eine differenzierte Sicht auf das möglich, was man gut zu kennen meint. Der deutlichste Unterschied zwischen Autorinnen und Autoren liegt in dem Gewicht, mit dem ihre Werke eine hochgradig ambivalente, disharmonische Empfindsamkeit ausprägen. Sie ist bei den Frauen sehr viel stärker als bei den Männern, was den Schluss erlaubt, dass die betreffenden Autorinnen nicht einfach emotionaler schreiben, sondern über eine größere Bandbreite bei der Disposition von Gefühlen verfügen.

Ich möchte mich mit diesem Buch dem Trend zur Gewährleistung der Reproduzierbarkeit von Ergebnissen anschließen. Daher werden sowohl die Untersuchungskorpora samt Metadaten, die verwendeten R-Skripte inklusive jener zur Erzeugung der Abbildungen und die in den einzelnen Analyseschritten erzielten Ergebnisse vollständig auf GitHub zur Verfügung gestellt (**https://github.com/ thomasweitin/Digitale_Literaturgeschichte**). Die Skripte sind durch eine Nummerierung im Dateinamen dem zugehörigen Buchkapitel zugeordnet, die weitere Nummerierung im Namen verweist auf die Skriptabfolge. Beim Aufbau der Skripte wurde darauf geachtet, dass sie einfach zu modifizieren sind und somit auch für andere Forschungsfragen verwendet werden können. Ein Teil der Klassifikationsexperimente wurde mit sogenannten ‚seeds' durchgeführt, um Pseudozufallszahlengeneratoren zu erzeugen, die reproduzierbare Ergebnisse ermöglichen. Werden die Skripte mit den von uns festgelegten *seed*-Nummern durchgeführt, sind die Ergebnisse direkt reproduzierbar. Eine Abänderung der *seed*-Nummern führt zu abweichenden, aber ähnlichen Ergebnissen.

Geschrieben habe ich dieses Buch in einem Wechsel aus Ich- und Wir-Perspektive, für mich ein guter Ausdruck dafür, wie sich meine Arbeitsweise als Geisteswissenschaftler in den letzten Jahren verändert hat. Obwohl ich nach wie vor viele Stunden allein am Schreibtisch zubringe, denkt mein wissenschaftliches Ich nicht mehr ohne meine Arbeitsgruppe und ist ohne sie auch nicht mehr denkbar. Ich bin Judith Brottrager, Anastasia Glawion und Katharina Herget unglaublich dankbar dafür, dass sie die Experimente, die hier dargestellt sind, mit mir geplant, zahllose Male korrigiert und durchgeführt haben. Katharina hatte schon eine Masterarbeit zum Topic Modeling vorgelegt, als das für mich noch graue Theorie war. Anastasia hat dafür gesorgt, dass das, was ich bei meinem langjährigen Projektpartner Ulrik Brandes (ETH Zürich) über Netzwerkanalyse gelernt habe, nicht in Vergessenheit gerät. Judith hat unseren Code entscheidend weiterentwickelt und in eine präsentable Form gebracht.

Für ihre Unterstützung danke ich außerdem: Ronja Gramlich, Julian Häußler, Katja Jungherz, Juliane Krause, Julian Lemmerich, Simon Päpcke, Zsofia Pilz und Ikira Schielke.

Goethe im kulturellen Gedächtnis des 19. Jahrhunderts

2

Der Modebegriff des kulturellen Gedächtnisses erinnert uns daran, weshalb wir so oft über Geschichte streiten. *Kulturelles* Gedächtnis heißt: Geschichte haben wir nicht einfach als Vergangenheit hinter uns. Geschichte entsteht, wenn wir uns auf ‚unsere' Vergangenheit beziehen, auf die Geschichte der Welt, wie wir sie kennen, auf die Geschichte Europas, der abendländischen Philosophie, der modernen Architektur oder der Literatur unseres Sprachraums. Wenn derart Geschichte gemacht wird, ist sie Ausdruck einer Gegenwart, die an ‚ihre' Zukunft denkt (Assmann 2005, S. 31). Eine Weile verlässt sich diese Beziehung zur Vergangenheit informell auf das kommunikative Gedächtnis von Zeitgenossen, dann werden bewusst oder unbewusst Entscheidungen für oder gegen bestimmte Überlieferungen habitualisiert, und es bildet sich heraus, was zukünftige Generationen erinnern werden und was vergessen wird. Dabei entstehen Vorstellungen historischer Größe, die die universitäre Kulturgeschichte Mitte des 19. Jahrhunderts ausführlich als retrospektive Kollektivimaginationen der im Entstehen begriffenen modernen Massengesellschaft untersucht hat. Je mehr sich die Gesellschaft vereinzelt, so Jacob Burckhardt 1868 in seiner Vorlesung über das Studium der Geschichte, desto stärker werde das „Bedürfnis […] nach großen Repräsentanten" (Burckhardt 1978, S. 152), in denen sich historische Kollektiverfahrung speichern lässt.

Heute erscheint uns Goethe ohne Zweifel als eine solche historische Großfigur. Als kanonischer Autor schlechthin verkörpert er den Inbegriff deutscher Dichtung in der Weltliteratur (Richter 2017, S. 13, 123–99). Goethe ist zur kulturellen Institution geworden, die mittlerweile 159 nach ihm benannten Institute tragen wesentlich zu dem Bild bei, das Deutschland global von sich entwickelt. Und umgekehrt sind die Sprachzertifikate, die ebenfalls seinen Namen tragen, Teil des regulierten Zugangs zum Deutschen und nach Deutschland. Goethe ist Bildungsgut und Orientierungspunkt der Ausbildung von Deutschlehrerinnen und Deutschlehrern. An einer Universität, an der ich noch während des atemberaubenden

Erfolgs der Schulkomödie *Fack ju Göhte* unterrichtet habe, lautete das zentrale Thema für die mündliche Staatsprüfung unerschütterlich: ‚Die deutsche Literatur zwischen 1770 und 1830 (unter besonderer Berücksichtigung von Goethe, Schiller und Kleist)'.

Die großen Literaturgeschichten des 19. Jahrhunderts stritten temperamentvoll darüber, ob und wie sie die Zeit nach Goethe behandeln sollten, stimmten aber darin überein, dass mit seinem Tod eine klassische Epoche zu Ende gegangen war. Der Gegenwartsliteratur standen sie unterschiedlich aufgeschlossen gegenüber, aber auch dort, wo die Berührungsängste gering waren, wird deutlich, wie die Vorstellung der Goethezeit die Literaturgeschichte geprägt hat. Wilhelm Scherer etwa gehörte sicher nicht zu denjenigen germanistischen Philologen, die nach Goethe nur noch Epigonen sehen wollten. Er zählte Vertreter der Gegenwartsliteratur zu seinen Freunden und publizierte dazu in Vorlesungen und Aufsätzen. Nichtsdestotrotz weist er seine zuerst 1883 erschienene *Geschichte der deutschen Literatur* einleitend als Erzählung „von den ältesten Zeiten bis auf Goethes Tod" aus und schließt diese mit der Vollendung der Faust-Tragödie, die er einen „würdigen Schluß" nennt, den er „durch einen Blick auf die letzten fünfzig Jahre unserer Litteratur, der sich wie ein zerstreuter und zerstreuender Anhang ausgenommen haben würde", nicht „verderben" will (Scherer und Walzel 1921, S. 723). Ähnlich auf Goethe konzentriert zeigt sich der bei Scherer ausgebildete Erich Schmidt, der in seiner Antrittsvorlesung dem wissenschaftlichen Zeitgeist der Gründerzeit entsprechend das Ziel der deutschen Literaturgeschichte darin erkennt, dass sie „wie die neuere Naturwissenschaft" die Entwicklungsgeschichte ihres Gegenstand nach den Gesetzen von „Vererbung und Anpassung" (Schmidt 1886, S. 491) darstellt und dabei die Bibliographie als „statistische Wissenschaft" nutzt, um auf der Basis großer Zahlen „Production und Consumtion" von Literatur ihrer „örtlichen und zeitlichen Vertheilung" (Schmidt 1886, S. 492) nach erfassen zu können.

Moderne Methoden – klassische Gründungserzählungen

Diese moderne Sicht auf die an Massenproduktion geschulten Methoden der Literaturwissenschaft, die heute glatt als Distant Reading durchgehen würde, kommt nicht ohne eine klassische Gründungserzählung aus. Schmidt erinnert daran, wie Goethe seine Geburt mit der berühmten Rede von der glücklichen Sternenkonstellation zu Beginn von *Dichtung und Wahrheit* als epochales Ereignis entworfen habe. Dadurch habe die Literaturgeschichte gelernt, in Konstellationen zu denken. Die Entwicklungsgeschichte dieser Autobiographie verdanke sich „der klaren Construction des Genies" und sei doch zugleich als Literaturgeschichte des 18. Jahrhunderts zu lesen, sodass die Literaturgeschichte insgesamt Goethe zurecht „als einen Begründer" (Schmidt 1886, S. 486) feiere.

Nachdem sich die Literatur ‚nach Goethe' nicht mehr als Anhängsel ausblenden lässt, weil sie ihrerseits im Zeichen des Realismus Epoche gemacht hat, bleibt das Bewusstsein von der Bedeutung und dem Gründungscharakter der Klassik erhalten, zu dem sich der Realismus schon um der programmatischen

Abgrenzung zu Romantik und Naturalismus willen gern bekannt hat. Und es bleibt auch die Geste dem Gründungscharakter Goethes gegenüber, die nun freilich die an der Masse orientierten neuen Methoden der Literaturgeschichte mit der Konzentration auf einzelne Genies unvereinbar findet. Das sieht man schön bei Oskar Walzel, der Scherers *Geschichte der deutschen Literattur* um Realismus und Naturalismus erweiterte und bis zum Expressionismus seiner Gegenwart fortschrieb. Auch Walzel beginnt mit Goethe und erzählt, wie Goethe die Pariser Julirevolution von 1830 nur als eruptives Naturereignis habe sehen wollen. Bei Scherer taugt diese Sicht, die in *Faust II* zentrale Szenen prägt, noch als würdiger Abschluss der gesamten deutschen Literaturgeschichte. Für Walzel ist es nur mehr eine Anekdote, die er mit dem Hinweis verbindet, Heine habe den greisen Goethe ein „Zeitablehnungsgenie" (Walzel 1919, S. 27) genannt. Dass es dabei auch um die Methoden der Literaturgeschichtsschreibung geht, wird deutlich, wenn Walzel moniert, Goethe selbst habe „[d]ie Macht der einzelnen genialen Persönlichkeit" in der Geschichte „überschätzt", und dagegen hält: „Wir haben inzwischen kollektivistischer denken gelernt" (Walzel 1919, S. 69).

Für unser erstes Experiment gehen wir ein kleines Stück zurück in die große Zeit des Realismus, als die sogenannte ‚Novellenflut' zum Inbegriff literarischer Massenproduktion und die Klärung des Verhältnisses zu dieser Gattung ein dringendes Anliegen für das realistische Programm geworden war (Weitin 2017). Eine wichtige Rolle spielte dabei eine groß angelegte Novellensammlung, die ab dem Reichsgründungsjahr 1871 unter dem Titel *Der deutsche Novellenschatz* in insgesamt 24 Bänden erschien. Als Herausgeber fanden sich mit Paul Heyse und Hermann Kurz zwei realistische Autoren zusammen, wie sie unterschiedlicher nicht hätten sein können. Auf der einen Seite der weltbürgerlich gesinnte Heyse, den der bayerische König von Berlin an den Hof nach München holte und der dadurch früh aller finanziellen Sorgen ledig war. Heyse schrieb viel, die Zeitschriften rissen sich um seine Novellen, und er war bald so berühmt, dass Fontane, dessen Karriere Heyse gefördert hatte, ihm in einem Brief schmeichelte, nach der Goethezeit werde in der Literaturgeschichte wohl die Heysezeit kommen.[1] Hermann Kurz hingegen schrieb langsam, von peinlichen Selbstzweifeln geplagt ganz maßgeblich aus der Wirklichkeit der schwäbischen Provinz heraus. Er kannte zeitlebens die bitterste materielle Not, die sein Freund Heyse nicht zuletzt durch den gemeinsamen *Novellenschatz* lindern wollte (Slunitschek 2018). Und in der Tat verkaufte sich die Sammlung trotz des stolzen Preises der

---

[1] Dies freilich zu einer Zeit, da Heyse bereits von Seiten des Naturalismus heftig angefeindet und als Inhaber einer „Novellenfabrik" für den „Bildungspöbel" verspottet wurde (Alberti 1889, S. 968). Fontane schrieb:
„Ein Wechsel der Zeiten wird freilich tagtäglich ausposaunt, und vielleicht vollzieht er sich auch, mit dem Alten ‚aufräumend', aber, wie's auch kommen mag, die Tatsache, daß Du 30 Jahre lang an der Tête standst, so ausgesprochen, daß Du Deiner literarischen Epoche sehr wahrscheinlich den Namen geben wirst, diese Tatsache kann durch keinen Radaubruder aus der Deutschen Literaturgeschichte gestrichen werden." (Fontane und Heyse 1972, S. 205)

gut gebundenen Bände hervorragend, sodass Heyse zwei weitere folgen ließ[2] und der Begriff ‚*Novellenschatz*' zum Markenzeichen für gut gehende Anthologien der populärsten Gattung dieser Zeit wurde.[3] Hermann Kurz konnte indes von diesem Erfolg nicht lang profitieren. Er starb bereits 1873, Heyse besorgte posthum seine Werkausgabe.

Der *Deutsche Novellenschatz* ist seinem Selbstverständnis nach eine realistische Sammlung, was nicht nur daran deutlich wird, dass über die Hälfte seiner insgesamt 86 Texte aus der Zeit nach 1848 stammt. Der entschiedene Bruch mit der Romantik und die „Wendung zum Realismus" (Heyse und Kurz 1871e, S. IX), betont Heyse in der Einleitung, sei für die Entwicklung der Gattung zu einer der modernen Gesellschaft angemessenen literarischen Darstellungsweise notwendig gewesen. Eine einfache und daher klare Form mit reduzierter Handlung und einem deutlichen Grundmotiv soll dafür sorgen, dass die einzelne Novelle auf dem literarischen Massenmarkt wiedererkennbar bleibt. Zum Selbstverständnis des *Novellenschatzes* gehört indes auch die Arbeit am kulturellen Gedächtnis. Er will „das Beste, was in dieser Gattung geleistet ist" (Heyse und Kurz 1871e, S. XX), dem Vergessenwerden an entlegenen Erscheinungsorten, in kurzlebigen Taschenbüchern, Volkskalendern und Almanachen, entreißen und davor bewahren, im hektischen Erscheinungsrhythmus der populären Journale untergehen. Die literaturhistorische Ambition der Sammlung gebietet es natürlich, auch Beiträge zur Entwicklung der deutschsprachigen Novelle aufzunehmen, die vor der realistischen Ära geleistet worden sind. Dazu gibt Heyse in der Einleitung die große historische Linie vor. Sie beginnt mit einem vermeintlichen Gedächtnisverlust (Gebert 2017): Heyse berichtet, der einstige Reichtum der deutschen Literatur des Mittelalters „an fremden und eigenen kleinen Erzählungen meist schwankhafter Art […] versank in den Stürmen der Zeit" (Heyse und Kurz 1871e, S. V).

Wer hat's erfunden? Goethe!

Diese Bilanz muss erstaunen, denn als Novellenexperte dürfte Heyse ebenso wie sein deutlich älterer Mitstreiter Kurz, der als Universitätsbibliothekar in Tübingen tätig war, die Sammlungen Friedrich Heinrich von der Hagens (*Gesamtabenteuer*, 3 Bde., 1850) und Adelbert von Kellers (*Erzählungen aus altdeutschen Hand-*

---

[2] Novellenschatzes des Auslandes (14 Bde., 1872–1876), Neuer Deutscher Novellenschatz (24 Bde., 1884–1887).

[3] Mit dieser Sammlungsbezeichnung griff Heyse freilich nur auf, was bereits für mittelalterliche und frühneuzeitliche Novellensammlungen üblich geworden war, etwa durch Adelbert Kellers ab 1851 erschienenen *Italiänischen Novellenschatz*. Infolge des Heyse'schen Novellenschatzes ist eine Proliferation des Begriffs zu beobachten, der nun für alle möglichen Erzählungen und Geschichten gebraucht wurde, etwa in *Mähler's Humoresken- und Novellenschatz* (Stuttgart 1910). In dem ab 1908 in zehn Bänden publizierten *Jüdischen Novellenschatz* ist sogar mindestens ein dezidiert als Roman ausgewiesener Text aufgenommen worden.

schriften, 1855) gekannt haben. Felix Liebrecht hatte sie seinerzeit in den *Beiträgen zur Novellenkunde* in der *Germania* (1856) ausführlich besprochen. Was wir hier erleben, ist also die Geste eines *tabula rasa,* mit der sich die neugermanistische Sammlung Gründungscharakter verleiht. Und Heyse ist damit noch nicht fertig. Auch die vorklassische Erzählprosa des 18. Jahrhunderts wird ohne viele Umstände vom Tisch gewischt. Die psychologischen und pädagogischen Erzählungen der Aufklärung gelten ihm als zu sehr von ihrem Stoff bestimmt und mithin wenig formbewusst, ein Verdikt, das noch Schillers *Verbrecher aus verlorener Ehre* trifft.[4] Wieland wiederum sei es mit der Novellenform nicht recht ernst gewesen. Man ahnt und erwartet es natürlich längst: „Nicht früher nämlich als zu Ende des vorigen Jahrhunderts und durch Goethe" ist die „echte Novelle" in die deutsche Dichtung eingeführt worden, dieser ist ihr „Begründer" (Heyse und Kurz 1871e, S. VII). Damit nicht genug, Heyse stellt Goethe an den Anfang der realistischen Bewegung, schließlich sei es „der Respect vor dem Thatsächlichen, das epische Geltenlassen der Wirklichkeit", gewesen, das ihn auch „zum Begründer des deutschen Romans gemacht hatte" (Heyse und Kurz 1871e, S. X).

Heyse nimmt in seiner Einleitung nicht nur beständig auf die verschiedenen Phasen des Goethe'schen Novellenschaffens Bezug, von den als „modernes Decameron" angelegten *Unterhaltungen deutscher Ausgewanderten* über die *Wahlverwandtschaften,* die „ein echt novellistisches Thema zum Roman sich auswachsen lassen" (Heyse und Kurz 1871e, S. XVIII), bis hin zur *Novelle* und den Novellen der *Wanderjahre.* Er spiegelt die Anlage seiner eigenen Sammlung in der Autorität des Klassikers. Wie Heyse hatte Goethe italienische Novellen übersetzt und während der Arbeit an den *Unterhaltungen* auch Cervantes-Novellen gelesen, die er Schiller als „wahren Schatz" (Goethe 1968, S. 2:210) empfahl. Heyse zitiert das und spricht in diesem Zusammenhang selbst von „spanischen Musternovellen" (Heyse und Kurz 1871e, S. VII). Damit legt er Goethe die Idee der „Mustersammlung" (Heyse und Kurz 1871e, S. XXIV) in den Mund, die der *Deutsche Novellenschatz* für sich beansprucht.

Derart als zentrale Gründungsfigur gesetzt, erscheint es folgerichtig, dass Goethe den *Novellenschatz* eröffnet. Sehr wohl überraschend und zwischen beiden Herausgebern höchst umstritten gewesen ist jedoch der dafür ausgewählte Text. Aus der fast 700 Briefe umfassenden Herausgeber-Korrespondenz wissen wir, dass Hermann Kurz die infrage kommenden Romantiker sichten musste, was ihm offenbar erheblichen Verdruss bereitet hat. Noch in den kurzen Einführungen zu den für die Sammlung ausgewählten Texten kann er seine Abneigung schlecht verbergen, die sich vor allem dort zum Zorn steigert, wo Wirklichkeit und Phantastisches romantisch verschmolzen werden. Diese Abneigung muss auch Goethes *Melusine* getroffen haben, denn wir kennen einen beschwichtigenden Antwortbrief Heyses, in dem er Kurz erklärt, warum die Geschichte vom untreuen

---

[4] Im *Neuen deutschen Novellenschatz* ändert Heyse seine Meinung und nimmt den *Verbrecher aus verlorener Ehre* auf.

Mann, der die Tochter eines Zwergenkönigs heiratet, trotz ihrer offensichtlichen Märchenhaftigkeit an die Spitze des *Novellenschatzes* gehört.

> Sollten wir nicht dennoch „Die neue Melusine" an die Spitze stellen? A Iove principium. Was ihr, dem Stoffe nach, zur eigentlichen Novelle fehlt, könnte ja in der Vorbemerkung eingestanden werden. Als Stilmuster scheint sie mir unschätzbar.[5]

Heyse stimmt seinen Mitherausgeber durch Ironie milde. Wie Jupiter soll Goethe am Anfang stehen. Er hat dafür indes auch einen sachlichen Grund, denn wenn die *Melusine* ein unverzichtbares „Stilmuster" darstellt, ist sie natürlich geeignet, die „Mustersammlung" zu eröffnen. Kurz schwenkt auch auf Heyses Linie um und vertritt in seiner Einführung zum Text, das Märchenhafte fungiere nur als die Verkleidung des unverkennbar wirklichen Lebens in der Erzählung, die nur scheinbar Märchen, „in Wirklichkeit" (Heyse und Kurz 1871a, S. 3) aber Novelle sei. Kurz will ihr nunmehr sogar „den ersten Rang" unter allen Goethe-Novellen zuerkennen. Allerdings scheint das nicht zu bedeuten, dass er die Geschichte einfach als eine jener realistischen Heirats- und Ehenovellen verstanden wissen will, die für die Gattung typisch und im *Novellenschatz* stark vertreten sind. Denn er räumt ein, der Eindruck wirklichen Lebens entstehe vor allem durch die Rahmenhandlung, in welcher der am Geschehen beteiligte Erzähler in einer Alltagsszene auftritt. Jedenfalls haben sich die Herausgeber für die umständliche Konstruktion entschieden, zusätzlich zur Rahmenerzählung der *Wanderjahre* den Erzählrahmen vorzuschalten, mit dem die *Melusine* zuerst im *Taschenbuch für Damen auf das Jahr 1817* erschien. Und wie um seinen alten Widerstand noch ein wenig zu mobilisieren, merkt Kurz pfiffig an, dass ein aus dem Zwergenreich an den deutschen Herd zurückgekehrter Ehemann auf das zeitgenössische Publikum doch verstörend gewirkt habe, sodass man sich nicht habe wundern müssen, „wenn dieses nachderhand etwas anarchisch geworden ist" (ibid., 7). Auf dem Literaturmarkt waren Goethes *Wanderjahre* ein Reinfall sondergleichen, die *Melusine* aber ist für die Herausgeber des *Novellenschatzes* ein zentraler Referenztext, um bestimmte romantische Novellen in die realistische Sammlung zu integrieren. Nachdem Kurz dafür die Formel gefunden hat – märchenhaft, aber im Kern lebensnah –, wird die *Melusine* in den Einführungen überall dort als Vergleichstext aufgerufen, wo dieser Formelkompromiss greift, etwa bei Hauffs *Phantasien im Bremer Ratskeller* oder bei Chamissos *Schlemihl*.

---

[5] Paul Heyse an Hermann Kurz, 6. Juni 1870 (Bayerische Staatsbibliothek München, Abteilung Handschriften und Alte Drucke, Heyse-Archiv VI / Kurz, Hermann). Katharina Herget transkribiert den uneditierten Herausgeberbriefwechsel für ihre Dissertation über die Rolle der Heyse'schen Novellenschätze in der Literaturgeschichte. Dieses Zitat findet sich in leicht anderer Form auch bereits in der Dissertation von Monika Walkhoff, die einzelne Passagen publiziert hat (Walkhoff 1967, S. 37).

Eine frühe Realistin?

Nach Goethe sehen die Herausgeber in weiteren Autoren Brücken von der Romantik in den Realismus. „Tieck ist nächst Goethe der Begründer derjenigen Gattung, die man die moderne oder auch die Gesellschaftsnovelle nennt" (Heyse und Kurz 1871b, S. 3), heißt es zu Beginn der Einführung zu Tiecks *Die Gemälde*. Der Romantiker ist einer von nur vier Autoren, die mit zwei Werken im *Novellenschatz* vertreten sind, ansonsten wird je nur eine Novelle berücksichtigt. Wer mit Tieck in Verbindung stand oder zu seiner Schule gerechnet werden kann, hatte offenbar gute Chancen, aufgenommen zu werden. Jedenfalls wiederholt sich dieser Hinweis in den Einführungen. Er trifft auch auf Adelheid Reinbold zu, welche, wie die Herausgeber zu ihrer Novelle *Irrwisch-Fritze* erklären, „aus weiblicher Scheu vor der Öffentlichkeit" (Heyse und Kurz 1871d, S. 3) unter dem Pseudonym Franz Berthold schrieb. Reinbold verbrachte einen großen Teil ihres Lebens in Dresden, „wo Tieck ihr ein theilnehmender Freunde und Berater war" (ibid.). Nach ihrem frühen Tod war er der Herausgeber ihrer Werke. *Irrwisch-Fritze* ist eine zuerst 1838 in der *Urania* erschienene Dorfgeschichte, die Ähnlichkeiten mit Kellers viel später geschriebener Novelle *Romeo und Julia auf dem Dorfe* aufweist, welche ebenfalls zum *Novellenschatz* gehört. Es geht um die verbotene Liebe zwischen zwei Bauernkindern, die hier jedoch am Ende dank einer grandiosen Verwechslungsgeschichte zur glücklichen Hochzeit führt. Der Fokus liegt auf den sozialen Milieus und Familienstrukturen; intensive szenische Schilderungen und dominante Dialoge charakterisieren die Figuren mit jener „dramatische[n] Unmittelbarkeit" (Heyse und Kurz 1871e, S. XVI), die Heyse als Stilmerkmal der modernen Novelle reklamiert. In einer Rezension fühlten sich die *Blätter für literarische Unterhaltung* durch die wirklichkeitsgetreuen Örtlichkeiten und Naturszenerien an Walter Scott erinnert („Urania" 1838, S. 1192).

Es lag nahe, diese Novelle in der Sammlung prominent zu platzieren. Die Herausgeber hatten dafür den neuralgischen Punkt des „Uebergangs" (Heyse und Kurz 1871d, S. 4) von der Romantik zum Realismus vorgesehen. Ihren ursprünglichen Plan, die 24 Bände des *Novellenschatzes* als chronologische Anthologie der deutschsprachigen Novellistik aufzubauen, gaben sie schon nach dem dritten Band auf, weil die dafür zu sichtenden Textmassen ihren Zeitplan gesprengt hätten. Stattdessen sollten nun innerhalb einzelner Bände Novellen so gruppiert werden, dass gerade durch die gemeinsame Form der Gattung die Unterschiede zwischen den Epochen beobachtet werden konnten (Weitin 2016, S. 390). Im dritten Band wird dieses Verfahren erstmals praktiziert, und es spricht einiges dafür, dass Reinbolds *Irrwisch-Fritze* vorgesehen war, auf Tiecks *Des Lebens Überfluß* und Eichendorffs *Die Glücksritter* zu folgen, um im Kontrast zum „letzten Romantiker" (Heyse und Kurz 1871c, S. 89) den neuen Stil des Realismus deutlich zu machen. Diese Positionierung hätte der Erstpublikation in der *Urania* entsprochen, wo der Text unter der Rubrik Idyll-Novelle u. a. gemeinsam mit Tiecks *Des Lebens Überfluß* und mit Eichendorffs *Die Entführung* erschienen war. Passend gewesen wäre diese Position auch, weil danach Kellers *Romeo und*

Julia auf dem Dorfe als letzter Text des dritten Bandes folgt. In einem Brief an Kurz hatte Heyse die Idee geäußert, „jeden Band mit einer modernsten Novelle zu beschließen" (Walkhoff 1967, S. 29)[6]. In diesem Fall wäre *Irrwisch-Fritze* als frühe Vorwegnahme des späteren Dorfgeschichten-Klassikers und damit als Meilenstein in der Modernisierung der Gattung erschienen. Dass Epoche (εποχή) macht, wer in Konstellationen denkt, hatte die Literaturgeschichte der Zeit eigenem Bekunden nach von Goethe gelernt.

Es kam jedoch etwas anders. Für die prominente Position des ersten realistischen Texts der Sammlung griffen Heyse und Kurz in die unmittelbare Gegenwart der Erscheinungszeit des *Novellenschatzes* vor und wählten *Die katholische Mühle* von Adolf Widmann (1865) als diejenige Novelle aus, die auf Tieck und Eichendorff folgt. Zur Begründung heißt es, diese Novelle mute in ihrer Waldeinsamkeit romantisch an wie Eichendorff und habe doch durch ihre charakteristischen Lokaltöne „das Stoff- und Stimmungsgebiet der Romantik mit vollster Klarheit für den modernen Realismus erobert" (Heyse und Kurz 1871c, S. 164). Im *Novellenschatz* dringt der so gelobte Text in die erste Reihe vor zwischen den beiden (für Heyse und Kurz) größten Romantikern (Tieck und Eichendorff) und der Stellung, die sich Gottfried Keller durch „realistischen Muth" (Heyse und Kurz 1871c, S. 236) hat erkämpfen können. Die Herausgeber preisen ihren Schweizer Zeitgenossen als „novellistisches Talent allerersten Ranges" und als „Meister des epischen Stils", dessen „Ton" in seiner maßvollen Objektivität „dem Goethe'schen verwandt" (Heyse und Kurz 1871c, S. 235) sei. Als erste von insgesamt zwölf Frauen der Sammlung erscheint Adelheid Reinbold daher erst zu Beginn des vierten Bandes. Auf ihren *Irrwisch-Fritze* folgen nunmehr Wilhelm Hauffs *Phantasien im Bremer Ratskeller*.

Mit dem vierten Band ändern die Herausgeber den Charakter der Einführungen zu den einzelnen Novellen. In den ersten drei Bänden wurde jeweils ein kurzer biografischer Abriss gegeben, auf den ein historisch-kritischer Kommentar zum Text folgte. Einzig *Die neue Melusine,* der Eröffnungstext des *Novellenschatzes,* erschien ohne Biografie, mit nur einigen einleitenden Worten und sogar ohne die Angabe des Vornamens des Autors; der Name „Goethe" reichte hin. Ab Band 4 finden sich vor den Novellen kurze, um schlüssige Darstellung bemühte biografische Porträts, die Autor und Text im Zusammenhang charakterisieren. Adelheid Reinbold ist die erste, mit der so verfahren wird. Und die Begründung für ihre Positionierung ist aufschlussreich. Über ihre Entwicklung als Autorin heißt es, sie sei durch den Beifall, den ihre Einsendungen für das *Morgenblatt für gebildete Stände* gefunden hätten, zum Schreiben ermutigt worden. Und der *Irrwisch-Fritze* habe in der *Urania* trotz der Nachbarschaft bereits berühmter Namen für großes Aufsehen gesorgt. Das Lob des Mentors Tieck für ihren Realismus wollen die

---

[6] Paul Heyse an Hermann Kurz am 24. April 1871. Fotis Jannidis hat in einem stilometrischen Experiment mit dem *Novellenschatz*-Korpus Eichendorffs Novelle als diejenige ermittelt, die später geschriebenen Texten besonders ähnlich ist, was als Vorbildcharakter interpretiert werden kann (Jannidis 2017).

Herausgeber freilich „[h]eute [...], wo man andere Maßstäbe anlegen gelernt hat" (Heyse und Kurz 1871d, S. 4), nicht mehr uneingeschränkt gelten lassen. Sicherlich gehöre die Novelle zu denjenigen, „die dem gesunden Realismus der neuern Erzählkunst die Bahn gebrochen haben" (ibid.). Diese Würdigung einschränkend folgt eine rasche Analyse der „liebenswürdigen Erfindung" (ibid.) der Irrlichter, die dem Titelhelden Fritz ursprünglich seinen mit sozialer Ächtung verbundenen Beinamen geben, im Laufe der Handlung jedoch für die Überwindung des Aberglaubens stehen und am Ende Teil der hochkomischen Schlusswendung sind. Nicht gerade auf der Höhe des Textes wenden die Herausgeber ein, der „aufgeklärte Leser" (ibid., 5) bleibe ungewiss, ob es sich nur um den Aberglauben der dargestellten Personen handle, denn die Novelle erwecke bei allem Realismus doch den Eindruck eines gewissen Heimwehs nach der „verlassene[n] Märchenwelt" (ibid., 4). Ein „Ueberrest des Wunderbaren" schleiche dem Natürlichen an die Seite, „und wäre es auch nur, um zuletzt als romantische Decoration am Wege zu stehen" (Heyse und Kurz 1871d, S. 5).

Gegen alle Evidenz: Realismus bleibt männlich – Frauen werden zum Märchen sortiert

Adelheid Reinbold mit diesem Argument die Einreihung in die zu Goethe zurückstrebende Traditionslinie der realistischen Novelle zu verwehren wirkt abwegig, zumal der Vorwurf des unrealistischen Eingriffs märchenhafter Irrlichter in die Handlung recht genau die Funktion beschreibt, die die Irrlichter in Goethes *Märchen* haben. Das *Märchen* markiert den Höhepunkt und Abschluss der *Unterhaltungen deutscher Ausgewanderten*, die Heyse in der Einleitung zum *Novellenschatz* als Begründung der deutschsprachigen Novellistik feiert. Und während die Herausgeber keinen Aufwand scheuen, um Goethes märchenhafte *Melusine* als realistische Novelle zu deuten, bedarf es ebenso großer Anstrengung, um in Reinbolds realistischer Dorfgeschichte eine Märchensehnsucht festzustellen, wodurch der Text dann konsequent auf den Platz neben Hauff rutscht. Dessen Aufnahme in den *Novellenschatz* war zunächst ebenfalls auf den Widerstand von Kurz gestoßen, der die *Phantasien im Bremer Ratskeller* nicht als Novelle im Sinne der Sammlung hatte durchgehen lassen wollen. Heyse stimmte ihn mit Verweis auf Goethe um, und plötzlich fielen Kurz „die dummen Schuppen" von den Augen. Natürlich sei das eine Novelle – „bei Melusinens Lichtschein betrachtet".[7]

---

[7] Kurz an Heyse, Trinity 1870 [12.06.1870]. Bayerische Staatsbibliothek München, Abteilung Handschriften und Alte Drucke, Heyse-Archiv VI / Kurz, Hermann (cf. Walkhoff 1967, S. 53, 67).

Erstes Experiment: Wie zentral ist Goethe?

Wir haben gesehen, wie die deutsche Literaturgeschichte des 19. Jahrhunderts zwischen der Entwicklung ‚bis' und ‚nach Goethe' unterscheidet und die historische Größe des Dichters auch dann noch als Instanz und Autorität aufbietet, als längst Alternativen zur personenzentrierten Geschichtsschreibung praktiziert werden. Auch innerhalb der Literatur selbst bleibt Goethe die zentrale Bezugsgröße, was sich gut an der von den Herausgebern des *Deutschen Novellenschatzes* entworfenen Gattungsgeschichte und konkret an der zentralen Position der *Neuen Melusine* beobachten lässt, die diese Sammlung an den Anfang stellt und als zentrale Referenz für die Integration romantischer Novellen verwendet. Wir konnten ferner erkennen, dass die Traditionslinien, über die sich der Realismus auf die Goethezeit zurückführt, keineswegs zufällig, sondern mit Kalkül gebildet wurden. Und unser Beispiel bietet Gründe für die Annahme, dass diese Autorisierung einen *gender bias* hatte. Heyse war nicht nur der prominenteste Schriftsteller seiner Zeit. Er verfügte über ein auch nach heutigen Maßstäben unglaubliches Netzwerk, hatte zu allen wesentlichen Akteuren des Literaturbetriebs Verbindung und kannte den Markt wie nur wenige. Daher wusste er auch, wie wichtig Autorinnen gerade auf dem Gebiet der Novelle waren. Dieses Wissen ließ ihn indes nicht so weit gehen, im *Deutschen Novellenschatz* auf den letzten Romantiker eine erste Realistin folgen zu lassen. Lieber wählten Kurz und er dafür einen gut zu Eichendorff passenden Schwaben, sortierten die realistische Autorin Richtung heimeliges Märchen, um in der nunmehr rein männlichen Traditionsreihe Goethes maßvoll objektiven Stil an Gottfried Keller vererben zu können, der, ohne dass seine Vorläuferin in der Dorfgeschichte auch vor ihm platziert ist, aus sich heraus als neuer Meister und Stilikone der Gattung erscheint.

Wir haben Stil bislang nicht eingehend als Kategorie diskutiert. Da unser erstes Experiment mit Daten operiert, die aus einer stilometrischen Korpusanalyse des *Novellenschatzes* stammen, sollten wir das noch kurz nachholen. Für die Herausgeber ist der Stil oder, wie sie auch oft sagen, der ‚Ton' ein entscheidendes Merkmal vor allem der zeitgenössischen, modernen Novelle, die in der deutschsprachigen Welt erst der Realismus als klar definierbaren Inbegriff der Gattung hervorbringt. Wenn romantische und realistische Novellen, weil sie derselben Gattung angehören, vieles gemeinsam haben, macht der Stil den Unterschied. Das bedeutet auch, dass Realismus überhaupt eine Frage des Stils ist. Und gerade dafür ist Goethe die historische Instanz, die es rechtfertigt, *Die neue Melusine* als „Stilmuster" allen anderen Texten voranzustellen, selbst wenn sie „dem Stoffe nach" eigentlich gar keine Novelle ist.

Und ist die *Melusine* nun stilbildend für den Rest der Novellensammlung? Niemand in meiner Arbeitsgruppe wollte das auf der Basis unserer Lektüren bestätigen. Wir fragten die Studierenden des Novellenseminars, die mit den Herausgebern argumentierten: In der Rahmenhandlung der Taschenbuchausgabe tritt der Held der Binnenhandlung fast schon wie bei Storm als Erzähler in einem Wirtshaus auf. Das ist realistisch und zugleich die klassische Novellenstruktur.

Schon richtig, meinten andere, aber ob Heyse wirklich die Bauform der Novelle gemeint habe, wenn er Kurz schrieb, sie sei ein Stilmuster? Wir einigten uns darauf, eine einzelne Briefstelle nicht überzubewerten, kamen aber auch überein, dass Stil und Ton sowohl in der theoretischen Einleitung zum *Novellenschatz* (die nur von Heyse stammt) als auch in den Einführungen zu den einzelnen Novellen (die sich beide Herausgeber nach Zuständigkeitsbereichen teilten) immer den sprachlichen Stil bezeichnen. Insofern war es vertretbar, die Vorbildfunktion der *Melusine* in diesem Sinne zu verstehen und mithilfe des Computers auf Korpusebene zu testen, ob die Goethe-Novelle für die Sammlung tatsächlich so zentral ist, wie Heyse und Kurz behaupten. Wir sehen das Ergebnis in unserem ersten Netzwerkmodell (Abb. 2.1).

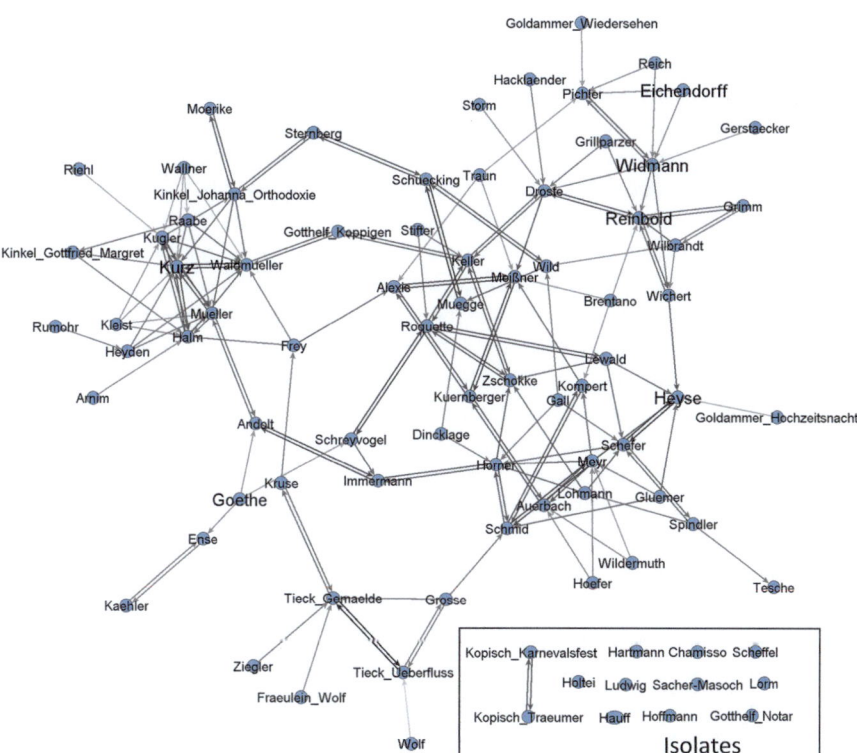

Abb. 2.1 *Simmelian Backbone*-Netzwerk des *Deutschen Novellenschatzes* (= Modell 1). Die Farbstufen der Knoten und Kanten wurden nach den Delta-Werten skaliert (500 MFW, Burrows' Delta, 20 % Culling). An den Kanten liegt der Wert für die paarweise Ähnlichkeit zweier Texte, an den Knoten der Wert für die durchschnittliche Ähnlichkeit jedes einzelnen Textes zum Gesamtkorpus (Delta-Mean)

Das Modell, das wir hier sehen, ist voraussetzungsreich. Gleichwohl hat wohl jede und jeder eine visuelle Intuition, um zentrale von weniger zentralen Knoten zu unterscheiden. Es ist keine unwesentliche Aufgabe von Modellen, solche visuellen Intuitionen zu unterstützen und in Erkenntnis zu verwandeln. Diese Verwandlung kann aber nur gelingen, wenn mit dem Eindruck, den das Modell macht, auch verstanden wird, wie es zustande gekommen ist, das heißt, welche Daten ihm zugrunde liegen und wie diese Daten berechnet worden sind. Das ist bei den Netzwerkmodellen, die dieses Buch verwendet, ganz besonders wichtig, weil wir verschiedene in den Digital Humanities populäre Methoden benutzt haben, um Daten zu gewinnen, die es erlauben, Texte innerhalb von Korpora zu vergleichen. Und diese Daten sind dann in die Netzwerke eingegangen, mit denen wir die Korpora nach unterschiedlichen Gesichtspunkten modellieren. Netzwerkanalyse ist also für uns keine Methode unter anderen, wir verwenden sie als übergeordnetes Modell, weil es uns auf die Position einzelner Texte und Textgruppen innerhalb größerer Gesamtheiten ankommt. Anders gesagt, wir halten Netzwerke für ein besonders angemessenes Instrument der literaturwissenschaftlichen Korpusanalyse.

Fangen wir an mit dem, was offensichtlich scheint. Vorausgeschickt sei nur eine Erklärung für die Label (Beschriftungen) der Knoten. Da der *Novellenschatz* in der Regel von jedem Autor und jeder Autorin nur einen Text aufgenommen hat, haben wir für bessere Übersichtlichkeit die Novellen jeweils mit dem Autorennamen benannt. Der Goethe-Knoten steht also für die *Neue Melusine,* der Reinbold-Knoten für *Irrwisch-Fritze* und der Kurz-Knoten markiert die Position der sehr lesenswerten, weil urkomischen Novelle *Die beiden Tubus.* Nur in den vier Fällen, wo ein Autor mit zwei Novellen vertreten ist, das Beispiel Tieck wurde schon genannt, ist der Kurztitel Teil des Labels. Das gilt allerdings auch für das Ehepaar Johanna und Gottfried Kinkel. Die Label der für die folgende Interpretation wichtigen Knoten wurden händisch vergrößert. Mit diesem technischen Hinweis haben wir auch schon etwas Entscheidendes über unser Netzwerkmodell gesagt, in dem also die Knoten *(nodes)* die Texte und die Verbindungen bzw. Kanten *(edges)* die Verhältnisse zwischen ihnen anzeigen. Wir sehen Goethe auf 8 Uhr als einen wenig eingebetteten Knoten mit drei von ihm wegführenden Verbindungen. Allem Anschein nach ist die *Melusine* in dem Netzwerk und das heißt innerhalb des *Novellenschatz*-Korpus nicht zentral. Zum Vergleich können wir auf den Herausgeber Kurz schauen, der auf 10 Uhr für eine dichte Gruppe ein sehr zentraler Knoten zu sein scheint, zentraler sogar als Heyse auf 3 Uhr. Reinbold ist auf 2 Uhr ebenfalls ein zentraler Knoten, der Widmann zu seinen Nachbarn zählt, dem wiederum Eichendorff benachbart ist.

Die Datenbasis des Netzwerkmodells

Wie kommt nun dieses Netzwerkmodell zustande? Wir haben nach dem Delta-Verfahren (Burrows 2002b) für jede der insgesamt 86 Novellen die Distanz zu allen anderen Novellen berechnet, einen Wert, der angibt, wie groß die Differenz zwischen je zwei Texten ist. Ausgegangen sind wir dabei von den 500 häufigsten Wörtern im Korpus (mfw = *most frequent words*). Für jeden Text wurde geschaut, wie stark sich bei ihm die relative Häufigkeit für jedes dieser 500 Wörter vom Mittelwert auf Korpusebene unterscheidet.[8] Auf diese Weise lässt sich eine Novelle durch 500 Mittelwertabweichungen genau charakterisieren und mit den 500 Mittelwertabweichungen einer anderen Novelle vergleichen. Bilden wir aus beiden die Differenz, erhalten wir für jedes der betrachteten Wörter den Abstand zwischen den beiden Novellen, der sich nach Division durch die Wortzahl N, also durch 500, als durchschnittliche Differenz darstellen lässt. Damit erhalten wir *einen* Wert, der angibt, wie ähnlich oder verschieden zwei Texte sind. Und eben das ist der Delta-Wert. In unserem Modell haben wir mithilfe der „Visone"-Software (Brandes und Wagner 2004) diesen Wert auf die Verbindungen (Kanten bzw. *edges*) geschrieben und diese farblich so skaliert, dass eine dunkle Verbindung große, eine helle wenig Ähnlichkeit anzeigt. Wir sehen also zum Beispiel an den dunklen Kanten, dass sich Tiecks Novellen *Die Gemälde* und *Des Lebens Überfluss* (7 Uhr) sehr ähnlich sind. Für den Knotenwert haben wir die Delta-Berechnung in einer zweiten Variante durchgeführt. Dieses Mal ging es uns nicht um die paarweisen Ähnlichkeiten zwischen den Novellen, sondern darum, wie stark sich die einzelnen Novellen voneinander im Korpuszusammenhang unterscheiden. Um das zu berechnen haben wir unsere bisherigen Ergebnisse weiterverarbeitet. Wir kannten ja bereits die Distanz jeder Novelle zu jeder anderen Novelle im *Novellenschatz* und konnten daher leicht bestimmen, wie sehr sich jeder Text durchschnittlich vom Rest des Korpus unterscheidet. Dieses Delta-Mean haben wir auf die Knoten geschrieben und wiederum farblich so skaliert, dass ein dunkler Knoten hohe Korpusähnlichkeit abbildet, ein heller Knoten dagegen anzeigt, dass diese Novelle sich vom Mainstream der Sammlung abhebt. Wir sehen das gut an dem sehr dunklen Heyse-Knoten auf 3 Uhr und dem viel helleren Nachbar-Knoten, den Leo Goldammers Novelle *Eine Hochzeitsnacht* erhalten hat. Heyse ist also mit dem Text, den er aus seinem eigenen Werk für den *Novellenschatz* ausgewählt hat *(Der Weinhüter von Meran),* besonders durchschnittlich – auch im Vergleich zum zweiten Herausgeber Kurz, dessen *Die beiden Tubus* zwar deutlich eine lokale Gruppe um sich hat, aber, wie der relativ helle Knoten auf 10 Uhr anzeigt, im Vergleich mit dem gesamten *Novellenschatz* eher ungewöhn-

---

[8]Zusätzlich haben wir einen Culling-Wert von 20 % festgelegt. Damit wird eine zusätzliche Bedingung an die Wörter gestellt, die in die Analyse einbezogen werden. Um berücksichtigt zu werden, muss ein Wort in mindestens 20 % der Texte des Korpus vorkommen. Würde man das Culling auf 0 setzen, entfiele diese Anforderung. Man würde dann einfach mit den (in unserem Beispiel) 500 häufigsten Wörtern des Korpus arbeiten, unabhängig davon, in wie vielen Texten sie tatsächlich vorhanden sind. Ein Culling von 100 % würde bedeuten, dass die analysierten Wörter in jedem Text vorkommen müssen. Das schafft zwar die maximale gemeinsame Basis für den Vergleich, aber viele Unterschiede werden dann womöglich nicht zu ermitteln sein. Bei einem Vergleich ganz ohne Culling wiederum besteht die Gefahr, dass die starke Eigenart einiger Texte das Vergleichsergebnis verzerrt. Mit einem Culling von 20 % schaffen wir eine moderate Verbindlichkeit für den Textvergleich im Korpus. Letztlich ist das ein Erfahrungswert, den wir bei unseren Korpusanalysen mittlerweile als Standard verwenden. Eigene Versuchsreihen, die den Cullingwert schrittweise manipulieren, haben im Übrigen gezeigt, dass wesentliche Trends davon nicht entscheidend beeinflusst werden.

Tab. 2.1 Delta-Mean-Werte der 86 Texte im *Deutschen Novellenschatz* (Ausschnitt)

	Autor/Autorin	Delta-Mean
1.	Paul Heyse	0.90033
2.	Karl Immermann	0.92717
3.	Otto Roquette	0.93046
4.	Eduard Mörike	0.93115
5.	Willibald Alexis	0.93315
6.	Levin Schücking	0.93725
7.	Heinrich Zschokke	0.93923
8.	Alfred Meißner	0.94143
9.	Theodor Mügge	0.94946
10.	Heinrich Horner	0.95348
18.	Adelheid Reinbold	0.97661
22.	Hermann Kurz	0.98801
77.	J. W. Goethe	1.15697
86.	August Wolf	1.40373

lich ist. Wir können uns dazu auch die Delta-Mean-Werte, die hier skaliert worden sind, anschauen, dann wird das noch deutlicher (siehe Tab. 2.1).

Heyse hat mit seiner Novelle den kleinsten Delta-Wert des gesamten *Novellenschatzes*. Er ist also unter stilometrischen Gesichtspunkten der absolute Durchschnitt seiner eigenen Sammlung, während Hermann Kurz und auch Adelheid Reinbold sich im Korpus stärker unterscheiden und Goethe mit der *Melusine* zu den Texten gehört, die die stärksten Differenzen aufweisen. Wenn man sich anschaut, wie dicht die Top Ten der Korpusähnlichkeit beieinander liegen und wie drastisch Goethes Wert sich davon unterscheidet, wird klar, dass sich Heyses Einschätzung der *Melusine* als Stilvorlage stilometrisch nicht untermauern lässt.[9] Es liegt eher nahe, das Gegenteil zu behaupten. Man bräuchte schon sehr gute Gründe, um einen Text, der sich quantitativ derart stark unterscheidet, qualitativ als stilistisches Vorbild zu bezeichnen. Und in unserer Lektüre waren uns ja solche Gründe gerade nicht eingefallen. Womöglich liegt die stilistische Vorbildhaftig-

---

[9] Man sieht an der Tabelle auch, dass die meisten Werte recht eng beieinanderliegen. Erst ganz am Ende, dort, wo Goethe liegt, ist das nicht mehr der Fall. Um die farbliche Skalierung zu erleichtern, haben wir daher die Delta-Mean-Werte ebenso wie die bilateralen Delta-Distanzen auf den Kanten noch invertiert ($\frac{1}{x}$), wodurch die Abstände bei gleichbleibenden Abstandsverhältnissen größer werden. Ohne Invertierung würde unsere Netzwerkanalysesoftware „Visone" einen höheren Delta-Wert entsprechend als ein ‚Mehr' an Ähnlichkeit ansehen. Die Logik des Deltawerts funktioniert jedoch umgekehrt: Als durchschnittlichster Text im Korpus hat Heyses *Der Weinhüter von Meran* das kleinste Delta-Mean. Weil der Wert invertiert wurde, erscheint der Knoten vergleichsweise dunkel.

keit der Goethe-Novelle auf einer Ebene, die wir über die normalisierten Mittelwertabweichungen der häufigsten Wörter einfach nicht erfassen. Ein alternatives Merkmal, auf dessen Basis wir Berechnungen durchführen könnten, hat uns die Lektüre allerdings auch nicht gezeigt.

Ein Gruppierungsalgorithmus nach Georg Simmel

Nach dem Augenschein des Netzwerkmodells (Modell 1) ist Goethe nicht zentral, sondern ein eher randständiger Knoten. Um indes wirklich zu verstehen, was das Modell uns zeigt, müssen wir die Struktur des Netzwerks erklären. Die Ähnlichkeitsberechnungen im Delta-Verfahren sind dafür die Grundlage, die charakteristische Struktur mit großen und kleinen Gruppen, gerichteten Verbindungen und abgehängten Texten geht jedoch auf einen Filteralgorithmus zurück, der eine eigene Erläuterung benötigt. Ulrik Brandes und sein Team haben ihn programmiert und auf den für geisteswissenschaftliche Ohren eingängigen Namen *Simmelian Backbone* getauft, nach Georg Simmel, dem Soziologen der gesellschaftlichen Differenzierung im ausgehenden 19. Jahrhundert (Nick et al. 2013). Simmel hat im Großen erkannt, dass die moderne Gesellschaft die Individualität des Einzelnen in dem Maße stärkt, wie die Bindekraft bestehender Gemeinschaften schwindet und die Möglichkeiten wachsen, außerhalb der eigenen Gruppe Anschluss zu finden. Gesellschaft kann man sich demnach als ein Netz sozialer Wechselwirkungen vorstellen, und der Begriff des Netzwerks erscheint als vermittelndes Drittes innerhalb der soziologischen Typologie von Gemeinschaft und Gesellschaft. Zugleich lässt sich nach Simmel im Kleinen beobachten, dass die Beziehung zwischen Zweien häufig erst im Hinblick auf einen Dritten verständlich wird und dass sich Zweierbeziehungen danach unterscheiden lassen, ob und wie sie zu Dritten stehen (Nick et al. 2013, S. 526 f.). Beides zusammen hat Brandes zu einem Algorithmus inspiriert, mit dem man Netzwerke so transformieren kann, dass Gruppen sichtbar werden. Dazu müssen Kriterien definiert werden, welche Verbindungen im Gesamtnetzwerk beibehalten werden sollen und welche nicht. In unserem Fall repräsentieren die Knoten im Modell keine Individuen und deren Interaktion, sondern Texte auf der Basis ihrer Wortähnlichkeiten. Da die Distanzen zwischen allen Texten des *Novellenschatzes* gegeben sind, ist jeder der 86 Texte mit 85 anderen verbunden, sodass wir insgesamt 7310 Verbindungen haben. Visuell ergibt das ein verworrenes Knäuel, das die Netzwerkanalyse sehr anschaulich ‚hairball' nennt (Abb. 2.2).

Um ihn zu entwirren, filtert der Algorithmus diejenigen Verbindungen heraus, die zu lokalen Ähnlichkeitsgruppen gehören, wofür zwei unterschiedliche Berechnungsmöglichkeiten zur Verfügung stehen. Mit Simmels Theorie der Unterscheidung von Zweierbeziehungen nach der Relation zu Dritten kann man davon ausgehen, dass eine Verbindung von A sowohl mit B als auch mit C es wahrscheinlich macht, dass auch B und C verbunden sind. Wenn das so ist, dann sind diese Zweierbeziehungen jeweils eingebettet in ein Dreieck. Und nach solchen Verbindungen innerhalb von Dreiecken sucht der Algorithmus, weil diese stark

28   2 Goethe im kulturellen Gedächtnis des 19. Jahrhunderts

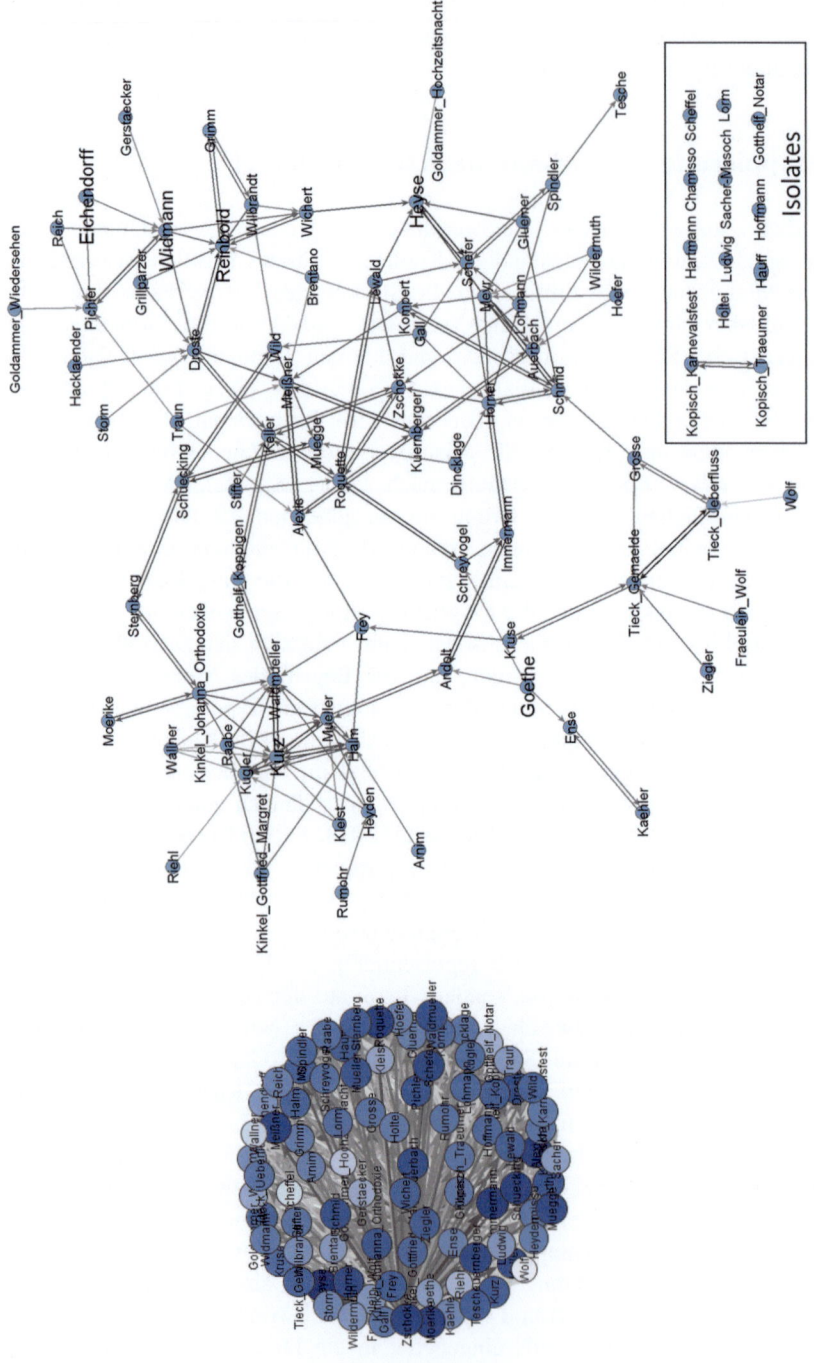

Abb. 2.2 Links der *hairball*, rechts nach der Transformation durch den *Simmelian Backbone*-Algorithmus (= Modell 1 wie Abb. 2.1)

eingebetteten Kanten in Umgebungen vorkommen, wo viel Redundanz herrscht. Auf diese Weise können lokale Ähnlichkeitsgruppen ermittelt werden. Wir sehen zum Beispiel in unserem Modell in Abb. 2.1, dass Reinbold (2 Uhr) in ihrer Gruppe Teil von insgesamt 5 Dreiecken ist, während Goethe (8 Uhr) zu keinem einzigen Dreieck gehört. Heyse (3 Uhr) hat auch nur zwei Dreiecke, während Kurz (10 Uhr) in seiner ausgesprochen dicht vernetzten Gruppe Teil von 19 Dreiecken ist, die der Betrachter gar nicht zu leicht auseinanderhalten kann.

Ohnehin haben wir für die Transformation die zweite Berechnungsmöglichkeit genutzt, die der Algorithmus bietet. Wenn wir durch das Delta-Verfahren für jeden der 86 Texte die Distanz zu den 85 anderen Texten kennen, dann können wir jeden Text als Vektor seiner 85 Distanzwerte darstellen. Ein solcher Vektor ist nichts anderes als eine Spalte, in der die Distanzwerte untereinanderstehen. Diese Vektoren können wir dann nutzen, um je zwei Texte nebeneinander zu halten und zu vergleichen. Wir sortieren dafür die Werte so, dass die kleinsten Distanzen oben stehen, und vergleichen nur die Spitzen der Vektoren. Anders ausgedrückt, wir schauen uns jeweils die nächsten Nachbarn und mithin diejenigen Texte an, die den beiden verglichenen Texten jeweils am ähnlichsten sind. Der Algorithmus kontrolliert nun, welche nächsten Nachbarn beide Texte gemeinsam haben *(overlap)*. Dafür müssen wir eine klare Bedingung formulieren, die für das Modell so lautet, dass jeweils sechs nächste Nachbarn berücksichtigt werden und überprüft wird, ob drei davon gemeinsam sind. Erfüllen die beiden Texte im Verhältnis zueinander diese algorithmische Bedingung, dann bleibt die Kante bestehen, andernfalls wird sie herausgefiltert – es sei denn, ohne sie würde das Netzwerk insgesamt auseinanderfallen. Daher die Bezeichnung ‚Backbone': Wenn wir auf diese Weise für sämtliche Zweierbeziehungen lokal adaptiv nach sich überlappenden Ähnlichkeitsbeziehungen filtern, sehen wir, wie sich das Rückgrat, das Gerüst des Netzwerkes, abzeichnet. Wir sehen unterschiedlich große und unterschiedlich dichte Gruppen entstehen, bestimmte Texte, die die Brücke zur jeweils anderen Gruppe bilden, und andere, die abgehängt worden sind, weil sie die algorithmische Bedingung für lokale Ähnlichkeit nicht erfüllen. Das gilt in unserem Modell für die beiden Novellen von August Kopisch und insgesamt 10 Einzeltexte, die unser Modell unten rechts in einem eigenen Kasten als *isolates* darstellt. Dass von den 86 Texten des *Novellenschatzes* nur so wenige auf diese Weise herausgefiltert werden, spricht dafür, dass in unserem Korpus relativ viel Ähnlichkeit herrscht, wohlgemerkt im Sinne der Wortähnlichkeiten, die unserer Berechnung zugrunde liegen. Immerhin aber können wir feststellen, dass diese Beobachtung im Einklang mit dem Eindruck von Gleichförmigkeit steht, den die Zeitgenossen von Heyse und Kurz von der massenweisen Novellenproduktion hatten.

Um die Zentralität von Novellen im Netzwerk zu vergleichen, lohnt sich noch ein Blick auf die eingehenden Verbindungen (Abb. 2.1). Die Kurz-Gruppe ist so dicht, dass es eine ganze Reihe von Texten mit vielen eingehenden Verbindungen gibt, darunter allen voran Kurz selbst, aber auch Waldmüller, Müller und Halm. In der Reinbold-Gruppe gilt das für die Autorin selbst, aber auch für die benachbarte Droste. Auch Horner (4 Uhr, aber relativ in der Mitte des Netzwerks) und einige andere fallen diesbezüglich ins Auge, und wie bereits erwähnt fällt ebenso auf, dass bei Goethe überhaupt keine Verbindungen eintreffen, sondern lediglich drei von ihm weg zu anderen hinführen. Die Entstehung und Bedeutung dieser gerichteten Verbindungen lässt sich aus der algorithmischen Vergleichsoperation erklären, die das Netzwerkmodell hervorgebracht hat. Wir haben je zwei Texte über eine *short list* der sechs nächsten Nachbarn verglichen und geprüft, ob sie drei dieser ihnen jeweils ähnlichsten Texte gemeinsam haben. Führt man diese Operation für das gesamte Korpus aus und vergleicht jeden Text mit allen anderen, kommt es, wie man sich durch etwas Überlegung klarmachen kann, zu Asymmetrien. Bestimmte Texte kommen in den *top ranks* der Ähnlichkeit von sehr vielen Texten vor, ohne dass das umgekehrt auch der Fall sein kann. Denn jeder Text hat auf seiner *short list* nur sechs Plätze zu vergeben. Wer also relativ vielen Texten ähnlich ist, kann nicht alle davon auch auf seiner Liste ganz vorn platzieren. Solche Ähnlichkeitsfavoriten ziehen daher Verbindungen auf sich. Ein Pfeil von Brentano zu Reinbold bedeutet zum Beispiel zweierlei. Beide haben überhaupt eine Verbindung, weil sie drei von ihren sechs nächsten Nachbarn nach der Delta-Distanz gemeinsam haben. Die Verbindung ist von Brentano zu Reinbold gerichtet, weil Reinbold für Brentano zu diesen Top 6 gehört, wohingegen Brentano nicht zu den sechs nächsten Nachbarn Reinbolds zählt. Von Goethe führen drei Verbindungen zu Ense, Andolt und Schreyvogel. Das bedeutet, seine *Melusine* hat unter den sechs Texten, die ihr am ähnlichsten sind, drei, die auch auf den *short lists* von Ense Andolt und Schreyvogel stehen. Die Verbindungen sind von Goethe ausgehend gerichtet, weil Ense, Andolt und Schreyvogel für die *Melusine* zu den Top 6 mit den größten Ähnlichkeiten gehören, diese aber umgekehrt keinen Ähnlichkeitsfavoriten der drei anderen Novellen darstellt.

Wir sehen jetzt differenzierter, was uns Modell 1 zeigt (Abb. 2.1). Bei dem *Novellenschatz*-Herausgeber Hermann Kurz laufen die meisten Verbindungen ein. Er hat die höchste *Indegree*-Zentralität im Korpus. Adelheid Reinbold gehört mit zur Spitze und liegt noch vor dem anderen Herausgeber Heyse. Goethe wiederum gehört zu den insgesamt 25 Texten, auf die keine Verbindungen gerichtet sind und deren *Indegree*-Zentralität daher 0 beträgt (Tab. 2.2).

Ergebnisse

Leicht zu interpretieren sind stilometrische Asymmetrien nicht. Jockers sieht stilometrisch berechnete Ähnlichkeiten als Bestätigung für literarischen „Einfluss" (Jockers 2013, S. 154–68), aber so einfach lassen sich aus statistischen Modellen keine literaturhistorischen Schlussfolgerungen ziehen. Eder vermutet, Texte, die in stilometrischen Netzwerkmodellen eine hohe *Indegree*-Zentralität aufweisen, weil bei ihnen viele Verbindungen eintreffen, verkörperten den

Tab. 2.2 Top 10 der *Indegree*-Zentralität im *Deutschen Novellenschatz*. Für die Berechnung der Werte, die die genaue Rangfolge ergibt, wurde die Stärke der Verbindungen berücksichtigt. Verbindungen mit besonders großer Ähnlichkeit wurden stärker gewichtet

	Autor/Autorin	Eingehende Verbindungen	Zentralität (Indegree)
1.	Kurz	10	5.54789
2.	Waldmüller	9	4.99662
3.	Müller	8	4.46335
4.	Horner	7	4.01274
5.	Reinbold	7	3.87191
6.	Halm	7	3.84238
7.	Heyse	6	3.42758
8.	Meißner	6	3.40313
9.	Droste	6	3.29827
10.	Roquette	5	3.0066

statistischen Durchschnitt. Sie seien typisch in ihrem Stil, weshalb andere ihnen „folgten"[10]. Dieser nachvollziehbaren Idee steht in unserem Experiment die Beobachtung entgegen, die wir bei der Delta-Mean-Berechnung gemacht haben. Sie hat Heyses Novelle als den durchschnittlichsten Text des *Novellenschatzes* ausgewiesen. Gefolgt wird in unserem Modell jedoch noch viel stärker der Novelle von Kurz, die, wie wir gesehen haben, dem Korpusdurchschnitt wesentlich weniger entspricht als jene Heyses. Schaut man sich die Follower von Kurz in dieser lokalen Ähnlichkeitsgruppe an, finden sich einige Namen, bei denen das literaturhistorisch stimmig erscheint, etwa bei den 48er-Revolutionären Johanna und Gottfried Kinkel oder dem späteren poetischen Realisten Wilhelm Raabe. Es gehört indes auch Kleist dazu, der Kurz, wie er in der Einführung zur *Verlobung in St. Domingo* schreibt, ein Rätsel blieb, das sich nicht realistisch auflösen ließ. Adelheid Reinbold folgt u. a. jener Adolf Widmann, den die Herausgeber des *Novellenschatzes* an ihrer statt an den neuralgischen Punkt des Übergangs von der Romantik zum Realismus gesetzt haben. Mit der Droste'schen *Judenbuche* (1842) steht Reinbolds Dorfgeschichte *Irrwisch-Fritze* (1838), wie der doppelt gerichtete Pfeil zeigt, in wechselseitiger Verbindung.

Und Goethe? Ihn setzen die *Novellenschatz*-Herausgeber als Begründer der Gattung in der deutschsprachigen Literatur und als realistisches Vorbild aus vorrealistischer Zeit an den Anfang ihrer Sammlung. Die *Neue Melusine* ist der Eröffnungstext und die zentrale Referenz für die Brücke, die sich die realistische Anthologie der Gattung in die Vergangenheit baut. Davon ist in unserem Netz-

---

[10] „In other words, measuring the number of connections of particular nodes should lead to identifying ‚hubs', or texts that are stylistically followed (high incoming degree), and stylistic followers (high outcoming degree)." Über die „radiating hubs" heißt es an anderer Stelle: „they might also reflect texts stylistically ‚average', typical for their times rather than exceptional" (Eder 2017, S. 60, 62).

werkmodell nichts zu sehen. Die *Melusine* ist nicht zentral und ein Fremdling für die jüngeren Texte im Korpus, die die Mehrheit des *Novellenschatzes* ausmachen. Kein einziger der jüngeren Texte führt Goethe in seiner *short list* seiner größten Ähnlichkeiten. Goethe hat im *Novellenschatz* keine Follower. Von den drei Texten, denen er folgt, stammen zwei aus seiner unmittelbaren Zeit, wenn sie auch nicht seiner Generation angehören. Joseph Schreyvogel, von 1794 bis 1797 in Jena, schrieb für Wielands *Merkur* und Schillers *Thalia*. Seine Novelle *Samuel Brincks letzte Liebesgeschichte* erschien 1821. Über Karl Varnhagen von Enses *Reiz und Liebe* (1815) heißt es im Einleitungstext die „Goethe'sche Sprache" sei ihm „zur andern Natur" (Heyse und Kurz 1874, S. 4) geworden, was die Nachbarschaft der beiden Autoren gut erklärt. Ernst Andolts[11] *Eine Nacht* (1857) gehört allerdings bereits deutlich zum Realismus.

Der Befund, den unsere Korpusanalyse und das Netzwerkmodell erbringen, scheint also dem, was die *Novellenschatz*-Herausgeber über die literaturhistorische Auswahl und Anlage ihrer Sammlung sagen, eklatant zu widersprechen. Dieser Widerspruch braucht, um systematische Erkenntnis zu werden, ein weiteres Argument, das sich im Kontext der großen Literaturgeschichten des 19. Jahrhunderts gewinnen lässt, deren Goethe-Fixierung uns bereits deutlich geworden ist. Vor diesem Hintergrund könnte man sagen, Goethe gehört zur Legitimationsstrategie der ‚Heysezeit', mit ihm als Gründungsfigur etabliert die Literaturgeschichtsschreibung des Realismus ein Narrativ, von dem sich das, was sie tatsächlich tut und ist, unterscheiden lässt. In den kurzen Autorenporträts des *Novellenschatzes* lässt sich gut nachvollziehen, dass das auch eine Strategie ist, um über das nochmalige Abhandeln der Goethezeit bei sich selbst anzukommen. Es fällt nämlich auf, dass die legitimatorischen Bezugnahmen auf Goethe in diesen Einführungen nur in den ersten neun der 24 Bände des *Novellenschatzes* zu finden sind und danach aufhören. Einzige Ausnahme ist das gerade erwähnte Porträt Varnhagen von Enses (Bd. 15), das die Goethe-Sprache des Romantikers nicht ohne den Hinweis würdigt, dessen literarisches Werk gehöre „längst der Geschichte an" (Heyse und Kurz 1874, S. 3). Im gleichen Maß, wie sich die Bezugnahmen auf Goethe verlieren, geht die zunächst mit viel rhetorischem Aufwand betriebene Abgrenzung zur Romantik in deren Historisierung auf. Im Kontext der großen romantischen Namen bietet Hermann Kurz immer wieder den normativen Gegensatz von krankhafter Phantasie und gesunder Wirklichkeit auf, um deutlich zu machen, wohin die Entwicklung laufen soll. Nachdem das einmal erledigt ist, entspannen sich die Darstellungen, und wenn dann noch eine romantische Novelle in einem Band auftaucht, gehört sie einfach zur ‚älteren Zeit'. Irgendwann einmal ist auch Goethe Geschichte. In der Nachfolgesammlung, dem *Neuen Deutschen Novellenschatz,* finden sich fast ausschließlich Gegenwartstexte.[12]

---

[11] Pseudonym für Bernhard Abeken.

[12] Die Ausnahmen sind Schillers *Verbrecher aus verlorener Ehre* und Kleists *Das Erdbeben in Chili.*

Wenngleich der Brief Paul Heyses an Hermann Kurz, in dem die *Neue Melusine* als unverzichtbares Stilmuster des *Novellenschatzes* gepriesen wird, eine einleuchtende historische Begründung für eine stilometrische Korpusanalyse liefert, sollte man auch überlegen, ob Heyse seinen Kollegen hier nicht angesichts von dessen Abneigung gegen Märchenphantasien auch ein Stück weit getäuscht hat, um die Sammlung auf spezielle Weise mit und gegen Goethe in Stellung zu bringen. Immerhin läuft Goethes Novellenkranz der *Unterhaltungen deutscher Ausgewanderten* auf das Märchen zu und findet darin seinen künstlerischen Höhepunkt und Abschluss. Heyse, so könnte man denken, wollte an diese Architektur erinnern und sie zugleich in Richtung Realismus umkehren, indem er vom Märchen weg sammelte.

3 Vergleichende Korpusanalyse als Erkenntnisinstrument der Literaturgeschichte

Wir haben bislang ein Korpus analysiert, das uns als historische Sammlung in genau der Auswahl vorlag, die die Herausgeber einst verantworteten. Dabei handelte es sich also nicht um eine repräsentative Stichprobe aus der riesigen Novellenpopulation des 19. Jahrhunderts, sondern um Texte, die nach dem Dafürhalten zweier Schriftsteller der Literaturgeschichte als Muster dieser Gattung überliefert werden sollten. Wir haben gesehen, welchen Absichten sie dabei etwa im Hinblick auf ihre eigene Epoche folgten. Und unser Netzwerkmodell hat uns hinsichtlich der Zentralität Goethes vor Augen geführt, wie eklatant eine narrative Selbstbeschreibung der Literaturgeschichte von der Textbasis, die wir nach quantitativen Merkmalen modelliert haben, abweichen kann. Gerade diese Diskrepanz war für uns interessant und vor dem Hintergrund der Literaturgeschichten des 19. Jahrhunderts relativ gut erklärbar.

„Great Unread" als strategisches Argument

Wer mit dem Ziel literaturgeschichtlicher Erkenntnis größere Mengen von Texten als Korpora untersucht, für den ist die Analyse historischer Textsammlungen nur eine und nicht unbedingt die naheliegendste Möglichkeit. In der Sprachwissenschaft ist die Korpusanalyse seit Jahrzehnten als Methode etabliert, die Computerlinguistik hat die statistischen Rechenverfahren in der Anwendung stark vereinfacht und kennt bei der Größenordnung von Textmengen faktisch keine Grenzen mehr. Alle Bestrebungen auf diesem Gebiet scheinen schon immer dafür gedacht gewesen zu sein, Big Data zu analysieren. Unter diesem Eindruck hat in der Digitalen Literaturwissenschaft die Vorstellung vom „Great Unread" (Moretti 2013, S. 87–89) Konjunktur, die häufig aufgerufen wird, um Sinn und Zweck quantitativer Korpusanalysen zu beschreiben. Dieser zuerst von Moretti gehegten Vorstellung nach ist der Textkanon, den die Literaturgeschichte zur Kenntnis nimmt, viel zu ausschnitthaft, weil sie sich bislang auf das hat beschränken müssen, was individuelle Leserinnen und Leser verarbeiten können. Selbst wer sein gesamtes Leben lesend verbringt, kann nur einen Bruchteil dessen durcharbeiten, was in einer Epoche tatsächlich produziert und rezipiert worden ist. Die Folge ist ein willkürlicher Kanon, der niemals repräsentativ sein kann für die literarischen Werke, die er vertritt (Lauer 2018).

Das Argument klingt sehr überzeugend und motiviert, in eine bestimmte Richtung zu denken. Sollte es die Digitale Literaturwissenschaft nicht der Computerlinguistik gleichtun und Korpora zusammenstellen, die als repräsentative Stichproben statistisch abgesicherte Rückschlüsse über die Literatur erlauben, die tatsächlich geschrieben und gelesen worden ist? Es gibt keinen Grund, das nicht zu tun. Algee-Hewitt und McGurl (2015) haben pragmatische Vorschläge gemacht, wie man historische Quellen, Eigenrecherche und digitale Ressourcen kombinieren muss, um ein Korpus möglichst repräsentativ zu gestalten. Es gibt allerdings auch keinen Grund, dieser Denkrichtung allein deshalb blind zu vertrauen, weil es dazu scheinbar keine sinnvollen Alternativen gibt. Denn, seien wir ehrlich, das überaus populäre ‚Great Unread'-Argument ist nicht rein wissenschaftlich, sondern auch polemisch, weil es nahelegt, dass sich die Literaturwissenschaft bislang auf anekdotische Evidenz verlassen hat und nun dank der Digital Humanities in den Kreis harter Wissenschaft vorstößt (Jockers 2013, S. 8), dem die Computerlinguistik lange angehört. Wer sich das so vorstellt, läuft der für das Fach äußerst anspruchsvollen methodischen Innovation mit Scheuklappen nach, was schon bei weniger waghalsigen Vorhaben keine gute Idee ist. Geschwindigkeit ist hier nicht alles. Man muss sich Zeit nehmen für die Frage, ob die Literaturwissenschaft ihre Korpora ausschließlich nach dem Wissenschaftsideal konzipieren und verstehen muss, das ein Großteil der Sprachwissenschaft und insbesondere die Computerlinguistik hochhält. Der *Novellenschatz,* mit dem wir in dieses Buch eingestiegen sind, ist ein Beispiel für ein Korpus, das uns nicht als Stichprobe, sondern als Artefakt interessiert, weil es gerade so, wie es uns vorliegt, historisch zusammengestellt worden ist und wir daran nachvollziehen können, wie in einem speziellen Kontext Literaturgeschichte – in diesem Fall die der Gattung der Novelle im Zeichen des Realismus – gemacht worden ist. Es ist gerade nicht die Repräsentativität, sondern die Exemplarität dieser Sammlung, die hier aufschlussreich ist, wenn man sie parallel zur Lektüre nach quantitativen Methoden modelliert.

Big Data? Textkenntnis!

Entgegen dem Anschein, den eine proliferierende Big Data-Rhetorik vorauswirft, sind die in der Digitalen Literaturwissenschaft untersuchten Korpora nur selten repräsentativ (Schöch 2013). Sie haben meistens einen opportunistischen Charakter und werden nach bestimmten Forschungsfragen zusammengestellt. Wichtig ist, darin nicht (nur) einen Fehler zu sehen, der bei der Interpretation der Ergebnisse berücksichtigt werden muss. Literaturwissenschaftlerinnen und

Literaturwissenschaftler wissen in der Regel viel über die Korpora, mit den sie arbeiten, und kennen die darin enthaltenen Texte zumindest teilweise aus eigener Lektüre oder aus der Sekundärliteratur. Das gilt gerade auch für die Kolleginnen und Kollegen, die quantitative Methoden so an die Belange der Literaturwissenschaft angepasst haben *(domain adaption)*, dass sie populär wurden für digitale Analysen auf diesem Gebiet der Geisteswissenschaften. John Burrows etwa, der mit einem 2002 erschienenen Artikel das Delta-Verfahren in die Literaturwissenschaft eingeführt hat (Burrows 2002b), arbeitet darin mit einem Korpus aus Versepen von 25 Autorinnen und Autoren der englischen Restauration (1660–1689) und demonstriert am Beispiel John Miltons, wie die Berechnung des stilometrischen Distanzmaßes genutzt werden kann, um die Autorschaft eines bestimmten Dichters für ein bestimmtes Werk zu plausibilisieren (Autorschaftsattribution). Sein langjähriges Studium irisch-amerikanischer Literatur bringt Matthew Jockers in *Macroanalysis* (2013) auf die Idee, durch die Auswertung der Metadaten der amerikanischen Universitätsbibliotheken nachzuweisen, dass die wenigen einflussreichen Literaturgeschichten, die es dazu gibt, allesamt nur Ostküstenautoren wahrnehmen und Autorinnen grundsätzlich ausblenden (2013, S. 35–62). Der Romanist Christof Schöch (2014) hat ein mittelgroßes Korpus aus Dramen der französischen Klassik verwendet, um zu zeigen, dass mit stilometrischen Distanzmaßen auch Gattungsunterschiede wie der zwischen Komödie und Tragödie berechnet werden können. Andrew Piper und Marc Algee-Hewitt (2014) schließlich untersuchten an einem Korpus aus Goethes Werken, bei welchen Texten sich ein Einfluss des Wertherstils nachweisen lässt. Alle diese Arbeiten haben mit ihren Korpora Texte auf dem Schirm, die man zum ‚Unread' rechnen kann, aber eben nur einige davon und daneben auch sehr bekannte Werke. Das ist sinnvoll, denn die Analyse der Beziehung zwischen dem kanonischen und dem nicht-kanonischen Teil der Literaturgeschichte verspricht den meisten Erkenntnisgewinn. Deutlich ist zudem, dass die Wahl bzw. die Zusammenstellung der Korpora auf Entscheidungen zurückgehen, die mit historisch-hermeneutischer Kompetenz getroffen worden sind. Diese klassisch literaturwissenschaftliche Fähigkeit kommt nicht erst bei der Interpretation von Ergebnissen zum Zug. Sie greift bereits dort, wo die Grundlagen dafür gelegt werden, dass digitale Textanalysen Daten produzieren und auswerten können, eben bei der Komposition der Korpora, die man anschließend mit dem Computer analysiert.

Es ist erstaunlich, dass sich die Digitale Literaturwissenschaft bislang nicht systematisch darüber verständigt hat, wie die Korpuszusammenstellung gezielt als Erkenntnisinstrument eingesetzt werden kann. Wir haben Literatur zur technischen Textaufbereitung für Korpora zum Beispiel im XML-Format nach dem Standard der Text Encoding Initiative (TEI) (Schöch 2016). Es gibt Einblicke in Korpus-Workflows, die zeigen, in welchen Schritten man vom Buch oder Digitalisat zum korrigierten Volltextkorpus gelangt.[1] Und natürlich gibt es eine bereits reichhaltige Forschung zur Annotation von Korpora mit bestimmten Tools nach bestimmten Fragestellungen (Meister et al. 2019; Castilho et al. 2014; University of Sheffield 2020). Deutlich unterreflektiert ist demgegenüber, wie das Verhalten von Texten in verschiedenen Kontexten für korpusanalytische Fragestellungen genutzt werden kann. Eine Rolle spielte das bislang hauptsächlich für Untersuchungen zur Autorschaftsattribution, wenn es also darum ging zu beobachten, wie sich ein Text, dessen Autorschaft fraglich war, im Kontext von anderen Texten, die von möglichen Urhebern stammten, gruppieren würde (Collins et al. 2004; Mosteller und Wallace 1963). Neben diesem klassischen Fall wird auch oft beobachtet, wie sich die Texte aus ein und derselben Feder in einem Korpus mit vielen verschiedenen Autorinnen und Autoren zu einem Cluster zusammenfinden. Solche Beobachtungen gelten als Hinweis auf ein Autorschaftssignal, dessen Stärke natürlich u. a. davon abhängt, mit welchen anderen Texten die fraglichen Werke im Korpus zusammengebracht werden.

Zweites Experiment: Autorennetzwerke im 18. Jahrhundert und in der Goethezeit

Unser zweites Experiment geht auf Analysen zurück, die ich innerhalb von zwei Jahren mit meinen Studierenden in Seminaren und Übungen zur Goethezeit durchgeführt habe. Die Grundidee dieser Veranstaltungen war sehr einfach. Wir wollten Goethes Romane im Kontext ihrer Zeit betrachten. Am Anfang stand die ausführliche Lektüre beider *Wilhelm Meister*-Romane, die wir dann zunächst für sich allein quantitativ untersucht haben.

Code-Kompetenz als Fähigkeit zur Kritik

Wenn möglich, führen wir solche Analysen innerhalb der kollaborativen Programmierumgebung *R* und der Softwareumgebung R-Studio durch (The R Foundation 2020; R Consortium 2020). Sie bietet einen sehr übersichtlichen Rahmen für eigene Analysen auf der Basis der für statistische Analysen ausgelegten Programmiersprache *R* und zudem die Möglichkeit, vorprogrammierte Analyse-Packages zu verwenden, die von der globalen R-Community bereit-

---

[1] Im Darmstädter LitLab arbeiten wir mit automatischer Schrifterkennung (OCR = *optical character recognition*) und händischer Nachkorrektur im Rahmen der Software ABBYY-FineReader, die auch Fraktur erkennen kann. Die Alternative ist das so genannte *double keying*, bei dem zwei Nicht-Muttersprachler die Korpustexte unabhängig voneinander eingeben und der Computer dann beide Versionen abgleicht. Voraussichtlich wird sich dieser qualitativ hochwertigere, aber auch viel teurere Ansatz langfristig nur für die Erstellung digitaler Werkausgaben halten lassen. Bei entsprechender Handhabung und Nachkorrektur ist die automatische Schrifterkennung für den Zweck wissenschaftlicher Korpusanalyse ausreichend.

gestellt und permanent erneuert werden. Neben *Python,* für das eine vergleichbare Community existiert, ist *R* innerhalb der Digitalen Literaturwissenschaft bislang die am meisten verbreitete Sprache. Beide sind sich ähnlich und in den Grundzügen leicht erlernbar. Wer *R* beherrscht, kann auch Python-Code lesen und umgekehrt. Die stetig wachsenden Möglichkeiten, kompakte Analyse-Packages zu verwenden, die kostenlos geladen werden können, führen zu einer ambivalenten Situation. Einerseits erleichtert das Anfängerinnen und Anfängern den Einstieg, weil solche Packages über Benutzeroberflächen *(graphical user interfaces* – GUIs) bedient werden können, mit denen jede klarkommt, die ein Textverarbeitungsprogramm handhaben kann. Andererseits wird, wer seinem Tool überhaupt nicht unter die grafische Oberfläche schaut, weniger gut in der Lage sein zu verstehen, wie Ergebnisse zustande kommen, sodass es auch schwieriger wird, Resultate mit kritischer Kompetenz zu interpretieren. Die Gefahr ist durchaus real, dass es bei der Benutzung nichtproprietärer Analysesoftware zu einer Entwicklung kommt, die im kommerziellen Bereich bereits zu einer Vertrauenskrise geführt hat. Analysen werden mit einer Standardsoftware durchgeführt, die die Visualisierung der Ergebnisse gleich mitübernimmt. Je mehr die Datenverarbeitung eine *black box* bleibt, desto schlechter können die betreffenden Studien reproduziert werden. Im schlimmsten Fall stehen alle mit dem gleichen Fehler da, der niemandem auffallen konnte, eben weil man sich einer *black box* anvertraut hat.[2] *R* motiviert vor diesem Hintergrund einen im Sinne zukünftiger kritischer Kompetenz überzeugenden Pragmatismus. Es ermöglicht einerseits, selbst zu programmieren, und macht andererseits über R-Studio die Nutzung fertiger Packages komfortabel. Manche der über Packages bereitgestellten GUI-Lösungen liefern den Code für Operationen, die sie ausführen, mit, sodass, wer will, mit jeder Anwendung auch die eigene Code-Kompetenz trainieren kann. Ähnliches gilt für die zahlreichen Kompakt-Funktionen, die *R* für statistische Berechnungen bereithält. Sie erleichtern die Arbeit durch ihre Kompaktheit sehr, lassen sich aber jederzeit transparent in einzelne Schritte zerlegen.

Für ihre mikroanalytischen Untersuchungen zu den beiden *Meister*-Romanen haben die Studierenden den Code selbst erarbeitet, um etwa die Verteilung bestimmter Namen oder Begriffe über den Textverlauf hinweg *(token distribution)* oder deren gemeinsames Auftreten *(co-occurrence)* zu berechnen. Die häufigsten Wörter wurden ebenso angeschaut wie besonders seltene oder lange Wörter, die als Zusammensetzungen für historische Diskurse besonders aufschlussreich sind. Auch die Vielfalt des Wortschatzes *(type/token-ratio)* wurde berechnet, natürlich

---

[2] Bereits 2013 widmete der *Economist* der Replikationskrise in den experimentellen Wissenschaften eine ausführliche Analyse und einen Leitartikel (*The Economist* 2013). 2015 sorgte ein Artikel der „Open Science Collaboration" in *Science* für Aufregung, dem zu Folge mehr als die Hälfte von 100 überprüften Psychologiestudien nicht reproduziert werden konnte (2015). Allerdings konnten diesem Artikel selbst statistische Fehler nachgewiesen werden (Gilbert et al. 2016). 2016 nahm der *Economist* das Thema erneut auf und berichtete u. a., wie ein Bug in einer populären Software für die Visualisierung von Hirnaktivität eine Vielzahl neurowissenschaftlicher Studien in den gleichen unbemerkten Fehler getrieben hatte (*The Economist* 2016).

mit dem Ziel, Vergleiche anzustellen, die zunächst innerhalb der Romane gezogen wurden, etwa zwischen den *Bekenntnissen einer schönen Seele* und dem Rest der *Lehrjahre* oder zwischen den verschiedenen Subgattungen der *Wanderjahre:* Tagebuch, Novelle und Roman.

Letztliches Ziel dieser Übungen war jedoch, die Perspektive, die wir in der Lektüre auf Goethe eingeschränkt hatten, durch eine Korpusanalyse zu kontextualisieren, die uns Goethes Position in seiner Zeit zeigen sollte. Zu diesem Zweck haben wir zwei Korpora erstellt, eines aus Romanen der Goethezeit und ein zweites mit Romanen des 18. Jahrhunderts. Dabei konnte auf Bestände aus vorhandenen digitalen Ressourcen wie Textgrid und Gutenberg.de zurückgegriffen werden, die wir an einigen Stellen mithilfe des automatischen Schrifterkennungs-Workflows im Darmstädter LitLab ergänzt haben. Das Romankorpus zum 18. Jahrhundert enthält insgesamt 86 Texte mit Erscheinungsjahren zwischen 1702 und 1799, das Goethezeit-Korpus 121 Texte aus den Jahren 1770–1830. Der *corpus overlap* beträgt 66 Texte, das heißt 66 Texte sind – wie Goethes *Wilhelm Meister* und der *Werther* – Teil von beiden Korpora. Aus meinen *Novellenschatz*-Analysen hatte ich gelernt, wie veränderlich die behauptete, wahrgenommene und berechenbare Zentralität von Texten über Epochenwechsel hinweg sein kann. Nun war ich natürlich sehr gespannt, welche Befunde die Analyse der beiden Korpora bringen würde, die Goethe einerseits in den Kontext des Jahrhunderts setzt, dem er entstammt, und andererseits in den der Epoche, die die Literaturgeschichte maßgeblich mit seinem Wirken verbindet. Methodisch wurde genauso gearbeitet wie mit dem *Novellenschatz*-Korpus, nämlich mit einem Netzwerkmodell, das als Kantenwert die bilaterale Delta-Distanz zwischen je zwei Texten und als Knotenwert die gleichfalls über das stilometrische Delta-Verfahren ermittelte Distinktivität jedes Einzeltextes im Verhältnis zum Gesamtkorpus enthält. Zusätzlich haben wir den *Simmelian Backbone*-Algorithmus angewendet, um lokale Ähnlichkeitsgruppen zu ermitteln (Abb. 3.1).

Als Knotenlabel haben wir Autorennachname, Erscheinungsjahr und Kurztitel verwendet. Man sieht an der Position von *Wilhelm Meisters Lehrjahre* und den vielen bei Goethes Bildungsroman einlaufenden Verbindungen, dass der Text im Korpus zum 18. Jahrhundert sehr zentral ist. Noch mehr Verbindungen laufen indes bei drei anderen Romanen ein, die daher ebenfalls in der Mitte des Netzwerks platziert sind.[3] Das sind August Moritz von Thümmels *Reise in die mittäglichen Provinzen Frankreichs* (1791), Johann Karl Wezels *Hermann und Ulrike* (1780) und Friederike Helene Ungers *Julchen Grüntal* (1798), drei historische Bestseller heute praktisch vergessener Autorinnen und Autoren. In der Rang-

---

[3] Wie viele Netzwerkanalysetools verfügt „Visone" über eine *Best Layout*-Funktion, die in Kombination mit ganz unterschiedlichen Algorithmen immer dafür sorgt, dass das Modell optimal, d. h. mit so viel wie möglich ersichtlicher Information dargestellt wird. Da wir für das Modell kein Centrality-Layout verwendet haben, sind nicht notwendigerweise die Texte in der Mitte auch am zentralsten. Im Sinne eines optimalen Layouts ist es aber natürlich sinnvoll, Texte mit sehr vielen eingehenden Verbindungen in der Modellmitte zu platzieren.

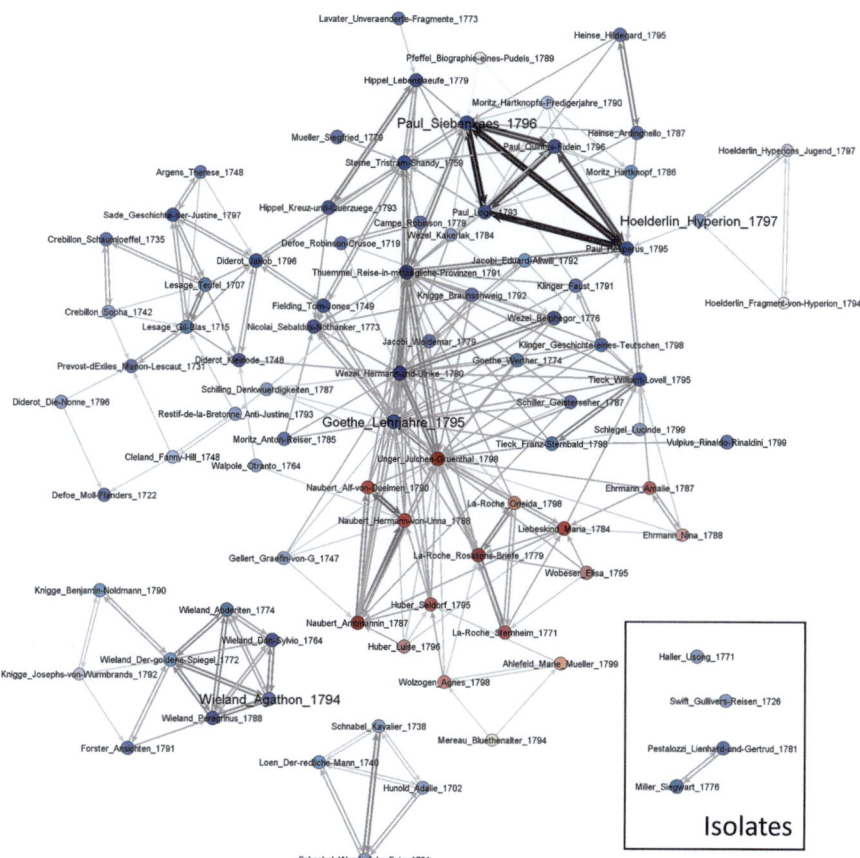

Abb. 3.1 *Simmelian Backbone*-Netzwerk eines 86 Texte umfassenden deutschsprachigen Romankorpus des 18. Jahrhunderts (= Modell 2). Die Knoten wurden in Farbstufe und Größe, die Kanten in Farbstufe und Stärke nach den Delta-Werten skaliert (3000 MFW, Burrows' Delta, 20 % Culling). An den Kanten liegt der Wert für die paarweise Ähnlichkeit zweier Texte, an den Knoten der Wert für die durchschnittliche Ähnlichkeit jedes einzelnen Textes zum Gesamtkorpus (Delta-Mean). Händisch rot markiert sind alle Texte im Korpus, die von Autorinnen stammen

liste der *Indegree*-Zentralität belegen sie die ersten drei Plätze, erst dann folgen Goethes *Lehrjahre*. Allerdings sollten wir bei dem Modell diesen Wert mit Vorsicht interpretieren, da wir von den Autorinnen und Autoren unterschiedlich viele Texte aufgenommen haben und diejenigen, die mit mehr Werken vertreten sind, bessere Chancen für viele eingehende Verbindungen haben, weil die Wahrscheinlichkeit dafür bei Texten derselben Autorin bzw. desselben Autors höher ist. Gerade in Rücksicht darauf ist der hohe Zentralitätswert für die *Lehrjahre* wiederum aussagekräftig, denn von Goethe ist mit dem *Werther*, der zu den eingehenden Verbindungen der *Lehrjahre* gehört, nur ein weiterer Roman im Korpus. Sofort ins Auge springen die vier Erzählwerke Jean Pauls, die jeweils wechselseitig durch sehr dicke dunkle Kanten verbunden sind. Im Binnenverhältnis sind diese Werke sich also besonders ähnlich. Der stilometrische Befund erlaubt die

Hypothese, dass Jean Paul in seinem Schreibstil besonders beständig ist, was die Forschung zu diesem Autor vielfach herausgestellt hat (Dembeck 2007, S. 327–405; Erlin 2014, S. 65–71). Ich habe zum Vergleich und um die Orientierung zu erleichtern neben Goethe und Jean Paul noch Hölderlin und Wieland durch jeweils ein größeres Label markiert. Ganz rechts im Modell hat Hölderlins *Hyperion*-Projekt nur eine einzige Verbindung zum restlichen Netzwerk. Die sehr helle Knotenfarbe insbesondere des *Hyperion*-Fragments und von *Hyperions Jugend* signalisiert hohe Delta-Mean-Werte und macht deutlich, dass Hölderlin im Korpusvergleich sehr undurchschnittlich ist – auch im Vergleich zum benachbarten Jean Paul, dessen Romane sich trotz ihrer außerordentlich starken Selbstähnlichkeit nicht so drastisch vom Rest des Korpus unterscheiden. Tatsächlich weist das *Hyperion*-Fragment mit dem höchsten Delta-Mean im gesamten Korpus die größte Distanz auf, während drei der Jean Paul-Romane unter den Top Ten der kleinsten Delta Mean-Werte stehen und alle vier unter den Top 20. Wielands Werke bilden unten eine eigene Komponente[4] mit Knigge und Georg Forster. Obwohl keine lokale Verbindung zum Hauptnetzwerk besteht, weisen sie eine mittlere Korpusdurchschnittlichkeit auf.

Fund: ein Autorinnen-Netzwerk

Nach diesem ersten Blick auf einige derjenigen Autoren, die für einen am Kanon geschulten Literaturwissenschaftler zu den üblichen Verdächtigen gehören, bin ich das Modell noch einmal durchgegangen. Mir fiel auf, dass auf der linken Seite fast alle Übersetzungen verbunden sind, die wir in das Korpus aufgenommen haben. Für die stilometrische Forschung ist die Frage, ob es so etwas wie ein Übersetzersignal gibt, ein Desiderat (Rybicki 2012; Burrows 2002a; Baker 2000). Was mich an dem Modell jedoch am meisten in Erstaunen versetzte, war eine andere Beobachtung. Unterhalb von *Julchen Grüntal* (zwischen 4 und 7 Uhr) finden sich sämtliche im Korpus vertretenen Autorinnen in einem Zusammenhang, den man als Gruppe wahrnehmen kann. Zur Verdeutlichung habe ich alle Texte von Autorinnen rot markiert. Alle zehn Autorinnen sind hier angeschlossen, wobei Friederike Ungers *Julchen Grüntal* deutlich als ‚Star' des Verbunds erscheint: Sternförmig schließt er die meisten der anderen Autorinnen, aber auch zahlreiche Autoren an.

Wir waren nicht auf eine Gruppierung nach der Variable Gender aus gewesen und dem entsprechend überrascht von dem, was uns plötzlich als Fund erschien. Ich kann mich noch gut erinnern, wie wir uns in der Arbeitsgruppe gegenseitig mit Euphorie ansteckten und geradezu wetteiferten mit Thesen und Theorien. Die

---

[4] Komponenten sind in unseren Modellen Gruppen, deren Verbindungen zum Hauptnetzwerk durch den *Simmelian Backbone*-Algorithmus herausgefiltert worden sind. Um sie gut gemeinsam darstellen zu können, werden sie nah am Hauptnetzwerk gezeigt, der Abstand trägt aber keine Information.

Zentralität Goethes im Vergleichszusammenhang des 18. Jahrhunderts noch überboten von drei historisch populären Publikumsromanen, Wieland eher für sich, aber mit Knigge, Hölderlin dem Durchschnitt sehr unähnlich und Jean Paul ganz eigen – das war alles so interessant wie erwartbar. Wir hatten uns selbst immer wieder vor Augen gehalten, dass es zu den methodologischen Errungenschaften der Digitalen Literaturwissenschaft gehört, entgegen dem einseitig an Originalität orientierten Habitus der Geisteswissenschaften auch die Konsolidierung vorhandenen Wissens mit neuen Methoden zu schätzen (Weitin 2015). Und trotzdem war es so, dass im Moment unserer unerwarteten Beobachtung etwas mit uns geschah, dass plötzlich mit einer uns selbst erstaunenden Selbstverständlichkeit das Gefühl aufkam, genau dafür den ganzen Aufwand betrieben zu haben. Und mit diesem Gefühl entstand im selben Augenblick der Wunsch, unsere Beobachtung möge sich als Erkenntnis erweisen.

Zu unserem Autorinnen-Netzwerk gehörten nicht die üblichen Verdächtigen der deutschen Literaturgeschichte. Natürlich hat Sophie La Roche einen festen Platz darin, die erste finanziell unabhängige freie Schriftstellerin im deutschsprachigen Raum, die der Überlieferung nach auch die erste Frau war, die mit der im empfindsamen Briefstil geschriebenen *Geschichte des Fräuleins von Sternheim* einen Roman auf Deutsch verfasste, den, wie nie versäumt wird zu betonen, der ‚teilnehmende Freund' Wieland zunächst anonym herausgab. Auch Sophie Mereau wird als erfolgreiche Dichterin und Romanautorin erinnert, die dann Clemens Brentano heiratete. *Julchen Grüntal* dagegen, Friederike Ungers Erstling, der gleich ein Bestseller wurde, ist heute ebenso vergessen wie das gesamte Werk von Benedikte Naubert, obgleich sie es war, die den Schreibstil des historischen Romans begründete. Walter Scott, der ihr in dieser Gattung nachfolgte, kannte ihre Arbeiten (Henn, Lühe, und Runge 2005, S. 289). In Weimar schrieb Charlotte von Wolzogen mit *Agnes von Lilien* einen Roman, der nach seinem anonymen Erscheinen sowohl ihrem Schwager Schiller als auch Goethe zugeschrieben wurde, einzig Charlotte von Stein tippte auf eine weibliche Autorschaft.[5] Madame de Staël wiederum gab an, dies sei nach dem *Werther* ihr Lieblingsroman (Krug 2004, S. 125). In Weimar wirkte ebenfalls Charlotte von Ahlefeld, auch sie schrieb Bestseller wie *Maria Müller,* die heute unbekannt sind. Therese Huber und Margarethe Liebeskind kennt immerhin die Forschung als so genannte ‚Universitätsmamsellen', Göttinger Professorentöchter, die durch eine für bürgerliche Frauen überdurchschnittlich gute Ausbildung zur Autorin, Übersetzerin und Publizistin prädestiniert waren (Kleßmann 2008; Finckh et al. 2015). Die publizistische Tätigkeit von Marianne Ehrmann begann dagegen nach einer dramatisch gescheiterten Ehe als schiere Notwendigkeit zum Broterwerb. Gemeinsam ist allen diesen Autorinnen, dass die Literaturgeschichte sie, sofern das Etikett Empfindsamkeit nicht hinreichte, als Trivial- und Frauenliteratur ver-

---

[5] Allerdings fälschlich auf Charlotte von Kalb (Krug 2004, S. 125).

standen und ignoriert hat. Forschung speziell zu dieser ‚Frauenliteratur' hat daran nichts ändern können.

Wir hatten hier also wahrhaft etwas vom ‚Great Unread' der Literaturgeschichte vor uns, sogar als einen Verbund, dem ein Zusammenhang unterstellt werden konnte. Unsere Begeisterung darüber nahm erst einmal, wie das oft geschieht, unproduktive Formen an. Wir hatten voraussetzungsreiche Interpretationen parat, wenn etwas gegen die Erklärung sprach, die wir unserer Beobachtung im Streben nach Erkenntnis aufbürdeten. Gehörte nicht Gellerts *Leben der schwedischen Gräfin von G**** ohne Zweifel mit zu dieser Gruppe (Abb. 3.1)? Auch Tiecks *William Lovell*, Thümmels *Reise in die mittäglichen Provinzen Frankreichs* und natürlich Goethes *Lehrjahre* haben starke Verbindungen zu den Autorinnen, die mithin gar nicht exklusiv gruppieren. Gerade diese Anknüpfungspunkte meinten wir gut erklären zu können: Immerhin verwendet Gellerts *Schwedische Gräfin von G**** erstmals in der deutschen Literaturgeschichte die Perspektive einer weiblichen Ich-Erzählerin. Die Ich-Perspektive konnten schreibende Frauen, die immer zuerst Leserinnen gewesen waren, klassischerweise brieflich oder im Tagebuch einnehmen, weshalb die manifeste Verbindung zu Tiecks Briefroman *William Lovell* ebenso wenig überrascht wie die zu Thümmels *Reise in die mittäglichen Provinzen Frankreichs,* der ebenfalls im populären Briefstil verfasst ist und ein breites Publikum ansprach. Ähnliches lässt sich von der in die *Lehrjahre* eingeschalteten Autobiographie der ‚schönen Seele' sagen. Am *William Lovell* schrieb der junge Tieck zwischen 1792 und 1798, als er die Epochenschwelle von der Spätaufklärung zur frühen Romantik durchbrach (Engel 2011, S. 515). Dass eine in der Aufklärung sozialisierte, vom Sturm und Drang eingenommene Autorin wie Marianne Ehrmann (Madland 1992) mit ihren Briefromanen in diesem Kontext Verbindungen aufweist, fanden wir ebenso erklärlich wie die Anbindung der *Maria,* des ersten Werks der damals 19-jährigen Margarethe Liebeskind.

„Mind your corpus"[6]

Die Qualität einer Arbeitsgruppe lässt sich unter anderem daran erkennen, dass in entscheidenden Augenblicken jemand widerspricht. Abgesehen davon, dass digitale Textanalysen oft des großen Aufwandes und verschiedener Spezialfertigkeiten wegen arbeitsteilig ablaufen, bietet die kollektive Arbeitsweise den wissenschaftlichen Luxus, sich immer auch auf die Skepsis anderer verlassen zu können. So war es zum Glück auch bei uns. Relativ rasch mehrten sich die Fragen, was wir aus unserem stilometrischen Netzwerkmodell denn tatsächlich für Schlüsse ziehen konnten. Ein erstes, ganz grundsätzliches Problem hatten wir noch relativ leicht einkreisen können. Einmal auf die Variable Gender aufmerksam geworden,

---

[6] Eder 2013, S. 1.

führten wir verschiedene automatische Klassifikationsexperimente durch, um zu testen, für welche Texte sich das Autorengeschlecht korrekt vorhersagen ließ und für welche nicht. Dabei wurde auch ermittelt, welche Wörter Autorinnen im Vergleich zu männlichen Autoren vorziehen und welche sie meiden (Kap. 4 erläutert diese Verfahren ausführlich). Eher zufällig machten wir bei der Durchsicht der Listen die beunruhigende Entdeckung, dass die Unterschiede im Wortgebrauch teilweise gar nicht inhaltlicher Natur waren, sondern durch unterschiedliche Schreibweisen und Modernisierungsstufen verursacht wurden. Dass in den Werken von Frauen durchgehend das Wort „Thräne" vorkam, schien ein Klischee zu bestätigen, allerdings wurde auch bei den Männern viele Tränen geweint, nur ohne ‚th'. Die Werke der Autoren verrieten einen kontinuierlichen Gebrauch von „Mut" und „Tat", bei den Autorinnen waren es „Muth" und „That". Von den 10 Autorinnen der von uns im Romankorpus zum 18. Jahrhundert beobachteten Gruppe (Abb. 3.1) wich nur Sophie La Roches *Fräulein von Sternheim* von der dem Modernisierungsstandard des 19. Jahrhunderts entsprechenden th-Schreibweise ab. – Ausgerechnet diesem Roman wurde in vielen Experimenten eine männliche Autorschaft zuerkannt!

Bevor wir also unseren Gender-Experimenten weitere Erklärungslasten antrugen, mussten wir sicherstellen, dass unsere Ergebnisse nicht lediglich Effekte orthografischer Differenzen waren. Auch diese konnten im Kontext der Ausgabenpolitik bei verschiedenen Autorinnen und Autoren von literaturgeschichtlichem Interesse sein, waren aber an dieser Stelle nicht unser Thema. Jannidis/Lauer hatten in einem Aufsatz zum Gebrauch von Burrows' Delta für Korpusanalysen zur deutschen Literaturgeschichte mit dem Korpus der Textgrid-Bibliothek gearbeitet, dem auch maßgebliche Teile unserer beiden Analysekorpora entstammten. In dem Artikel wird das Problem der modernisierten Schreibweise angesprochen (Lauer und Jannidis 2014, S. 34), die unserer Beobachtung nach durchaus nicht einheitlich war. Wir führten daher eine behutsame ‚Diplomatisierung' der Korpora durch und normalisierten diejenigen Schreibweisen, die für die unerwünschten Kontraste auf Wortebene verantwortlich waren (vor allem ‚th' wie bei „Thräne", ‚ey' wie bei „seyn" und ‚ie' wie in „giebt").[7] Unser Modell 2 wurde bereits auf der Basis des derart diplomatisierten Korpus berechnet. Ein erster Versuch mit dem noch undiplomatisierten Korpus

---

[7] Die Alternative wäre eine komplette automatische Normalisierung gewesen, etwa mit dem CAB-Service des *Deutschen Textarchivs* (CAB = *Cascaded Analysis Broker*). Allerdings greift dieses Tool bei der Normalisierung stark in die Stilebene ein, ersetzt „andern" durch „anderen" oder „ich's" durch „ich es", was für stilometrische Analyse zum Problem werden kann. Da Christian Thomas vom *Deutschen Textarchiv* uns freundlicherweise beide Untersuchungskorpora komplett mit CAB bearbeitet hat, konnten wir die Folgen im Kontext unseres Forschungsinteresses direkt beobachten. Zur Funktionsweise des CAB-Algorithmus gehört es, dass er durch die in seinen Trainingsdaten häufigere Form ersetzt, was auch zu inhaltlichen Änderungen führen kann. So wurde bei unseren Korpora aus der weiblichen Form „Gesandtin" der Plural „Gesandten". Für unseren Zweck erschien uns daher eine hermeneutisch sensible Normalisierung ratsamer. Wir haben indes unsere auf dieser Basis berechneten Netzwerkmodelle mit Varianten verglichen, die wir auf der Basis der CAB-normalisierten Korpora erstellt haben, und konnten keine wesentlichen Unterschiede feststellen.

hatte die Gruppe der Autorinnen noch ‚schöner' gezeigt, nämlich als einen ganz eigenständigen Strang, der nur über Ungers *Julchen Grüntal* mit dem Rest des Netzwerks verbunden war. Schöne Ergebnisse nützen aber wenig, wenn nicht ausgeschlossen werden kann, dass sie durch eine zweifelhafte Korpusgrundlage entstanden sind. Wir haben uns bei der Konsolidierung für eine Doppelstrategie entschieden, die zusätzlich zur Diplomatisierung eine Idee von Maciej Eder aufgreift. Eder hat in einem Experiment mit einem deutschen Romankorpus untersucht, wie stark sich orthografische Varianten und andere Eingriffe in einzelne Texte auf das Ergebnis einer stilometrischen Korpusanalyse auswirken, und fand heraus, dass bei der Analyse nur ausreichend viele Wörter berücksichtigt werden müssen, um die Störeffekte zu neutralisieren (Eder 2013, S. 5). Wir haben dem entsprechend alle Experimente mit einer Wortlistenlänge von 3000 MFW durchgeführt, um ganz sicher zu gehen, dass die beobachteten Gruppierungen nicht lediglich ein Effekt orthografischer Varianz sind.

Mit der Lösung dieses Problems kamen neue wichtige Fragen. Wir hatten das Subnetzwerk der Autorinnen bei der Analyse eines Korpus identifiziert, das hauptsächlich Romane, aber auch einige andere wichtige Texte aus der Erzählkultur des 18. Jahrhunderts enthielt (etwa Lavaters *Tagebuch*) sowie einige Erzähltexte, deren genaue Gattungsidentität umstritten ist (z. B. Schillers *Geisterseher*). Diese Zusammenstellung konnten wir relativ gut mit unserem Ansatz und seinem Erkenntnisziel begründen. Wir hatten die Untersuchung von Goethes Zentralität als Text-im-Kontext-Analyse konzipiert und genau dafür unser Netzwerkmodell entwickelt, das die bilaterale Ähnlichkeit zwischen Texten über die Verbindungen und die Distinktivität eines Textes im Gesamtkorpus über die Knoten darstellt. Dieses Modell erscheint geeignet, um die Position eines Textes in einer bestimmten Epoche korpusanalytisch zu untersuchen. Und diesem Ziel diente auch der Zuschnitt unserer beiden Korpora, der einmal den Vergleich im Rahmen des 18. Jahrhunderts und das andere Mal im Rahmen der Goethezeit erlaubt. Darauf ruhte unser Hauptaugenmerk. Dass wir von den Autorinnen und Autoren unterschiedlich viele Texte in die Korpora aufnahmen, hatte natürlich Einfluss auf die Positionierung der einzelnen Werke im Gesamtzusammenhang. Repräsentative Samples hatten wir damit nicht erstellt, doch die Korpora entsprachen durchaus dem historischen Literaturmarkt, auf dem Vielschreiber wie Jean Paul auf ganz andere Art erfolgreich waren als ‚One Hit Wonder' wie Wilhelmine von Wobeser mit ihrer *Elisa*. Richtig mitreflektiert, ermöglicht gerade die unterschiedliche Anzahl von Texten pro Autor und Autorin aufschlussreiche Verbindungen.

Jannidis/Lauer hatten in ihren Experimenten ein deutschsprachiges Romankorpus mit Werken der Entstehungszeit um 1800 verwendet und waren dabei ebenfalls auf Clusterbildungen weiblicher Autoren gestoßen, die sich allerdings nicht stabilisieren ließen, sondern je nach Korpuszusammenstellung und der Einstellung der Parameter des Experiments sichtbar wurden oder sich wieder auflösten (Lauer und Jannidis 2014, S. 41 f., 47 f.). Die Parameter, auf denen die Modellierung der Textdaten zu unseren Netzwerken beruhte, waren unser nächstes Problem. Gewöhnlich geht es dabei vor allem um die Länge der Wortliste und das Distanzmaß, das zur Berechnung der Ähnlichkeit zwischen Texten verwendet wird. Die Länge des Wortvektors gehört zu den Größen, die man klassischerweise manipulieren sollte, um ihren Einfluss auf das Ergebnis zu testen. Wir hatten zur Berechnung der Text-Distanzen in den Modellen 1 (Novellenschatz) und 2 (Romankorpus 18. Jahrhundert) die Mittelwertabweichungen der 500 bzw. 3000 häufigsten Wörter angeschaut. Die deutlich längere Wortliste von Modell 2 hatten wir zur Ausschaltung des Störeffekts orthografischer Varianten verwendet. Der Längenunterschied in den Wortvektoren ließ sich aber auch damit begründen, dass die Novellen von Experiment 1 im Schnitt deutlich kürzer waren als die Romane von Experiment 2. Insofern waren unsere Parametereinstellungen durchaus motiviert und wir verfügten zumindest im Sinne der Entscheidung für einen mittleren oder langen Wortvektor über eine theoretische Erklärung für unser Vorgehen.

Anders lag die Sache bei der Entscheidung für Burrows' Delta als Distanzmaß. Das von John Burrows entwickelte Delta-Verfahren hat sich in der Stilometrie insbesondere bei der Autorschaftsattribution als robust erwiesen – ohne dass allerdings bislang jemand eine theoretische Erklärung dafür hätte liefern können. Häufig wird die Tatsache, dass mit einem bestimmten Verfahren ein bestimmtes Resultat erreicht wird, schon als Begründung für die Wahl der Methode angesehen. Dabei läuft man allerdings Gefahr, Methoden so lange zu testen, bis man mit dem Ergebnis zufrieden ist. Für eine theoretische Erklärung reichen gute Ergebnisse zum Beispiel eines Distanzmaßes bei der Detektion von Autorschaft nicht aus (Päpcke et al. forthcoming). Es müsste zusätzlich erklärt werden, warum gerade das gewählte Distanzmaß zu diesem Ergebnis kommt. Dies mag für digitale Geisteswissenschaftlerinnen und Geisteswissenschaftler ein sehr hoher Anspruch sein, den man in der Praxis mitunter nur als regulative Idee gebrauchen kann. Er gebietet aber immer, sich nicht einfach auf ein eingeführtes Verfahren zu verlassen, und das hieß für uns, auch Alternativen zum Delta-Verfahren nach Burrows zu berücksichtigen.

Eine unwahrscheinliche Gruppe

Wir hatten also genügend Gründe, unserem faszinierenden Fund zu misstrauen und weitreichende Schlussfolgerungen zu vermeiden. Trotz der relativen Stabilität unserer Ergebnisse bei der anfänglichen Konsolidierung des Korpus war zu erwarten, dass die beobachtete Gruppe von Autorinnen mit anderen Parametereinstellungen verschwinden würde. Gerade das motivierte und gab einen Fokus für die weiteren Experimente. Literaturgeschichtlich schien die von uns beobachtete Gruppierung unwahrscheinlich, weil die Autorinnen, die sie versammelte, denkbar verschieden waren. Sophie La Roche (geb. 1730) und Benedikte Naubert (geb. 1752) gehörten ganz anderen Generationen an als etwa Charlotte von Ahlefeld (geb. 1781). Zu den mittleren Jahrgängen der Gruppe zählen explizite Romantikerinnen wie Sophie Mereau (geb. 1770) und ebenso ausgesprochene Kritikerinnen der romantischen Geselligkeit wie Therese Huber (geb. 1764). Vor allem aber sind ihre Romane alles andere als gleichartig. Einige sind im Briefstil verfasst, andere aber nicht. Einige bevorzugen weibliche Protagonisten, andere aber nicht, und auch dort, wo es weibliche Titelhelden gibt, ist oft gerade auch die männliche Perspektive entscheidender Teil der Darstellung. Gleichermaßen ist Weiblichkeit in einigen Romanen Thema, in anderen aber nicht, und wo sie stark thematisiert wird, geschieht das nicht monothematisch, sondern in Auseinandersetzung mit einer oft krisenhaften Männlichkeit, mit Familie und Gesellschaft oder in der literarischen Aufarbeitung von Historie und Zeitgeschichte. Es ist mithin fraglich, weshalb das gemeinsame Geschlechtsmerkmal für den Zusammenhang verantwortlich sein sollte, den uns das stilometrische Netzwerkmodell zu zeigen scheint. Niemand kam bislang auf die Idee, eine Gruppierung von Autoren bei einem stilometrischen Experiment als Männergruppe aufzufassen und nach Argumenten zu suchen, inwiefern männliches Schreiben damit als Stilmerkmal belegt sei. Daher tut es sicher gut, nicht einfach von einem Zusammenhang auszugehen und nach einem Nachweis zu suchen, sondern gespannt darauf zu schauen, wie sich unsere Beobachtung unter veränderten Umständen entwickeln wird.

Eine erste Gelegenheit dazu bietet sich, wenn wir die vergleichende Korpusanalyse von Experiment 2 nun tatsächlich durchführen und unser Netzwerkmodell auf das 121 Texte umfassende Goethezeit-Korpus (1770–1830) anwenden. Darin sind 66 Texte enthalten, die wir bereits aus dem Romankorpus 18. Jahrhundert kennen. Das sind folglich Romane, die zwischen 1770 und 1800 erschienen sind, womit auch gesagt ist, dass das Korpus zum 18. Jahrhundert einen starken Schwerpunkt in der zweiten Jahrhunderthälfte hat. Dies muss allerdings nicht als Schlagseite *(bias)* erscheinen, wenn man bedenkt, wie sich das Aufkommen an Buchpublikationen im deutschsprachigen Raum zu der Zeit entwickelt hat. Sind zwischen 1721 und 1763 noch insgesamt 265 Neuerscheinungen verzeichnet, hat sich die Produktivität im darauffolgenden Vergleichszeitraum mehr als verzehnfacht (auf 2821 bis 1805) (Goldfriedrich 1909, S. 248).

Was als erstes am Netzwerkmodell zur Goethezeit auffällt, ist seine im Vergleich zum 18. Jahrhundert ausgeprägtere Struktur, die deutlicher einzelne Gruppen hervortreten lässt (Abb. 3.2). Ein Blick auf unsere alten Bekannten zeigt Goethes *Lehrjahre* noch immer zentral, im Vergleich zu Ungers *Julchen Grüntal* und Wezels *Hermann und Ulrike* büßt der Bildungsroman aber überraschend klar an Zentralität ein. Wieland bleibt, könnte man sagen, im Vergleichsrahmen der Goethezeit strukturell, wie er war, nämlich abgetrennt in seiner eigenen Komponente. Jean Paul verliert dramatisch an Verbindungen, seine nunmehr neun Texte haben aber nach wie vor die dunkelsten Kanten des gesamten Modells, was die große Selbstähnlichkeit dieses Autors unterstreicht. Ebenso konstant sind die hellen Knoten Hölderlins oben auf 1 Uhr, die seine starke Abweichung vom Korpusdurchschnitt markieren. Anschluss findet das Hölderlin'sche Autorschaftsdreieck an eine Gruppe, die stark von romantischen Autorinnen und Autoren dominiert wird. Goethes *Werther* gehört dazu, dessen Position nun nicht mehr bei den *Lehrjahren* ist, zu welchen sich stattdessen die *Wanderjahre* und die *Wahlverwandtschaften* gruppieren. Die wechselseitigen, sehr dunklen Kanten sprechen für eine, im Vergleich zum *Werther,* hohe stilometrische Ähnlichkeit zwischen

Zweites Experiment: Autorennetzwerke im 18. Jahrhundert … 49

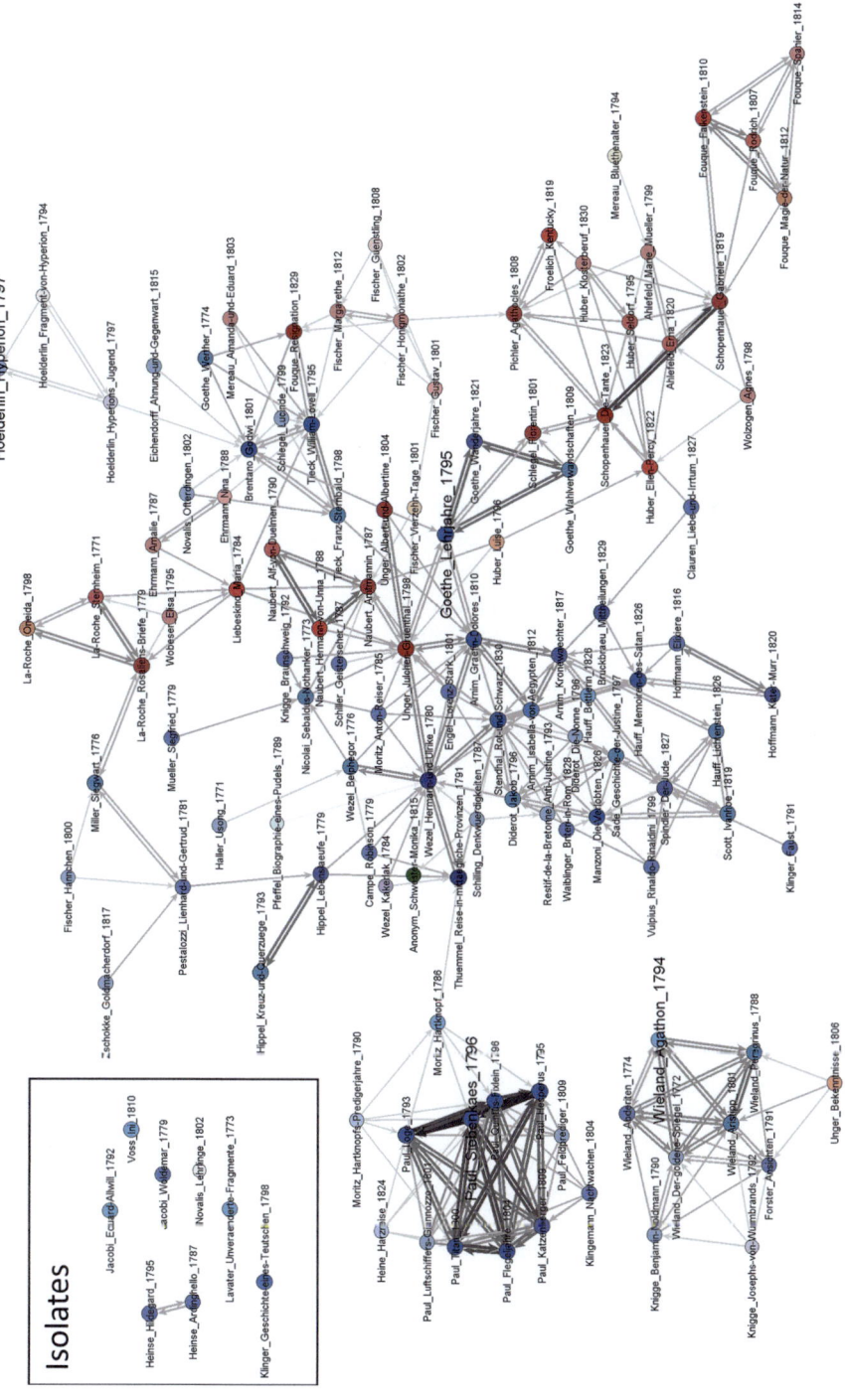

Abb. 3.2 *Simmelien Backbone*-Netzwerk eines 121 Texte umfassenden deutschsprachigen Romankorpus der Goethezeit (1770–1830) (= Modell 3). *Corpus overlap* mit dem Romankorpus 18. Jahrhundert: 66 Texte. Alle Einstellungen und Skalierungen wie in Modell 2

den Dreien. Diese Aufteilung und Zuordnung von Goethes Früh- und Spätwerk werden wohl die meisten Goetheforscher nachvollziehbar finden.

Und unsere Autorinnen-Gruppe? Die diversifiziert sich wie das gesamte Goethezeit-Modell (Abb. 3.2) im Vergleich zu dem des 18. Jahrhunderts (Abb. 3.1). Ein Teil der Autorinnen gruppiert sich um das von Brentano, Tieck und Friedrich Schlegel gebildete Romantik-Zentrum. Das sind Sophie Mereau mit *Amanda und Eduard* (1803), Caroline de la Motte-Fouqué mit *Resignation* (1829) sowie Caroline Fischer, Marianne Ehrmann und Margarethe Liebeskind. Über Liebeskinds *Maria* läuft die Verbindung nach oben zu Wobesers *Elisa* und zum Autorschaftsdreieck Sophie La Roche, wobei diese beiden Autorinnen eher nicht mehr zu der ‚Romantik-Gruppe' gezählt werden können. Über Caroline Fischers *Honigmonate* gibt es einen schwachen Anschluss an den zweiten großen Teil der Autorinnen, der unten über Dorothea Schlegels *Florentin* und Johanna Schopenhauers *Die Tante* mit dem Goethe-Dreieck verbunden ist. Zu dieser großen Gruppe gehören Therese Huber, Caroline von Wolzogen, Charlotte von Ahlefeld und Mereaus *Blütenalter der Empfindsamkeit* sowie neben Henriette Frölich und Caroline Pichler vier der fünf Romane von Caroline de la Motte-Fouqué. Besonders zentral und mit beiden Gruppen von Autorinnen verbunden ist erneut Ungers *Julchen Grüntal*. Auch das Autorschaftsdreieck von Benedikte Naubert hat Verbindungen zu beiden Gruppen, während ein anderer Roman Ungers, die *Bekenntnisse einer schönen Seele* (1806), als einziges Werk ganz abseits des Zusammenhangs der Autorinnen positioniert ist. Der Roman gehört zur Wieland-Komponente.

Diese Sonderstellung hat sich durch sämtliche Parametermanipulationen hindurch in sämtlichen Experimenten als stabil erwiesen. Das ist interessant, weil die zeitgenössischen Rezensionen hinter der anonym erschienenen, von einer selbstbewussten Protagonistin vorgetragenen Kritik am empfindsamen, rückzugsorientierten Weiblichkeitsideal aus dem 6. Buch der *Lehrjahre* einen männlichen Autor vermuteten. Dazu hatte nicht zuletzt Goethe selbst mit seiner Besprechung in der *Jenaer Allgemeinen Literaturzeitung* beigetragen. Die ‚Bekenntnisse einer schöne Seele' waren durch Goethes Bildungsroman zu einem literarischen Topos geworden. Hier wurde dagegen die autobiografische Fiktion mit dem Titelzusatz „von ihr selbst geschrieben" versehen und in unverhohlener Anspielung deutlich gemacht, dass eine Frau ihre Autobiografie selbst in die Hand nahm. Eine solche Provokation traute Goethe nur einem Mann zu. Er fand Figur und Darstellung des Romans unweiblich.

> Wir hätten aber doch dieses Werk lieber Bekenntnisse einer Amazone überschrieben, theils um nicht an eine frühere Schrift zu erinnern, theils weil diese Benennung charakteristischer wäre. Denn es zeigt sich uns wirklich hier eine Männin, ein Mädchen, wie es ein Mann gedacht hat. (Goethe 1806, S. 105)

Andere Rezensenten griffen diese Einschätzung auf und beklagten den Verlust von Weiblichkeit durch den männlichen Ton des Romans (Zantop 1991, S. 387). In unserem stilometrischen Netzwerkmodell gehört er zu der rein männlichen Autorschaftskomponente um Wieland und ist von den anderen Autorinnen klar getrennt. Diese Position ist wie gesagt sehr stabil, was auch für zwei weitere Ähnlichkeitsbeziehungen von Autorinnen zu Autoren gilt: Dorothea Schlegels *Florentin* bleibt ebenso konstant in der Nachbarschaft der Goethe'schen *Lehrjahre* wie Sophie Mereaus Romane stets getrennt voneinander gruppiert sind. Das *Blütenalter der Empfindung* (1794) schließt sich immer an Ahlefelds *Marie Müller* (1799) an, während der spätere Roman *Amanda und Eduard* immer Friedrich Schlegels *Lucinde* zum nächsten Nachbarn hat. Das lässt darauf schließen, dass das Autorschaftssignal in diesem Fall von etwas Stärkerem überlagert wird. Die Nähe zur *Lucinde* ruft unweigerlich den Lektürebefund auf, dass *Amanda und Eduard* noch deutlich radikaler als das *Blütenalter der Empfindung* für die erotische Entfaltung der Frau eintritt, wie sie auch Schlegels ‚Skandalroman' romantisiert.

Ergebnisse

Ein solcher Rückschluss vom stilometrischen Befund auf ein inhaltliches Argument bräuchte weitere Absicherung durch genauere Betrachtung der Wortebene, die in die Berechnung eingegangen ist. Ebenso vorsichtig müssen wir mit der Beobachtung umgehen, dass sich der eine Teil unserer Autorinnen einer ‚Romantik-Gruppe' anschließt, ein anderer Teil hingegen nicht. Dass sich mit der Änderung des korpusbasierten Vergleichs vom 18. Jahrhundert zur Goethezeit die romantischen Texte als Gruppe formieren, entspricht der literaturgeschichtlichen Erwartung. Die Position bestimmter Texte rechtfertigt diese Erwartung, während andere Nachbarschaften ihr widersprechen. So gehört zum Beispiel nur einer der fünf Romane von Caroline Motte-Fouqué zu der Romantik-Gruppe. Die Frage ist nun, wie wir mit solchen Befunden umgehen. Unstimmigkeiten interpretatorisch mit einzeltextbezogenen Argumenten aus dem Weg zu räumen, ist keine gute Lösung, weil wir damit tiefer liegenden Problemen ausweichen. Wir müssen uns fragen, von welchen literaturwissenschaftlichen Kategorien wir überhaupt stilometrische Ähnlichkeiten und mithin Gruppen erwarten können. Nötig ist ein wenig Theoriearbeit, um Aufschluss darüber zu gewinnen, ob und inwiefern wir neben Autorschaft auch Epocheneigenschaften oder Gendermerkmale stilometrisch messen können. Diesen Fragen werden wir uns im Laufe des nächsten Kapitels annähern.

Stilometrie

4

Schnelles Denken/Langsames Denken

Anstatt weiter mit der Beobachtung unserer Netzwerkmodelle zum Korpusvergleich von Texten aus dem 18. Jahrhundert und der Goethezeit fortzufahren, wollen wir daher innehalten und überlegen, wo wir stehen und welche methodischen Probleme in dem stecken, was wir bisher vorgetragen haben. Im Grunde ist uns die zentrale methodische Herausforderung bestens vertraut, weil sie hermeneutischer Natur ist. Wenn wir versuchen, Hermeneutik auf drei operationalisierbare Imperative herunterzubrechen, müssten diese etwa so lauten:

1. Bedenke, dass die Analyse der Interpretation vorausgeht!
2. Bedenke aber auch, dass schon die Herstellung der Analysegrundlage und die Ausgestaltung der Analyseschritte interpretative Akte einschließen!
3. Überinterpretiere nicht (geh besser in die Analyse zurück)!

Diese Prinzipien gelten für die herkömmliche genauso wie für die digitale Textanalyse, auch wenn der polemische Begriff des Distant Reading etwas anderes suggeriert (Moretti 2013a, S. 47–49). Er legt nahe, die ‚traditionelle' Literaturwissenschaft sei ein Close Reading, das notorisch einer zu kleinen Textbasis zu große Erklärungslasten aufbürdet (Jockers 2013, S. 5–10). Das mag an vielen Stellen stimmen und ist doch als Pauschalurteil ein performativer Selbstwiderspruch, der die große Zahl der sorgfältigen Studien und mit ihnen die Wissenschaftstheorie der Hermeneutik (Danneberg und Müller 1984) ausblendet. Die methodischen Bedenken, die in der Polemik stecken, müssen gerade in der Digitalen Geistes- und Literaturwissenschaft ernst genommen werden. Nur weil wir jetzt in der Lage sind, große Korpora mit vielen Texten zu analysieren, sind wir nicht plötzlich gefeit vor voreiligen Schlussfolgerungen. Und auch die hermeneutische Versuchung schlechthin, der von Kognitionspsychologinnen und

-psychologen sogenannte *confirmation bias,* ist gerade jetzt eine reale Gefahr. Er bezeichnet unsere Neigung, bei Analysen liebsame Ergebnisse, die das, was wir uns denken, unterstützen, stärker wahrzunehmen und unliebsame Ergebnisse, die weniger gut oder gar nicht passen, eher nicht zu sehen. Das gilt bei der berühmten Stellenlektüre am Einzeltext, aber auch bei der Auswertung statistischer Korpusanalysen. Wer für ein Buch wie dieses tausende solcher Analysen durchgeführt hat und entscheiden muss, welche Ergebnisse präsentiert werden sollen, weiß, dass das kein rein theoretisches Problem ist.

Die gute Nachricht ist aber, dass wir unserer Neigung zum schnellen Denken, das vor allem mit dem arbeitet, was wir schon kennen, nicht einfach ausgeliefert sind (Kahneman 2012). Was Daniel Kahneman, einer der legendären Kognitionspsychologen mit dem Schwerpunkt Statistikforschung, langsames Denken nennt, bezeichnet die kritischen Fähigkeiten, die wir gegen Schnellschusserklärungen mobilisieren können. Auf eine eher technische Weise ist die Parametermanipulation eine unverzichtbare Operationalisierung dessen. Wir haben bislang unsere beiden Vergleichskorpora nur hinsichtlich der Textzusammensetzung historisch variiert (1702–1799 bzw. 1770–1830), alle anderen Parameter dagegen konstant gehalten. Die Berücksichtigung eines mit 3000 MFW viel längeren Wortvektors als bei den Novellen konnten wir mit der im Schnitt deutlich größeren Textlänge der Romane und außerdem mit der Eliminierung des Einflusses orthografischer Varianten begründen. Die Berechnung der Distanz zwischen den Texten über das Delta-Verfahren nach Burrows war hingegen eine willkürliche Entscheidung. Mit beiden Einstellungen wollen wir im Folgenden experimentieren, um dabei zugleich noch ein bisschen mehr über das Gebiet der Stilometrie zu lernen.

Anknüpfungspunkte der Stilometrie

Man kann die Stilometrie als Fortführung der Stilistik mit den Mitteln der Statistik verstehen und beschreibt damit ihre historischen Anfänge im Kontext der Ausbreitung statistischer Methoden auch in den Geisteswissenschaften im 19. Jahrhundert. Gegenüber dem Stilbegriff der Rhetorik, der sich auf die schon in der Antike geprägte Idee der drei Stilniveaus zurückführen lässt *(stilus gravis, mediocris, humilis),* die beherrscht und angemessen angewendet werden sollen, ist das Erkenntnisinteresse der Stilometrie von der, im weiten Sinn, modernen Vorstellung geprägt, dass Stil eine individuelle, ja singuläre Eigenschaft darstellt, die entsprechend ermittelt und zugerechnet werden kann. John Burrows spricht von „unique authorial fingerprints" und einer „distinctive ‚stylistic signature'", nach denen mit seinem Delta-Verfahren gesucht werden kann (Burrows 2002b, S. 268). Er ist dabei deutlich optimistischer als die forensische Linguistik, die gegenüber der Möglichkeit, solche individuellen Signaturen zu identifizieren, immer skeptisch geblieben ist (Fobbe 2011, S. 129–30). Skepsis ist sicher auch angebracht, wenn neben persönlicher Autorschaft generischen Kollektivsubjekten wie Gattung, Gender oder Nationalität die Ausprägung spezifischer Signale unterstellt wird.

Theoriegeschichtlich betrachtet lebt der Stilbegriff der Stilometrie von dem in den Anfängen der Soziologie vor allem von Simmel *(Philosophie des Geldes, Philosophie der Mode),* später bei Bourdieu im Habitus-Begriff beschriebenen Zusammenhang, dass Stil-Haben immer beides meint, kollektive Nachahmung und individuelle Distinktion. Jedenfalls verleiht erst diese Einsicht der Beobachtung, dass soziale Entitäten wie Individuen oder Texte sich auf bestimmte Weise gruppieren, wenn ihre Daten modelliert werden, intellektuellen Interpretationsanspruch. Dies wiederum ist nur durch die dritte, oft nicht eigens kommentierte Vorannahme der Stilometrie möglich, die davon ausgehen muss, dass man Stil überhaupt auf diese Weise messen kann.

Operationalisierung und Theorie

Dabei ist es gerade diese Annahme, die den meisten Widerspruch erntet und statistisch am anspruchsvollsten ist, weil sie die Validität der ermittelten Ergebnisse betrifft. Beides hat meiner eigenen Erfahrung bei Vorträgen nach in der Regel allerdings nichts miteinander zu tun, das heißt, der Widerspruch wird nicht vom Standpunkt der Statistik, sondern gegen sie formuliert, meistens mit dem Tenor: Stil sei doch „mehr" als bloße Worthäufigkeit. Das wird niemand ernsthaft bestreiten wollen. Einen geübten Stilometriker wird der Einwand indes nicht aus der Ruhe bringen. Seine Antwort wird wahrscheinlich drei Teile haben. Zunächst wird er konkret erwidern, man möge doch bitte genau hinschauen, in dem angewendeten Verfahren seien mitnichten nur Wörter gezählt worden. Das Delta-Verfahren (um bei unseren bisherigen Beispielen zu bleiben) vergleiche normalisierte Mittelwertabweichungen, beziehe also immer die Korpusrelation jedes einzelnen Textes mit ein, über die wiederum der bilaterale Textvergleich laufe. Natürlich weiß der Stilometriker, dass er seinen Herausforderer damit nicht zufriedenstellt. Und je nachdem, wie gut dieser informiert ist, wird er eingestehen müssen, dass zumindest die Rohdaten des Verfahrens die relativen Worthäufigkeiten sind. Also wird er als zweiten Teil seiner Antwort einen Blick in seinen Werkzeugkasten gewähren: Wir können auch andere Größen zugrunde legen, die Satzlängen etwa oder, wenn das zu grob ist, unser Korpus den Wortarten nach annotieren *(part-of-speech tagging),* um syntaktische Informationen zu berücksichtigen. Zur Berechnung der Vielfalt des verwendeten Vokabulars *(vocabulary richness)* gibt es eine ganze Bandbreite von Möglichkeiten. Auch können wir, anstatt alle Wörter in einen Sack zu werfen und zu zählen *(bag of words),* das gemeinsame Auftreten bestimmter Wörter ermitteln und als Vergleichsgrundlage wählen *(co-occurrence)* oder anstelle von Wörtern Bi- oder Trigramme bestimmen, Wortfolgen wie „Es war einmal", die womöglich gattungsrelevant sind. Wir können mit diesem Ansatz auch unterhalb der Wortebene operieren und uns Buchstabenfolgen anschauen, Silben, Morpheme – alles was Sie wollen. Jetzt merkt der Stilometriker, dass er seinen Zuhörer zu verlieren droht. Daher wird er als dritten Teil seiner Antwort eine verbindliche Vision entwickeln, der alle wieder folgen können. Selbstverständlich gehe es am Ende des Tages darum, ein integriertes Set von Maßen aufzugleisen, das verschiedene Ebenen einschließt, um damit der Komplexität des Stilbegriffs, die der Frager völlig zurecht reklamiert habe, gerecht zu werden. Mit dieser Antwort können alle leben und sicher sein, nichts voneinander gelernt zu haben.

Es ist leicht möglich, solche Diskussionen produktiv enden zu lassen, wenn man kritische Fragen als willkommenen Ausdruck dessen versteht, was zu jeder Operationalisierung ohnehin gehört: eine theoretische Begründung dafür, warum so und nicht anders vorgegangen wird. Diese Begründung wird in den meisten Fällen unvollkommen sein, weil die reine Anwendung statistischer Methoden bei der Korpusanalyse für Geisteswissenschaftlerinnen und Geisteswissenschaftler häufig schon sehr aufwendig ist. Deswegen werden diese Methoden meist pragmatisch nach dem Kriterium der Verfügbarkeit und der eigenen Kompetenz ausgewählt, und es ist durchaus sinnvoll, sich dabei an dem zu orientieren, womit andere schon Erfolg hatten, auch wenn niemand genau sagen kann, woher dieser Erfolg kommt. Gerade dann aber ist es wichtig, den Auftrag zur Theoretisierung nicht aus den Augen zu verlieren. In meiner Vorlesung versuche ich, das den Studierenden mit einem einfachen Schema zur Operationalisierung (Abb. 4.1) nahezubringen.

Wichtig ist mir dabei, dass die Operationalisierung von einer Frage ausgeht, die es so zu formalisieren gilt, dass sie sich berechnen lässt (Moretti 2013b). Bei der Wahl einer dafür angemessenen Herangehensweise (Methode) gelten die gerade genannten Einschränkungen im Hinblick auf Verfügbarkeit, Kompetenz usw. Egal welche Methode gewählt wird, sie wird unvermeidlicherweise Ergebnisse produzieren. Und mit diesen Ergebnissen fängt in den meisten Fällen die eigentliche Entdeckungsreise eines Experiments erst an. Dafür stehen in dem Schema die rekursiven Pfeile, die zum Anfang zurückführen. Ergebnisse können zu neuen Fragen führen oder dazu, eine Frage anders zu stellen und zu präzisieren. Womöglich muss ich auch einsehen, dass mir die gewählte Methode einfach nicht weiterhilft, weil ich mit den Ergebnissen gar nichts anfangen kann. Die weitaus meisten Experimente gestalten sich indes so, dass ich Teilerfolge erziele, indem ich zum Beispiel bestimmte Erwartungen bestätigt finde, andere aber nicht oder indem ich etwas Überraschendes beobachte und dies näher untersuchen möchte. Fast immer werde ich Veränderungen in dem Experiment vornehmen wollen, wofür ich grundsätzlich zwei Möglichkeiten habe. Ich kann technisch

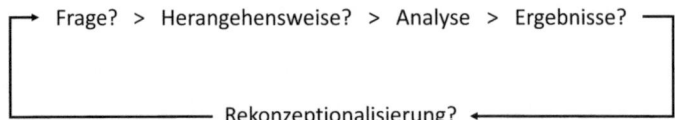

Abb. 4.1 Schema zur Operationalisierung

oder intellektuell etwas ändern. Parametermanipulation, das Spiel mit den Einstellungen eines Experiments, gehört zu jeder Analyse unbedingt dazu. Ebenso wichtig und produktiv kann es jedoch sein, angesichts bestimmter Ergebnisse die Einstellungen in meinem eigenen Kopf zu überprüfen und zu fragen, ob ich meine Frage mit den richtigen Begriffen formuliert habe, auf deren Basis dann Variablen abstrahiert und berechnet worden sind. Womöglich legen es meine Ergebnisse nahe, bestimmte literaturwissenschaftliche Begrifflichkeiten anders zu fassen oder in ihrer Systematik zu verändern. Gerade solche Rekonzeptionalisierungen können ein Beitrag der Digitalen Literaturwissenschaft für das Fach als Ganzes sein. Die Diskussion um die Operationalisierung von ‚Stil' ist dafür nur ein Beispiel von vielen.

Thesen der literaturwissenschaftlichen Stilometrie

Was den Thesenstand und die Überzeugungskraft der literaturwissenschaftlichen Stilometrie anbelangt, finde ich eine Erfahrung interessant, von der mir Jan Rybicki, einer der Erfinder des legendären R-Packages „stylo" (cf. Eder, Rybicki, und Kestemont 2016), das für stilometrische Korpusanalysen entwickelt worden ist, berichtet hat. Rybicki erzählte, wie er immer dann, wenn er einen Vektor von *most frequent words* präsentiere, beim Publikum eisige Ablehnung spüre, solange die Spitze der Wortliste im Fokus sei, also jene sogenannten Funktionswörter, die weder beim Schreiben noch beim Lesen sonderlich beachtet werden, aber in jedem Text am häufigsten vorkommen. Das sind vor allem Artikel, Pronomen und Präpositionen sowie die Formen von ‚haben' und ‚sein'. Je weiter er in der Liste nach unten gehe, desto besser werde die Stimmung, und wenn er bei den Inhaltswörtern angekommen sei, ergebe sich meist eine rege Diskussion.

Hinter Rybickis Erfahrung steckt das Zipf'sche Gesetz, dem gemäß sich die an der relativen Häufigkeit ablesbare Wahrscheinlichkeit für das Auftreten eines Wortes in einem Text umgekehrt proportional zu seinem Rang in der häufigkeitsbasierten Wortrangliste verhält (Abb. 4.2). Der Graph dieses Zusammenhangs ähnelt der Form einer Hyperbel. Es gibt demnach relativ wenige Wörter, die sehr

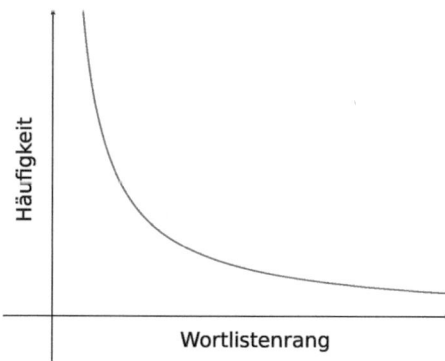

Abb. 4.2 Die Verteilung der Worthäufigkeiten nach dem Zipf'schen Gesetz

häufig und sehr viele, die selten vorkommen. Erfahrungsgemäß entsprechen die Häufigkeitsränge 80 bis 120 dem gekrümmten Teil der Kurve. Hier treffen wir auf die ersten Inhaltswörter (in Goethes *Lehrjahren* zum Beispiel auf: ‚Gesellschaft', ‚Mensch', ‚Zeit' und ‚Vater'), und es ist dieser Bereich, der sehr stark den Unterschied zwischen Texten ausmacht (Weitin forthcoming). Der Umgang mit den hochfrequenten Funktionswörtern variiert je nachdem, welches Ziel eine Analyse hat. Für fast alle quantitativen Analysen im Bereich der Semantik – dazu werden wir in einem späteren Experiment das Topic Modeling kennenlernen – sind sie vor allem ein Ärgernis, weil nicht von Bedeutung, aber in den Ergebnissen der hohen Häufigkeitswerte wegen dominant. Deswegen werden Funktionswörter hier *stopwords* genannt und im *preprocessing* der Analyse aussortiert (Dolamic und Savoy 2010; Ghosh und Bhattacharya 2017). Das geht über Stoppwortlisten, die für die meisten Sprachen im Internet verfügbar sind, unter Umständen aber noch ergänzt werden müssen, um für das jeweilige Korpus effektiv zu sein. Die Wörter, die auf diesen Listen stehen, werden vor der eigentlichen Analyse entfernt. Häufig wird man in diesem Arbeitsschritt auch noch automatisch nach Namen und Eigennamen suchen (*named entity recognition;* cf. Nouvel, Ehrmann, und Rosset 2016), weil auch diese in literarischen Texten oft hohe Häufigkeitswerte haben, die eine quantitative Bedeutungsanalyse ‚stören' können.

Dass die Funktionswörter für die literaturwissenschaftliche Stilometrie von Interesse sind, hat mit dem Erfolg der Arbeiten von John Burrows zu tun, in denen festgestellt wurde, dass es gerade diese unscheinbaren, ständig vorkommenden Wörter sind, über die sich Texte verschiedener Autorinnen und Autoren voneinander unterscheiden lassen. So etwas wie ein Autorschaftssignal kommt demnach nicht etwa durch eine charakteristische Wortwahl zustande, sondern geht auf die Wörter zurück, die eher automatisch und unbewusst gebraucht werden. Wie Rybickis negative Erfahrungen bei der Fokussierung von Funktionswörtern zeigen, ist diese These für viele sehr gewöhnungsbedürftig. Wir stellen uns Autorschaft und Autorenstil mit unserem ausgeprägten Identitätsbewusstsein als etwas Intentionales vor, während dieser Befund rein statistisch argumentiert. Es widerstrebt unserem Begriff von Literatur, dass sich ein Autor wie Thomas Mann durch den charakteristischen Gebrauch von ‚und', ‚der' und ‚um' vor anderen auszeichnen soll. Dessen ungeachtet konnte sich diese These in der literaturwissenschaftlichen Stilometrie etablieren und hat immer wieder Versuche zu einer übergreifenden Systematisierung der verschiedenen stilometrischen Signale hervorgebracht. Christof Schöch etwa hat an einem Korpus die weiterführende These zu plausibilisieren versucht, dass Funktionswörter Autorschaft, Inhaltswörter dagegen Gattung unterscheiden können (Schöch 2014, S. 147–52). Innerhalb der Palette von Funktionswörtern sind weitere vermeintliche Signale identifiziert worden. Penebaker zufolge ist der Gebrauch von ‚the' als Gendermarker geeignet (Pennebaker 2013, S. 42), wohingegen Jockers darüber englisches und amerikanisches Englisch unterscheiden will und als distinktive *features* für Gender Pronomen in Betracht zieht mit dem Ergebnis, dass ‚her' und ‚she' den größten Unterschied zwischen weiblichen und männlichen Autoren ausmachten (Jockers 2013, S. 93). Maciej Eder zieht ob solcher Widersprüche die ernüchternde Bilanz, dass wir nach wie vor sehr wenig Klarheit darüber haben, welche literarischen Eigenschaften distinktive sprachliche Merkmale tatsächlich unterscheiden (Eder 2017, S. 53). Die in ihrer Einfachheit so schöne Theorie, wonach Funktionswörter der beste Indikator für Autorschaft sind, ist in jüngster Zeit der Einsicht gewichen, dass die Wahrheit wohl komplizierter ist, weil die distinktiven Wörter sich über die gesamte Wortliste verteilen (Evert et al. 2015, S. 79). Angesichts dessen konstruiert die Behauptung, die hochfrequenten Funktionswörter seien als einzige in einer für statistische Analysen ausreichenden Anzahl vorhanden und stellten doch keine geeignete Grundlage für das dar, was literaturwissenschaftliche Untersuchungen interessiert (Da 2019, S. 623)[1], ein polemisches Schein-Dilemma, das hinter dem Forschungsstand zurückbleibt.

Drittes Experiment: Stilometrische Parametermanipulation

Damit steigen wir in unser drittes Experiment ein, in dem wir zwei Parameter manipuliert haben. Rufen wir uns noch einmal die Hyperbel der Zipf'schen Verteilung ins Gedächtnis, wird anschaulich, dass uns eine Wortlistenlänge von 3000 MFW sehr weit nach rechts in den flachen Teil der Kurve führt, wo die relativ seltenen Inhaltswörter eines Textes stehen. Wir haben uns angewöhnt, diesen *feature vector,* wie er den Modellen 2 und 3 (Abb. 3.1 und 3.2) zugrunde liegt, mit Hilfe einer einfachen Einstellung in „stylo" routinemäßig einer weiteren Manipulation zu unterziehen. Wir lassen die stilometrische Analyse einmal mit dem gesamten Vektor laufen, beginnend also mit dem Wort auf Häufigkeitsposition 1, um damit eine zweite Analyse zu vergleichen, die die 3000 MFW erst ab Rang 100 berücksichtigt *(3000 MFW / start with 100).* Auf diese Weise können wir Anhaltspunkte dafür gewinnen, inwieweit die Textgruppierungen, die wir untersuchen, durch Funktions- bzw. Inhaltswörter zustande kommen. Exakt ist diese Operationalisierung nicht, aber sie sollte uns eine Tendenz zeigen, denn wir können davon ausgehen, dass wir durch das Weglassen der 99 häufigsten Wörter im wesentlichen Inhaltswörter bei der Analyse berücksichtigen. Angesichts der andauernden stilometrischen Fachdiskussion um das Verhältnis von Funktions- und Inhaltswörtern ist uns diese Beobachtung wichtig. Die zweite Manipulation betrifft eine spezielle Art der Funktionswörter, die Pronomen. Jockers definiert sie als interne, linguistische Variable, um die externe, literaturwissenschaftliche Variable Gender zu messen. Zur Begründung wird argumentiert, es sei bei Frauen viel wahrscheinlicher, dass sie über Frauen schrieben und dem entsprechend weibliche Protagonisten konstruierten, als bei Männern (Jockers 2013, S. 93). Dass sich die Autoren und Autorinnen des von ihm untersuchten Korpus aus 106 britischen Romanen des 19. Jahrhunderts gerade im Gebrauch von ‚her' und ‚she' unterscheiden, scheint das zu bestätigen. Bei den von uns untersuchten

---

[1] „keep them and they produce the only statistical significance you have; remove them and you have no results".

deutschsprachigen Autorinnen war uns das Geschlecht der Protagonisten in einer ausschnitthaft durchgeführten Lektüre dezidiert nicht als einheitliches Merkmal aufgefallen. Insofern waren wir gespannt, wie die Ergebnisse bei unserem Korpus ausfallen würden. Wir haben zunächst darauf verzichtet, Subkorpora getrennt nach Autoren und Autorinnen zu bilden und stattdessen erst einmal eine ganz einfache Wortlistenmanipulation für das Gesamtkorpus verwendet, indem wir die Ergebnisse erst mit und dann ohne Pronomen („stylo"-Einstellung: *pronouns deleted*) erhoben haben. Auch diese Operationalisierung ist nicht exakt, aber in der Lage, eine Tendenz zu zeigen. Ich zeige hier die Ergebnisse für das Goethezeit-Korpus. Im Vergleich zu Modell 3 zeigt Modell 4 den Unterschied je nachdem, ob ich die Funktionswörter miteinschließe oder nicht (Abb. 4.3). Modell 5 zeigt den Unterschied in der Analyse mit oder ohne Pronomen (Abb. 4.4).

Das Goethezeit-Korpus ist in den Modellen 3–5 das gleiche, wir beobachten allein den Effekt der veränderten Einstellungen im Experiment. Das strukturelle Integrationsniveau der Modelle ist konstant hoch, der *Backbone*-Algorithmus, der lokal-adaptiv nach Ähnlichkeit filtert, hält annähernd gleich viele Texte zusammen. Die Wieland-Komponente ist ebenso stabil wie die anderen Gruppen, die wir beobachtet haben. Bei den Autorinnen lässt sich in Modell 4 oben rechts erneut ein dichtes Netzwerk, das über D. Schlegels *Florentin* und J. Schopenhauers *Die Tante* mit dem Goethe-Dreieck verbunden ist, von den deutlich weniger vernetzten Autorinnen unterscheiden, die um das ‚Romantik-Zentrum' mit F. Schlegel, Tieck und Brentano angeordnet gruppiert sind. Allerdings erscheinen diese jetzt kaum noch als Gruppe. Wenn wir uns mit der Analyse von Modell 4 auf die Inhaltswörter konzentrieren, wird die literaturgeschichtliche Interpretation eher schwieriger. Beziehen wir Modell 2 mit dem Korpus 18. Jahrhundert mit in den Vergleich ein, ist dieses negative Ergebnis durchaus wertvoll. Im Vergleichskontext 18. Jahrhundert (Modell 2, Abb. 3.1) konnte noch von *einer* Gruppe von Autorinnen die Rede sein. Mit der Goethezeit (ab Modell 3, Abb. 3.2) differenziert sich das gesamte Netzwerk, einzelne Gruppen treten klarer hervor und dem entsprechend diversifiziert sich auch der Autorinnen-Verbund. Ohne Funktionswörter (Modell 4, Abb. 4.3) ist die Aufteilung in zwei Teilgruppen nicht so gut sichtbar, was vor allem daran liegt, dass mit C. Motte-Fouqués *Resignation* eine weitere Verbindung zwischen den vermuteten Teilen existiert. Ansonsten aber konsolidieren sich die Positionen der Autorinnen. Das gilt etwa für die Zentralität von Ungers *Julchen Grüntal,* für die Aufteilung der Werke C. Motte-Fouqués und S. Mereaus zwischen den Teilgruppen und für die Positionierung von Ungers *Bekenntnissen einer schönen Seele* abseits von allen Autorinnen in der Wieland-Gruppe. An Modell 4 sehen wir, dass die Gruppenbildung durch die Herausnahme der Funktionswörter nicht klarer wird. Demnach erscheint es weniger wahrscheinlich, dass die beobachteten Gruppen hauptsächlich auf inhaltlichen Zusammenhängen beruhen.

Drittes Experiment: Stilometrische Parametermanipulation 61

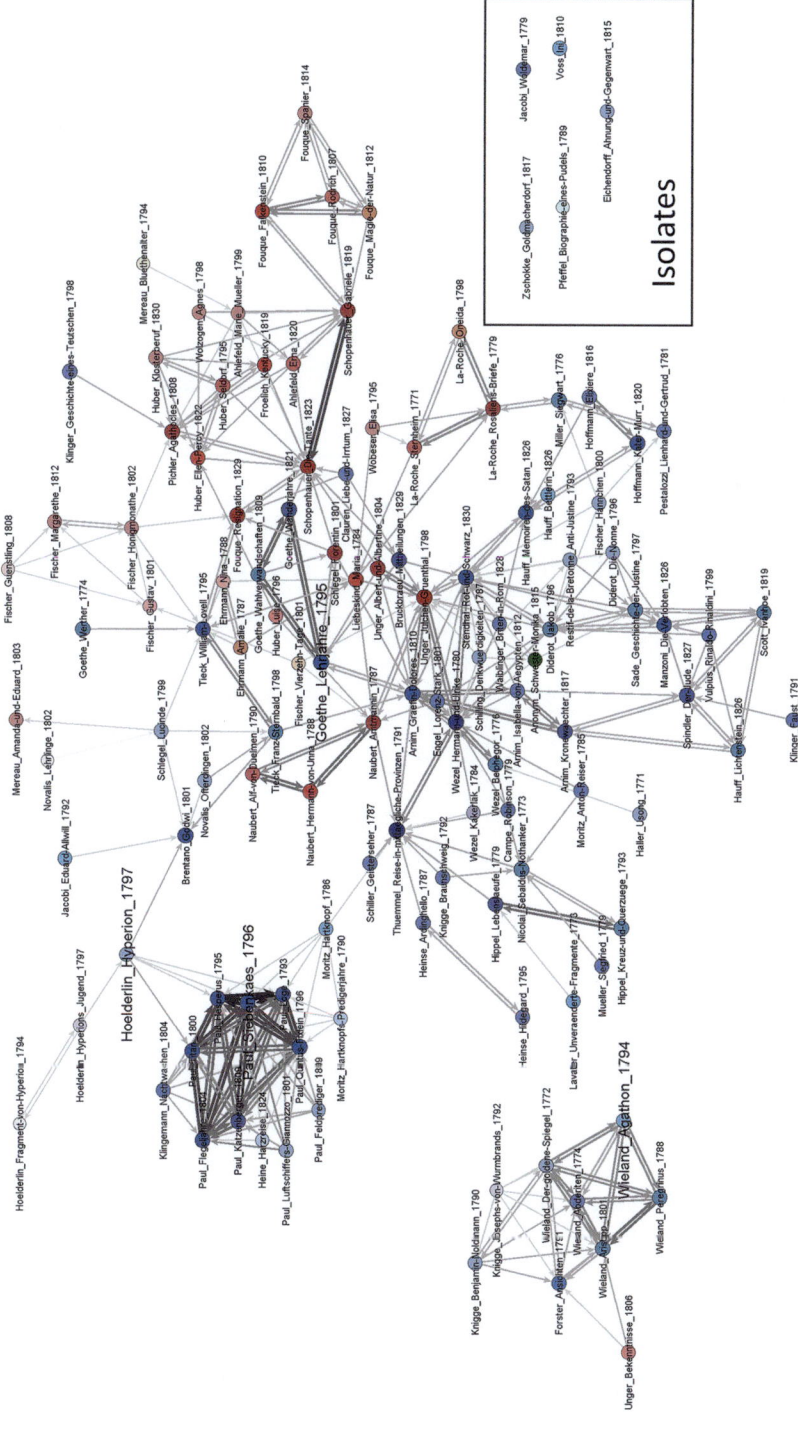

Abb. 4.3 Variante zu Modell 3: 3000 MFW start with 100 (Burrows' Delta, 20 % Culling) (= Modell 4)

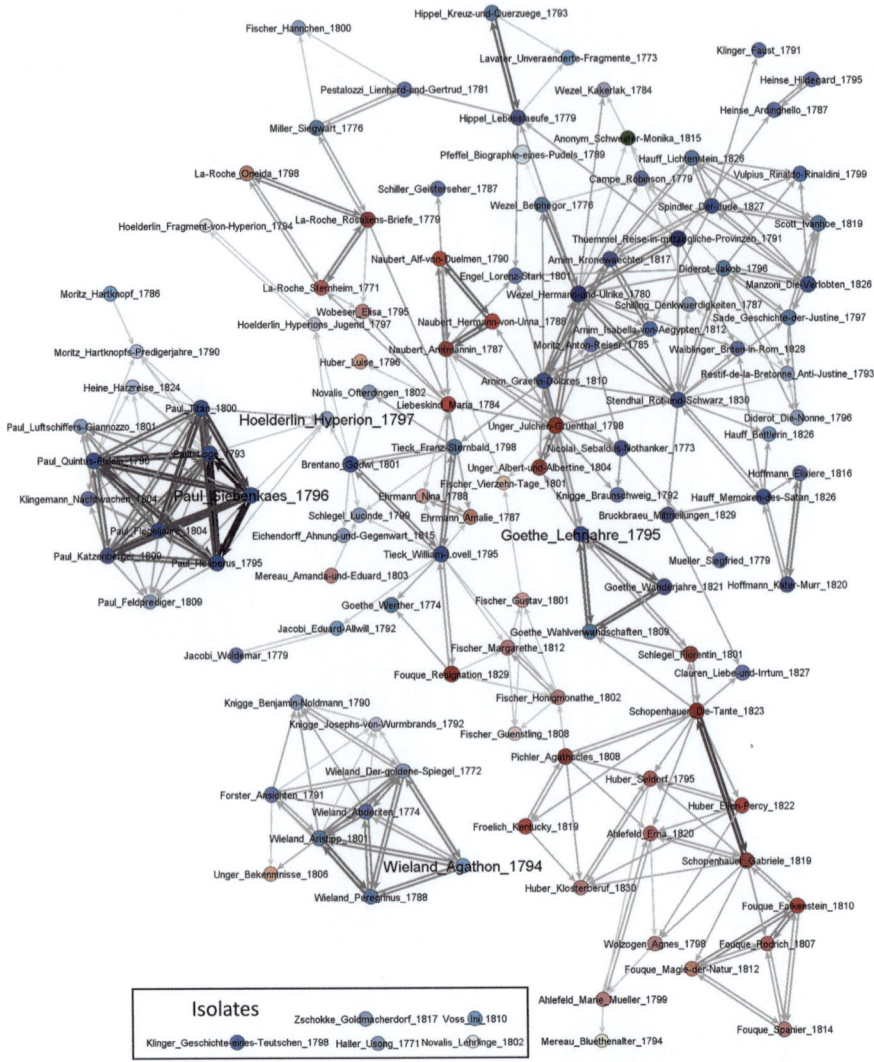

Abb. 4.4 Variante zu Modell 3: 3000 MFW, pronouns deleted (Burrows' Delta, 20 % Culling) (= Modell 5)

Die kognitionswissenschaftliche Theorie hinter dem Autorschaftssignal

Wenn wir es vermeiden wollen, Beobachtungen aus Modellen nachträglich zu rationalisieren, indem wir behaupten, dass die Zusammenhänge, die sie zeigen, diese oder jene literaturgeschichtliche Ursache haben, brauchen wir eine theoretische Erklärung, welche literaturwissenschaftlichen Kategorien sich überhaupt mit der von uns verwendeten stilometrischen Methode messen lassen.

Die Kategorien, die bei der Auswertung unserer Analysen bisher eine Rolle gespielt haben, waren Autorschaft, Epoche und Gender. Für Autorschaft gibt es Ansätze zu einer solchen Theorie. Auch wenn sie den neueren Analysen nach nicht allein ausschlaggebend sind, lässt sich die zentrale Bedeutung der hochfrequenten Funktionswörter für das Autorschaftssignal produktionsästhetisch so verstehen, dass Autorschaft in der Häufigkeit gerade jener ständig gebrauchten Wörter messbar wird, die Schriftstellerinnen und Schriftsteller nicht gut kalkulieren können. Metaphern sollten wohl überlegt sein, auch der Satzbau und die Vorliebe für einzelne Exemplare bestimmter Wortarten sind bewusste stilistische Optionen. Auf den Wörtern, die in fast jedem Text vorkommen, ruht dagegen in den meisten Prosawerken weniger Aufmerksamkeit. Wenn sie zum Indikator werden, um Autorschaft quantitativ zu ermitteln, muss man keine „unique authorial fingerprints" (Burrows 2002a, S. 268) voraussetzen, um zu erkennen, dass Autorschaft hier ganz offensichtlich nicht als intentionale Kategorie operationalisiert ist. Gemessen jedenfalls wird Autorschaft als etwas, das Schriftstellerinnen und Schriftstellern eher unabsichtlich unterläuft, man könnte so weit gehen zu sagen, als etwas Unbewusstes. Vor Burrows hat schon David L. Hoover diesen Zusammenhang explizit gemacht: Wenn diese Wörter außerhalb der bewussten Kontrolle von Autorinnen und Autoren liegen, sind sie der Schlüssel zu deren „habits" (Hoover 2001, S. 422) im Sprachgebrauch. Hoover beruft sich dabei auch auf Ergebnisse der neurolinguistischen Forschungen von Angela Friederici, deren Untersuchungen zu dem Befund gelangt sind, dass Funktions- und Inhaltswörter in unterschiedlichen Hirnarealen verarbeitet werden und es im Spracherwerb bis zum Alter von 10 Jahren dauert, bis Kinder die Funktionswörter mit den gleichen individuelle Sprachverhaltensmuster ausprägenden Automatismen prozessieren können wie Erwachsene. Im Gebrauch von Inhaltswörtern sind sie viel früher souverän (Friederici 1996, S. 178 f.)[2].

Signalinterferenzen

Bei Epoche scheint die theoretische Begründung zunächst simpel. Wenn der Begriff ‚Epoche' einen Zeitraum definiert, „in dem Vertreter verschiedener ‚Stilrichtungen' […] im zeitlichen Neben- oder engen Nacheinander aufeinander reagieren oder sogar heftige Kontroversen austragen", dann ist Epoche offensichtlich „nichts Einheitliches" (Heydebrand und Winko 1996, S. 135), weshalb wir von vornherein auch kein Epochensignal erwarten dürfen. Wohl aber können wir bei den einzelnen Stilrichtungen ansetzen und untersuchen, inwieweit bestimmte Gruppen von Autorinnen und Autoren Stilsignale ausprägen. Die sich in unseren Modellen abzeichnenden Gruppen gehören in diese Richtung. Fraglich ist dann auf der Basis unserer Operationalisierung, ob wir einen bestimmten Teil des *feature vectors* isolieren können, der für dieses Gruppensignal besonders relevant ist. Wenn in der Theorie nach wie vor einiges dafür spricht, dass der

---

[2] Judith Brottrager hat mich auf diese Forschungen aufmerksam gemacht, die sie in ihrer Masterarbeit entsprechend zitiert (Brottrager 2020, S. 20).

‚unbewusste' Gebrauch von Funktionswörtern Autorschaft markiert, ließen sich literaturwissenschaftliche Argumente dafür finden, Marker für literarische Gruppen oder Strömungen eher bei den Inhaltswörtern zu suchen. Immerhin leuchtet die These ein, dass solche Gruppierungen sich dadurch auszeichnen, bestimmte Themen in bestimmten Formen darzustellen, und dabei einander so lange nachzuahmen, bis Kritik und zeitgenössisches Publikum den Stil und seine Modewörter erkennen und parodieren können. Allerdings haben unsere Modelle gezeigt, dass es nicht reicht, sich auf die Inhaltswörter zu konzentrieren, um Gruppierungsphänomene stilometrisch herauszuarbeiten. Die Gruppierungen sind in Modell 4 (Abb. 4.3), wo wir nur die Inhaltswörter für die Analyse verwendet haben, halbwegs stabil geblieben, aber keineswegs schärfer konturiert worden. Leider ist das noch nicht das grundsätzlichste Problem. Jeder Text hat in unseren Netzwerken eine bestimmte Position innerhalb des gesamten Korpus und zu bestimmten Nachbartexten. Er stammt von einer Autorin oder einem Autor, deren Gender wir angeben können und die womöglich einer bestimmten historisch nachweisbaren Gruppe angehörten. Wie können wir also wissen, ob der beobachtete Zusammenhang durch Autorschaft, Gruppenzugehörigkeit oder Gender zustande kommt? Darauf gibt es nur eine Antwort: überhaupt nicht. Wenn es richtig ist, dass die exklusive Zuordnung eines bestimmten Teils der untersuchten Wortliste zu einer bestimmten Kategorie nicht haltbar ist, dann müssen sich die Signale, die wir bei der stilometrischen Analyse unterstellen, überlagern.

Entkommen könnten wir diesem Problem nur, wenn wir uns auf diejenige Kategorie beschränken, deren Messbarkeit am besten theoretisch zu erklären ist. Das ist mit ziemlicher Sicherheit bei Autorschaft der Fall. Allerdings würden unsere Analysen damit sehr einseitig und unflexibel. Neue Erkenntnisse gewinnen wir aus der Literaturgeschichte nicht durch die Konstanz der immer gleichen Identitätskategorien, sondern aus unerwarteten Überlagerungen von Signalen in Textzusammenhängen, die uns womöglich dazu nötigen, unsere Kategorien auch infrage zu stellen. So notwendig es in der Logik statistischer Experimente ist, Kategorie und Messmerkmal eindeutig zuzuordnen und Störvariablen auszuschalten, so charakteristisch sind solche Störungen für die literarischen Texte, die wir untersuchen. Anstatt also Autorschaft, Gruppenzugehörigkeit und Gender fein säuberlich zu trennen, lohnt es sich daher, die Interferenz unterschiedlicher Signale nicht nur als ungenügendes Ergebnis, sondern als die Realität unserer Untersuchungsgegenstände zu begreifen und darin die Herausforderung für das jeweils nächste Experiment zu sehen.

Vor diesem Hintergrund ist die Wortlistenmanipulation von Modell 5 (Abb. 4.4) interessant, mit der wir versucht haben, die Ergebnisse von Matthew Jockers an unserem Material zu testen, eines jener Kollegen, deren stilometrische Forschung stark mit einer Vorstellung von Kategorienbildungen arbeitet, die sich am Ideal der Signaltrennung ausrichtet. Wir haben für Modell 5 alle Pronomen entfernt, um zu prüfen, ob sich die Annahme, dass sich an dieser Wortart der zentrale Unterschied zwischen weiblichem und männlichem Schreiben festmachen lässt, erhärtet. Dass Frauen höchstwahrscheinlich immer über Frauen schreiben, wie Jockers meint, entsprach eher nicht unserer Lektüreerfahrung. Das Ergebnis des einfachen stilometrischen Experiments scheint diese Skepsis zu bestätigen. Wenn Jockers recht hat und sich seine Hypothese auf unser Korpus übertragen lässt, können wir davon ausgehen, dass der stilometrische Zusammenhang zwischen den Autorinnen maßgeblich durch charakteristische Häufigkeiten bei den Pronomen beeinflusst wird, sodass sich dieser Zusammenhang in einer Analyse ohne Pronomen weniger stark ausprägt, weil andere Einflüsse dann stärker durchschlagen. Das bestätigt sich aber nicht. Schauen wir uns die Modelle 3–5 im Vergleich an, dann bleiben die von uns beobachteten Gruppen und Textpositionen weitestgehend konstant. Die beiden Teilgruppen der Autorinnen im Anschluss an das Goethe-Dreieck und im Kontext der Romantiker Tieck, Brentano und F. Schlegel sowie von Goethes *Werther* zeichnen sich sogar in dem Modell ohne Pronomen (Abb. 4.4) besonders deutlich ab. Und die Textbeziehungen unter den Autorinnen sind sehr stabil. Die Pronomen machen weder einen kategorialen Unterschied im Hinblick auf Gender noch hinsichtlich der Epochenströmungen, von deren Gruppierungseffekten Gender überlagert wird. Wir haben zur Kontrolle die gleiche Manipulation für das Romankorpus 18. Jahrhundert durchgeführt, wo die Autorinnen ein regelrechtes Teilnetzwerk bilden (Modell 2, Abb. 3.1). Auch dieses Teilnetzwerk besteht ohne Berücksichtigung der Pronomen fort.

Viertes Experiment: Zwei Distanzmaße im Vergleich

Ähnlich intensive Diskussionen wie über die Wortlistenlänge gibt es in der Stilometrie über das zur Berechnung von Stilähnlichkeiten verwendete Distanzmaß. Dabei ist der Diskussionsstand immer noch so, dass meist mit Ergebnissen bei der Autorschaftsattribution argumentiert wird. Werden die Texte von ein und demselben Autor einander korrekt zugeordnet, gilt das als Beleg dafür, dass die verwendete Einstellung ‚richtig' ist, also mit einem ‚leistungsstarken' Distanzmaß gearbeitet worden ist. Ich setze diese Wertungen hier mit Bedacht in Anführungszeichen, weil es bislang selbst bei der relativ einfach zu handhabenden Kategorie der Autorschaft keine theoretische Begründung für einen experimentellen Königsweg gibt.[3] Gerade dieser vermeintliche Mangel hat die Forschung auf diesem Gebiet beflügelt und viele Evaluationsstudien hervorgebracht, die sich mit den Vor- und Nachteilen der zur Verfügung stehenden Distanzmaße beschäftigen. Deren Auswahl wird fast täglich größer, weshalb ich an dieser Stelle auf einen extensiven Überblick verzichte. Wer sich den verschaffen will, wird im Internet schnell fündig und kann zum Einstieg beispielsweise in das ausgesprochen hilfreiche *Howto* zum R-Package „stylo" (Eder et al. 2019) schauen. Stattdessen möchte ich mich auf das Distanzmaß konzentrieren, das wir in den bisherigen Experimenten zu Grunde gelegt haben, Burrows' Delta, und dessen Nachteile im Vergleich mit demjenigen Distanzmaß diskutieren, das im *information retrieval* häufig benutzt wird und in der Digitalen Literaturwissenschaft zu einem Hauptkonkurrenten für das klassische Delta-Verfahren geworden ist. Das ist das sogenannte „Cosine Delta".

---

[3] „[T]here is still no clear theoretical model which is able to explain why these various distance measures yield varying performance." (Evert et al. 2015, S. 79)

Abb. 4.5 Formel zur Berechnung von Burrows' Delta

$$Delta - Score = \frac{1}{n}\sum_{i=1}^{n}\left|\left(\frac{x_i - \bar{x}}{s}\right) - \left(\frac{y_i - \bar{y}}{s}\right)\right|$$

Zwei wesentliche Schritte der Berechnung von Burrows' Delta haben wir schon genannt. Wir ermitteln für jedes Wort unserer Wortliste *(feature vector)* die relative Häufigkeit und subtrahieren diese jeweils vom Korpusmittelwert. Am Ende teilen wir die summierten Ergebnisse für die gesamte Wortliste durch die Anzahl der Wörter N und erhalten als Delta-Wert die durchschnittliche Distanz zwischen zwei Texten (Abb. 4.5).

Die Subtraktion der relativen Häufigkeit des Wortes *i* in den Texten *x* und *y* vom Korpusmittelwert erkennen wir in der Formel im Zähler der beiden Brüche. Das *s* im Nenner der beiden Brüche haben wir noch nicht erklärt, es steht für die Standardabweichung, durch welche die Mittelwertabweichung der relativen Worthäufigkeiten geteilt wird. Diese Operation stellt eine *Normalisierung* dar, wie sie in der Statistik oft angewendet werden, um den Vergleich von Werten zu ermöglichen. Als Ergebnis erhalten wir innerhalb der beiden Klammern die *Z-Scores* zu den relativen Worthäufigkeiten. Als durch die Standardabweichung geteilte Mittelwertabweichung gibt mir der *Z-Score* an, um wie viele Standardabweichungen der betreffende Häufigkeitswert vom Durchschnitt im Korpus abweicht. Oder anders ausgedrückt: Im *Z-Score* werden die Textähnlichkeiten über die Standardabweichung skaliert.

Auf dieser Basis berechnen wir die Distanz zwischen den Texten, indem wir die Differenz zwischen den *Z-Scores* bilden. *Z-Scores* können positiv oder negativ sein, je nachdem, ob ein Wort in einem Text über- oder unterrepräsentiert ist. In den finalen Delta-Wert geht jedoch nur die absolute Differenz ein, der Differenzbetrag also, dessen Berechnung die Betragsstriche in der Formel anzeigen. Das Summenzeichen davor signalisiert, dass die Berechnung für alle Wörter vom Wortlistenanfang bis zur Gesamtzahl der Wortliste (*n*) ausgeführt wird. Dementsprechend steht die Invertierung $\frac{1}{n}$ für die Berechnung des Durchschnitts als arithmetisches Mittel. In Worten ist der Delta-Wert demnach der Durchschnittswert aller *Z-Score*-Differenzbeträge.

Schauen wir noch ein wenig genauer auf die Größe, die im Nenner der *Z-Score*-Berechnung steht. Die Standardabweichung wird im Volksmund auch Streuung genannt, weil sie angibt, wie stark ein bestimmter Wert vom Mittel aller Werte abweicht. Es kann zum Beispiel interessant sein, die Standardabweichung für die Häufigkeit eines bestimmten Worts im Korpus zu berechnen. Eine hohe Standardabweichung bedeutet in diesem Fall, dass der Häufigkeitswert für dieses Wort in den einzelnen Texten sehr stark variiert und das Wort also sehr stark für den Unterschied zwischen den Texten mitverantwortlich ist. Zum besseren Verständnis dieser Größe kann man sich ein Koordinatensystem mit der berühmten Glocke der Gauß'schen Normalverteilung vorstellen. Die Standardabweichung markiert darin den Bereich links und rechts vom höchsten Punkt der Glocke, dem Mittelwert: In einem normalverteilten Datensatz liegen rund 68 % aller Werte innerhalb der einfachen und 95 % im Rahmen der doppelten Standardabweichung. Das ist an dieser Stelle erwähnenswert, weil die Berechnung von Burrows' Delta in ihrem Textvergleich von einer

Normalverteilung der Wörter ausgeht, die bei literarischen Texten natürlich nicht vorliegt. Autorinnen und Autoren haben je einen spezifischen Wortgebrauch, sodass auch auf Korpusebene die Annahme einer Normalverteilung immer eine kontrafaktische Idealisierung darstellt. Dennoch arbeiten Burrows' Delta und Cosine Delta gleichermaßen mit einer *Z-Score*-Normalisierung. Innerhalb der literaturwissenschaftlichen Stilometrie hat bislang niemand zeigen können, dass daraus im Ergebnis ein Nachteil gegenüber Distanzmaßen erwächst, die das nicht tun.

Während Burrows' Delta nach dem Linguisten benannt ist, durch welchen das Distanzmaß populär wurde (mittlerweile ist auch die Bezeichnung ‚Classic Delta' üblich), gibt Cosine Delta durch seinen Namen einen Hinweis auf die Berechnungsweise, die hier verwendet wird. Burrows' Delta berechnet die Textdistanz als absolute Differenz zwischen den normalisierten Worthäufigkeiten, Cosine Delta dagegen bildet auf der gleichen Grundlage die Relation der Werte ab. Stellen wir uns die Werte als Vektoren in einem Koordinatensystem vor (also als Vektoren im geometrischen Sinn, der nicht mit dem *feature vector* der berücksichtigten MFW-Werte verwechselt werden darf), wird der Cosinus des Winkels zwischen den Vektoren berechnet. Über ein solches Koordinatensystem können wir uns den Unterschied zwischen beiden Berechnungsweisen gut klarmachen (Abb. 4.6).

Wir vergleichen hier die Texte x und y in nur zwei Dimensionen, nämlich über die Häufigkeiten von ‚er' und ‚sie'. Bei einer Wortlistenlänge von 3000 MFW haben wir 3000 Vergleichsdimensionen, die in diesem Koordinatensystem nicht, sondern nur im Raum darstellbar sind. Gerade unsere zweidimensionale Darstellung zeigt aber sehr schön, was Burrows' Delta macht. Die geometrische Entsprechung der absoluten Differenz ist die sogenannte Manhattan-Distanz, die die Entfernung zwischen zwei Punkten nicht direkt (euklidisch), sondern wie im New Yorker Stadtteil durch das Abfahren im rechten Winkel ermittelt. Derart ergibt sich die Distanz zwischen unseren beiden Texten x und y als Summe der Distanz in der ‚er'-Dimension (2) und in der ‚sie'-Dimension (3). Grundsätzlich gilt dabei, je größer die ermittelte Distanz desto unterschiedlicher sind die beiden Texte.

Das Problem unterschiedlicher Textlängen in Theorie und Praxis

Das klingt logisch, hat aber eine Schwäche in der Abhängigkeit des Ergebnisses der absoluten Differenzbildung von der Textlänge. Durch etwas Überlegung und unterstützt durch unser Koordinatensystem können wir uns vor Augen führen, woher diese Abhängigkeit rührt: In unserem vereinfachten Beispiel haben wir die Textdistanz über zwei Pronomen berechnet, die zu den Funktionswörtern zählen. Diese Wörter kommen in jedem literarischen Text sehr häufig vor. Als Rohdaten unserer Berechnung verwenden wir die *relativen* Worthäufigkeiten, sodass man denken könnte, dass die Länge des jeweiligen Textes das Ergebnis nicht beeinflusst, da sie durch die relative Häufigkeit berücksichtigt wird. Aber das ist leider ein Trugschluss. Wenn wir die relative Worthäufigkeit berechnen, teilen wir für

Abb. 4.6 Burrows' Delta und Cosine Delta im Vergleich

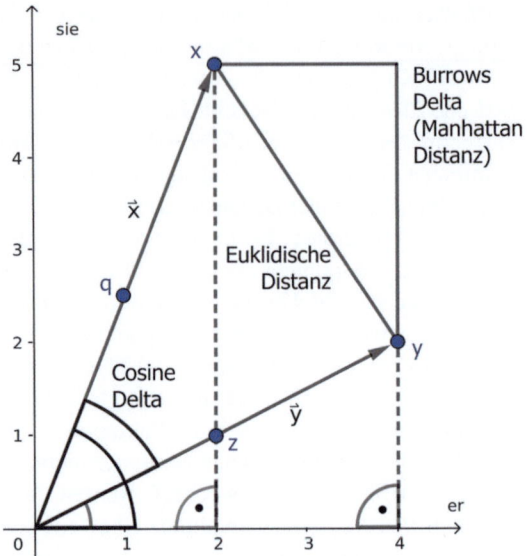

jeden Text die absoluten Häufigkeiten durch die Gesamtzahl der Wörter. In einem kurzen Text ist dieser Nenner kleiner als in einem langen, sodass sich die in jedem Text vorkommendenFunktionswörter stärker auswirken. Das Ergebnis sind höhere Werte und entsprechend höhere Mittelwertabweichungen und *Z-Scores,* die bei der Berechnung der absoluten Differenz dann auch größere Deltawerte ergeben. Hinzu kommt, dass die Wörter im gekrümmten Teil der Kurve nach dem Zipf'schen Gesetz (Abb. 4.2), die sehr stark den Unterschied zwischen Texten ausmachen, in kurzen Texten unterrepräsentiert sind. Da Burrows' Delta die absolute Differenz der *Z-Scores* zugrunde legt, gleichen sich die Abweichungen nach oben und unten nicht aus, sondern summieren sich zu einem unerwünschten Effekt, der kurze Texte ihrer Kürze wegen im Korpusvergleich als unähnlich erscheinen lässt.

Wir kennen dieses Phänomen aus der Berechnung der *type/token-ratio* als Maß für lexikalische Vielfalt. Hier teilen wir für einen Text die Anzahl der vorkommenden Wortformen *(types)* durch die Gesamtzahl der Wörter *(tokens),* um den Anteil der verschiedenen Wörter im Text zu ermitteln. Ein hoher Wert steht für ein breites Vokabular des betreffenden Autors oder der Autorin. Allerdings führt auch dabei der bei kürzeren Texten notwendig kleinere Nenner dazu, dass sich die Menge der diskreten Wörter stärker auswirkt. Oder andersherum gedacht: In einem langen Text muss die Chance, dass sich ein Wort wiederholt, immer größer sein. Schlüsse auf den Wortschatz von Schriftstellern lassen sich daher aus dem Wert nur bedingt ziehen.

Zur Lösung dieses Problems setzt die Forschung auf das Chunking von Texten, d. h. alle Texte in einem Korpus werden in gleich große Teile zerschnitten, um sie auf dieser einheitlichen Basis zu vergleichen. Nicht zuletzt, weil in der Literaturwissenschaft die Idee der Werk-Identität immer noch stark ist und man literarische Texte in ihrer konkreten Gestalt berücksichtigen möchte, arbeiten avanciertere Operationalisierungen mit sogenannten *rolling chunks* und ‚schieben' den einheitlichen Analyseabschnitt über eine rechnerische Schleife jeweils von Anfang bis Ende durch den gesamten Text. An diesem Prinzip orientiert sich auch eine „Rolling Delta" genannte Variante des klassischen Delta-Verfahrens (cf. van Dalen-Oskam und van Zundert 2007; Rybicki, Hoover, und Kestemont 2014; Eder 2016).

Obwohl man derart das Problem der Textlängenabhängigkeit in den Griff bekommen kann, tendieren viele Experimente zu Cosine Delta als Alternative. Und in der Tat stellt dieses Distanzmaß eine wirkliche, auch intellektuelle Alternative dar, die es erlaubt, das Verhältnis von Texten nicht als absolute Differenz, sondern als Relation zu denken. Wir können den Unterschied in unserem Koordinatensystem erkennen. Dort sind neben x und y zwei weitere Texte positioniert, nämlich q und z. Wir haben angenommen, dass diese Texte doppelt so lang sind wie x und y und sich die hohe Häufigkeit von ‚er' und ‚sie' durch die größere Gesamtwortzahl entsprechend geringer auswirkt – unserer sehr vereinfachten Annahme zufolge halbieren sich die Werte. q hat die Werte (1; 2,5), z (2,1), jeweils die Hälfte der Werte von x und y. Wir sehen nun, was das für Auswirkungen auf die Burrows' Delta-Distanz zwischen den beiden längeren Texten hat. Die Distanz verändert sich stark, sie halbiert sich ebenfalls, sodass sie in der ‚er'-Dimension 1,5 und in der ‚sie'-Dimension 1 beträgt. Die Texte werden sich demnach ähnlicher, weil sie länger sind. Wenn wir dagegen Richtung Nullpunkt auf den Winkel zwischen den Vektoren schauen, stellen wir fest, dass sich dieser nicht verändert hat. Die Cosinus-Distanz ist gleichgeblieben. Dabei wird Cosine Delta auf der Basis der gleichen *Z-Scores* berechnet, also durch jene Normalisierung, die in unserem einfachen Beispiel die Abweichung der relativen Häufigkeit von ‚er' und ‚sie' vom Durchschnitt angibt. Auch für Cosine Delta unterscheiden sich die Werte, aber da die Relation gleichbleibt, ist die Cosinus-Distanz zwischen x und y genau so groß wie die zwischen q und z. Beide verglichenen Textpaare liegen im gleichen Winkel, der die gleichen Vektoren als Schenkel hat.

Theoretisch ist der Vorteil von Cosine Delta also klar. Schaut man sich die konkreten Daten an, ist das Verhältnis weniger eindeutig. Wir haben für die Top 10 der am stärksten vom Durchschnitt des Goethezeit-Korpus abweichenden Texte die Textlänge geprüft und erwartungsgemäß festgestellt, dass bei Burrows' Delta neun davon zu den kürzesten Texten gehören. Zwar ergab die Vergleichsprüfung, dass dies bei Cosine Delta nur für sechs von zehn gilt. Wir sehen daran jedoch, dass auch bei diesem worthäufigkeitsbasierten Distanzmaß die Textlänge einen Einfluss hat. Immerhin konnten wir durch Kontrollmodelle ausschließen, dass der Einfluss für die uns interessierenden Gruppierungen verantwortlich ist. Denn diese sind, was die Textlänge angeht, heterogen.

Wichtiger Unterschied: Feature-Vektor und geometrischer Vektor

Für zwei Dimensionen wie in dem geometrisch anschaulichen Koordinatensystem lässt sich Cosine Delta tatsächlich nach dem trigonometrischen Kosinussatz berechnen. Wenn ich von den jeweiligen Positionen der Texte aus das Lot auf die X-Achse fälle, entsteht unter beiden Vektoren je ein rechtwinkliges Dreieck. Die Kathetenwerte sind bekannt, sodass zunächst über den Satz des Pythagoras die Hypotenuse und dann der Kosinus der Winkel berechnet werden kann. Der fragliche Winkel zwischen den beiden Vektoren ergibt sich aus der Differenz der beiden Kosinuswinkel. Das funktioniert wie gesagt nur in der Zweidimensionalität. Für n Dimensionen, also eine beliebige Wortlistenlänge, verwenden wir die Formel in Abb. 4.7.

Der Term im Zähler wird in der Zeile darunter erläutert. Cosine Delta bildet aus den *Z-Scores* (z) für jedes Wort in den Texten x und y von $i = 1$ bis n jeweils das Produkt und addiert alle diese Produkte. Man bezeichnet das Ergebnis dieser Operation als Skalarprodukt. Das Skalarprodukt ist also die Summe aller *Z-Score*-Produkte. Im Nenner der Formel finden wir ebenfalls ein Produkt, das aus den Vektorlängen der beiden verglichenen Texte gebildet wird, für welche die Schreibweise mit zwei senkrechten Strichen links und rechts üblich ist. Hier ist nochmals zu beachten, dass es sich um die geometrischen Vektoren handelt, deren Zielpunkte sich wie in Abb. 4.6 dargestellt durch die Achsenwerte mit je zwei Koordinaten bilden, die in den rechtwinkligen Dreiecken jeweils die Länge der Katheten bestimmen. Die Länge des Vektors ist demnach die der Hypotenuse in diesen beiden Dreiecken ($\vec{x}, \vec{y}$). Wichtig ist, dass die Produkte in Zähler und Nenner der Cosine Delta-Formel nicht die gleiche Zahl von Faktoren haben. Das Skalarprodukt im Zähler summiert so viele *Z-Score*-Produkte wie Wörter in Betracht gezogen werden, also n (siehe Erläuterungszeile). Im Nenner gibt es dagegen immer nur zwei Faktoren, nämlich die Vektorlängen der beiden Texte x und y, deren Distanz berechnet wird. In unserem einfachen Koordinatensystem geht dieser Unterschied leicht unter, weil wir hier zwei Texte über nur zwei Wörter und mithin zweidimensional vergleichen. Das entspricht den Hypotenusen in unseren beiden rechtwinkligen Dreiecken. Diese können wir nach dem Satz des Pythagoras als Wurzel der Summe der Kathetenquadrate berechnen, die uns jeweils über die beiden Achsenkoordinaten gegeben sind ($\sqrt{x_1^2 + x_2^2}$). Eine Wortlistenlänge von $n=3000$ hat 3000 Achsenkoordinatenwerte, was unsere räumliche Vorstellung übersteigt. Wir können uns aber vorstellen, wie wir immer eine

Abb. 4.7 Formel zur Berechnung von Cosine Delta

$$\cos \alpha = \frac{x^T y}{||x|| \times ||y||}$$

$$Skalarprodukt = \sum_{i=1}^{n} z(x)_i \times z(y)_i$$

Dimension (also ein weiteres Wort) dazu nehmen und zum Beispiel von dem Punkt mit den Koordinaten für den Text *x* zwei Einheiten nach ‚vorn' auf uns zu gehen. Dort sind die Koordinaten für die dritte Dimension, das dritte Wort. Dann gehen wir wieder in eine andere Richtung, in die vierte Dimension usw. Bei jedem Schritt wird ein neues Hilfsdreieck gebildet, dessen Hypotenuse in die Vektorlänge für den Text eingeht, die wir in Worten als Wurzel der Summe *aller* Achsenkoordinatenwerte bezeichnen können ($\sqrt{x_1^2 + x_2^2 \ldots + x_n^2}$). Am Ende sind wir im Durchgang von 3000 Wortkoordinaten an einem Endpunkt, von dem aus wir den Vektor für jeden Text zum Nullpunkt ziehen können. Im Ergebnis sieht das auch nicht anders aus als das, was wir in unserem Koordinatensystem sehen (Abb. 4.6). Wir haben zwei Vektoren, die in einem bestimmten Winkel zueinander stehen, dessen Kosinus der Cosine Distanz entspricht. Je kleiner dieser Winkel, desto größer ist die Ähnlichkeit zwischen den beiden Texten.

Aus dieser recht komplizierten Vorstellung können wir entnehmen, was der Unterschied zwischen der Länge des *feature vectors* und des geometrischen Vektors ist. Die Länge des *feature vectors* entspricht der Anzahl der zum Vergleich beobachteten Wörter, in diesem Fall also 3000. Das ist das *n*, durch das Burrows' Delta die Summe der Differenzbeträge bei den Worthäufigkeiten teilt. Cosine Delta teilt dagegen durch die geometrische Vektorlänge, wie wir sie uns gerade veranschaulicht haben. Der rechnerische Unterschied zur Berechnung stilometrischer Ähnlichkeit nach Burrows' oder Cosine Delta ist also erheblich. Und er zeigt exemplarisch, wie wichtig Klarheit über die Rechenverfahren ist, um die ermittelten Ergebnisse verstehen und interpretieren zu können. Während wir in der Formel für Burrows' Delta (Abb. 4.5) die Berechnung der *Z-Scores* ausformuliert haben, gehen die *Z-Scores* in die Formel für Cosine Delta kompakt als $z(x)$ bzw. $z(y)$ ein (Abb. 4.7). Um den Vergleich zu erleichtern, können wir auch für Burrows' Delta eine solche vereinfachte Schreibweise angeben (Abb. 4.8).

Burrows' Delta normalisiert die absoluten Differenzen der Werte (die *Z-Score*-Differenzbeträge) über die Anzahl der Wörter, deren Häufigkeit berücksichtigt wurde (n). Cosine Delta dagegen berechnet das Skalarprodukt der Werte (*Z-Scores*) und normalisiert über das Produkt der beiden Vektorlängen der Texte, die verglichen werden. Das Skalarprodukt summiert die Werte ihrer in der Multiplikation erfassten Relation nach und nicht nach der absoluten Differenz von Subtraktionen. Und während die Normalisierung über die Länge der Wortliste Burrows' Delta als Durchschnittswert abhängig macht von eben dieser Wortlistenlänge *n* (d. h. von der Länge des *feature vectors*), ist der mit Cosine Delta ermittelte Quotient davon unabhängig.

Nach dieser theoretischen Eskapade wollen wir natürlich wissen, wie ein stilometrisches Netzwerk mit unserem Goethezeit-Romankorpus aussieht, wenn wir anstelle von Burrows' Delta Cosine Delta als Distanzmaß verwenden (Abb. 4.9).

Wir erkennen auf den ersten Blick, dass dieses Netzwerkmodell eine ganz andere Grundstruktur hat als die bisherigen. Das Gesamtnetzwerk der Burrows' Delta-Modelle ist jeweils viel umfangreicher, während es in dem Cosine Delta-Modell deutlich mehr einzelne Komponenten gibt. Das haben wir nicht nur in

Abb. 4.8 Vereinfachte Formel zur Berechnung von Burrows' Delta

$$Burrows'\ Delta = \frac{1}{n}\sum_{i=1}^{n}|z(x)_i - z(y)_i|$$

diesem Fall beobachtet, sondern bei unseren Versuchsreihen als Tendenz festgestellt. Burrows' Delta hält generell mehr zusammen, während es bei den Cosine Delta-Netzwerken mehr Komponenten gibt, sodass manchmal gar nicht mehr von einem Gesamtnetzwerk gesprochen werden kann. Umso interessanter ist der zweite Blick, mit dem wir erkennen, dass das, was der *Simmelian Backbone*-Algorithmus auf Basis der Cosinus-Distanz zusammenhält, im Prinzip alle Hypothesen stützt, die wir im Durchgang der Modelle entwickelt haben. Im Zentrum des übersichtlichen Gesamtnetzwerks ganz oben (Abb. 4.9) finden wir 13 der 16 Autorinnen des Goethezeit-Korpus in einem Verbund, dessen Struktur noch einmal klarer scheint als in den anderen Modellen. Einzig von Benedikte Naubert, Friederike Unger und Caroline Fischer finden sich keine Werke in dieser Gruppe, was im Falle Nauberts ihrer bereits in den anderen Modellen latenten Sonderstellung entspricht, bei Unger hingegen insbesondere hinsichtlich *Julchen Grüntals* überrascht. Der bislang immer zentrale Roman ist unten nur Teil eines Tripels, *Albert und Albertine* erscheint in einem abgehängten Paar. Die Ausnahmeposition von Ungers *Bekenntnissen einer schönen Seele* als Teil der hier besonders umfangreichen Wieland-Gruppe bestätigt sich hingegen. Ein dritter Blick auf Netzwerk und Komponenten in Modell 6 zeigt, dass die Verbindungen in diesem Modell offensichtlich noch einmal viel deutlicher nach Autorschaft sortiert sind, als das bei den Burrows' Delta-Modellen der Fall gewesen ist. Das zeigt sich im Gesamtnetzwerk, wo erstmals beide Mereau-Romane und sämtliche Romane Caroline de la Motte-Fouqués zusammen clustern, aber auch bei den Komponenten, wo ebenfalls das erste Mal alle Romane Caroline Fischers eine Gruppe bilden. Die bereits bekannten Autoren-Cluster sind ebenso stabil wie die Textrelationen, für die wir uns besonders interessiert haben: der Anschluss des Goethe-Dreiecks über Dorothea Schlegels *Florentin* und Johanna Schopenhauers *Die Tante* und natürlich unsere Romantik-Gruppe. Auch sie erscheint in diesem Modell besonders klar als eigene Komponente mit Brentano, Tieck, Novalis, Eichendorff und F. Schlegel, zu denen sich hier neben dem *Werther* noch der *Siegwart* gruppiert. Von den Autorinnen ist aber nur noch Marianne Ehrmanns Briefroman *Nina* an den *Werther* angeschlossen, sodass von der Teilgruppe der Autorinnen, die sich zur Romantik gesellt, keine Rede mehr sein kann. Stattdessen prägt das Modell den Gesamtverbund der Autorinnen besonders deutlich aus.

Ergebnisse

Mit seiner starken Autorschaftsstruktur entspricht unser Modell 6 dem Forschungsstand der Stilometrie, dem gemäß Cosine Delta im Vergleich zu Burrows' Delta bei der Autorschaftserkennung noch zuverlässiger funktioniert (Evert et al. 2015, S. 79). Allerdings wissen auch die Evaluationsstudien nicht,

Viertes Experiment: Zwei Distanzmaße im Vergleich

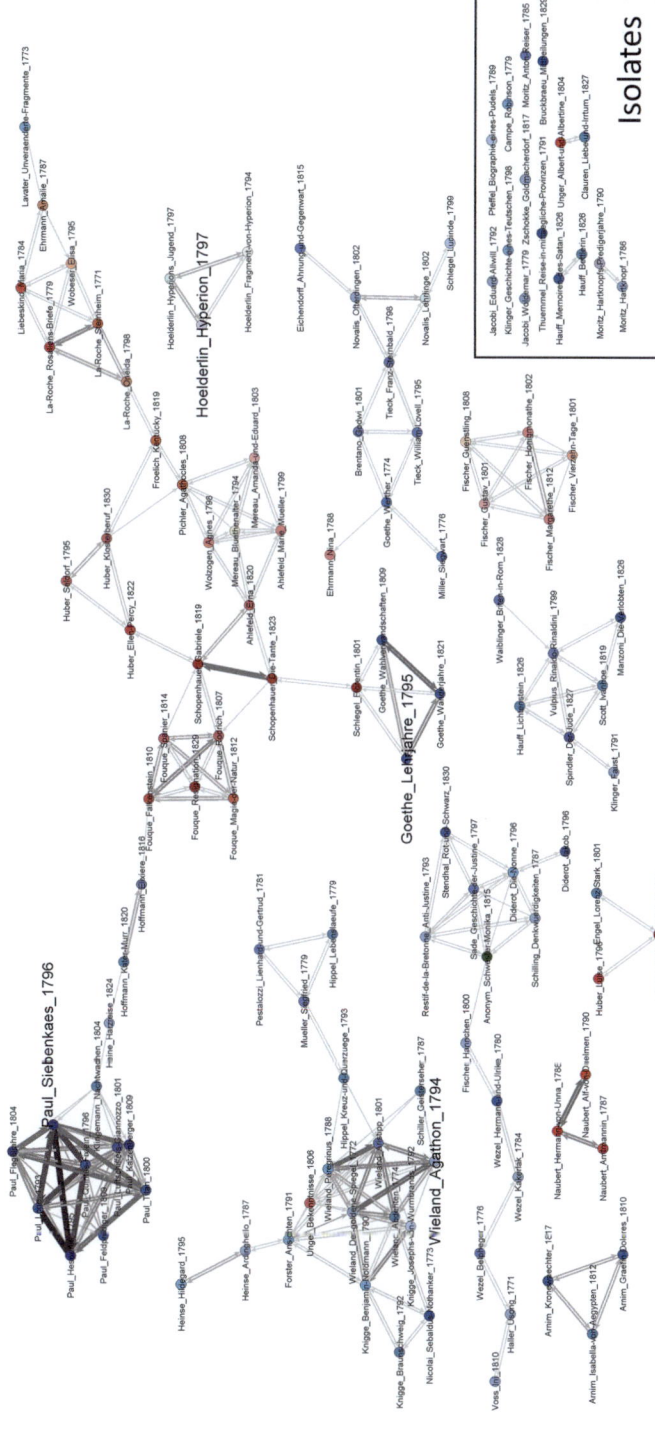

Abb. 4.9 *Simmelian Backbone*-Netzwerk des 121 Texte umfassenden Goethezeit-Korpus, das auch in den Modellen 3–5 verwendet wurde (= Modell 6). Daten-Mapping und Skalierung der Knoten und Kanten sind gleich, als Distanzmaß wurde Cosine Delta verwendet (3000 MFW, 20 % Culling)

warum das so ist. Und selbst nachdem wir recht tief in die systematischen Unterschiede zwischen den beiden Distanzmaßen eingestiegen sind, können wir die ausstehende theoretische Erklärung nicht liefern. Wir können nur festhalten, dass die Berechnung der stilometrischen Textverhältnisse auf der Basis der Relation der Worthäufigkeiten (Cosine Delta) insgesamt weniger, davon aber mehr über Autorschaft zusammenhält, als wenn die absolute Differenz der Worthäufigkeiten zugrunde gelegt wird (Burrows' Delta). Und dass die Wahl des alternativen Distanzmaßes die von uns ermittelten Zusammenhänge der Autorinnen bestätigt.

Textklassifikation durch maschinelles Lernen

In diesem Kapitel werden wir thematisch bei der Sache bleiben, aber eine neue Art von Verfahren zur digitalen Textanalyse einführen. In unseren bisherigen Experimenten haben wir auf der Basis textstatistischer Daten Ähnlichkeitsmodelle errechnet und das Gruppierungsverhalten von Texten in unterschiedlichen Korpuszusammenhängen untersucht. Wir haben verschiedene Parameter manipuliert, um zu sehen, wie sich die Ergebnisse dadurch verändern. Und wir haben anhand von zwei Distanzmaßen gesehen, dass man Ähnlichkeit ganz unterschiedlich berechnen kann. Am Ende stand jeweils ein vergleichbares Netzwerkmodell. Die grundlegenden Distanzberechnungen haben wir mit dem R-Package „stylo" durchgeführt, wobei wir für Cosine Delta eine eigene R-Funktion geschrieben und innerhalb des Packages aufgerufen haben. Die Daten wurden dann in die „Visone"-Software importiert, um mit einem dort implementierten Filteralgorithmus die Netzwerke so zu reduzieren, dass das Gruppierungsverhalten und die Zentralität von Texten beobachtet werden können. Bei all dem haben die verwendeten Computerprogramme Berechnungen durchgeführt und Ergebnisse zurückgegeben, ohne dabei etwas aus den eingespeisten Daten zu lernen. In der Informatik spricht man in solchen Fällen von ‚unüberwachten Verfahren'. Es war an uns, die Gruppen nach literaturwissenschaftlichen Kategorien wie Autorschaft oder Gender zu identifizieren. Wenn dagegen ein Computerprogramm, das vorab an den Daten trainiert worden ist, entsprechende Zuordnungen automatisch vornimmt, handelt es sich um ein überwachtes Verfahren. Einer einfachen Variante davon wollen wir uns in unserem nächsten Experiment zuwenden.

Gegenderte Autorschaft: Der Fall *Elisa*

Bei unüberwachten Verfahren gewinnen wir aus festgestellten Ähnlichkeiten Kategorien, mit denen wir die Ergebnisse interpretieren können. Überwachte Verfahren setzen voraus, dass die Zielkategorien bereits am Anfang festgelegt werden. Das ist in unserem Fall kein Problem. Der bisherige Weg unserer Untersuchung lässt Gender als notwendige und vielversprechende Zielkategorie erscheinen. In den stilometrischen Modellen hat sich bislang vor allem ein Text durch sein Gruppierungsverhalten und die von der zeitgenössischen Kritik – namentlich von Goethe – diskutierte Frage des Geschlechts seiner Urheberin oder seines Urhebers der besonderen Aufmerksamkeit bei einem entsprechenden Klassifikationsexperiment empfohlen. Das ist Friederike Ungers Roman *Bekenntnisse einer schönen Seele,* der zuverlässig abseits von allen anderen Autorinnen mit der Wieland-Gruppe geclustert hat. Wir werden uns im Rahmen der Analyse, die hier nachgezeichnet werden soll, auch speziell um diesen Roman kümmern, wollen den Boden der historischen Autorschaftsdebatten, die im ausgehenden 18. Jahrhundert um geschlechtsspezifische Schreibweisen geführt wurden, jedoch in Auseinandersetzung mit einem Fall bereiten, der damals die wohl größte Reichweite hatte. Wir haben den Roman, um den es dabei geht, ebenfalls bereits erwähnt und ein wenig flapsig als ‚One Hit Wonder' bezeichnet. Gemeint ist das einzige Werk Wilhelmine von Wobesers, *Elisa oder das Weib wie es seyn sollte.* Der Roman erschien 1795 anonym und war ein sensationeller Erfolg. Innerhalb von fünf Jahren kam er auf fünf Originalausgaben und wurde unzählige Male unautorisiert nachgedruckt. Übersetzungen ins Englische, Französische, Holländische und Dänische trugen dazu bei, dass die Formulierung des Titels europaweit zum geflügelten Wort wurde. Auf Deutsch lassen sich rund 30 Nachahmungen nachweisen, die den Ruhm der ‚Elisa' als Inbegriff der ‚schönen Seele', die sich dem Mann bis zur Selbstaufgabe unterordnet, für je eigene Zwecke fortspannen.

Obwohl er eine europäische Erfolgswelle auslöste, wissen wir über die Verfasserin dieses Romans so gut wie nichts. Für die feministische Literaturwissenschaft ist das eines der Argumente, mit dem die Autorschaft Wobesers in Zweifel gezogen und die These vertreten wird, es handle sich bei dem Roman um eine „männliche Konstruktion" (Schieth 1990, S. 121). Konkret hat Lydia Schieth den geschäftstüchtigen Verleger Heinrich Gräff im Verdacht, dessen auf populäre Töchterliteratur spezialisierte Buchhandlung in Leipzig bis 1805 nachweisbar ist. Während bis 1805 sieben Auflagen der *Elisa* erschienen waren, ebbte mit dem Ende der Buchhandlung auch die Popularität des Romans ab (Schieth 1990, S. 117). Die Nachahmertexte hatten dagegen länger Konjunktur. Dass der große Erfolg des vermeintlichen Auslösers der Welle einfach aus dem Nichts kam, darf man bezweifeln. Wir wissen von zwei englischen Romanen, die schon vor der deutschen *Elisa* mit ganz ähnlichen Titeln erschienen waren. Auf Robert Bage's *Man as he is. A Novel* von 1792 folgte im Jahr darauf *Women as she should be;*

or, Memoirs of Mrs. Menville. A Novel von Eliza Parsons.[1] Zweifellos aber haben sich nach der deutschen *Elisa* viele Nachahmer auf diesen Roman bezogen, wobei der Diskurs keine „reine Männersache" (ibid.), doch männlich dominiert war. Von den rund 30 Nachahmertexten, die wir als ‚Elisaden' bezeichnen, scheinen nur zwei von Autorinnen zu stammen. Bei unseren Recherchen sind wir auf eine weitere Verfasserin gestoßen, die die europäische Dimension der zeitgenössischen Auseinandersetzung unterstreicht, zu der die *Elisa* gehört. Im Jahr 1800 erschien in Leipzig eine auf Grundlage einer französischen Übersetzung ins Deutsche übertragene Ausgabe von Mary Wollstonecrafts Roman *Mary; or The Wrongs of Woman*. Diese *gothic novel* gilt als fiktionaler Vorläufer von Wollstonecrafts berühmter Abhandlung zu den Frauenrechten (*A Vindication of the Rights of Women*, 1792). Der Leipziger Verlag Carl Günther versah die Übersetzung des Titels, *Maria oder das Unglück Weib zu seyn*, noch mit dem Zusatz „ein Gegenstück zur Elisa u. s. w." und reihte ihn damit unter die Elisaden. Und in der Tat ist kaum ein größerer Gegensatz denkbar zwischen Wollstonecrafts radikaler Kritik an den patriarchalen Verhältnissen und der Ehe im Besonderen und der in der *Elisa* apologetisch vollzogenen Unterwerfung der Frau. Dieser Gegensatz verläuft auch zwischen den Autorinnen in unserem Goethezeit-Korpus. Caroline Auguste Fischers Briefroman *Die Honigmonate* (1802), der das Motiv der vom Ehemann eingesperrten Frau womöglich von Wollstonecraft übernommen hat, ist von der Autorin ausdrücklich gegen die *Elisa* geschrieben. Fischer lässt die kritische Wilhelmine auffahren, wenn deren als ‚schöne Seele' angelegte Freundin Julie „den Willen der Natur" mit „Demuth" den Männern gegenüber zu erfüllen gedenkt, womit sie sich im Laufe der Handlung geradewegs ins Ehe-Unglück stürzt (Fischer 1987, S. 16, 17).

> Fahre nur so fort! Und du wirst bald eine zweite Elise werden. Gott! Ist es nicht himmelschreiend? Daß selbst *Weiber* unsere Ketten erschweren! – Kann man sich etwas abgeschmackteres und inkonsequenteres denken, als eben diese *Elise wie sie seyn sollte?* (ibid., S. 18f.)

Ihren negativen Bildungsroman *Gustavs Verirrungen* und die Posse *Vierzehn Tage in Paris* hatte Caroline Fischer 1801 anonym in Leipzig bei Gräff erscheinen lassen, der zu Beginn dieses Jahres die Elisaden mit einer dreispaltigen Anzeige wie eine Romanserie bewarb. Dazu gehörte auch ein von Fischers Lebenspartner Christian August als zweiter Teil der *Elisa* angekündigtes Pamphlet *Ueber den Umgang der Weiber mit Männern*, das heftig gegen die Frauenemanzipation polemisierte. Seine häufig prekäre Existenz versuchte Christian Fischer mit erotischen Romanserien zu finanzieren. Die spätere Ehe mit Caroline hielt nur sieben Monate. Lydia Schieth verweist darauf, dass dieser Christian Fischer dem Verleger Gräff eng verbunden und eine zentrale Quelle war für den Ein-

---

[1] Darauf hat mich Judith Brottrager unter Verweis auf Blakey aufmerksam gemacht (Blakey 1939, S. 158, 164).

trag zur Verfasserin der *Elisa* im 1825 erschienenen Lexikon *Die deutschen Schriftstellerinnen des 19. Jahrhunderts,* in dem erstmals die bis dahin anonym gebliebene Wilhelmine von Wobeser als Autorin genannt wurde (Schieth 1990, S. 118). Damit sei der Fall für die Literaturwissenschaft erledigt gewesen, die sich später zwar wieder für den Roman, nie mehr aber „für dessen mögliche Verfasserin" (ibid.) interessiert habe.

Bestseller – das Geschlecht des Erfolgs

Die Argumente, mit denen Wobesers Autorschaft in Zweifel gezogen und eine männliche Autorschaft plausibilisiert wird, leuchten ein und können doch aus ganz unterschiedlichen Gründen nicht überzeugen. Es stimmt, dass die Biographie im Lexikon wenig konkret ist (Schieth 1990, S. 119). Die Tochter eines Berliner Beamten von Stand mit hugenottischen Wurzeln wird vom Vater in ihrem Bildungseifer unterstützt, sie liest viel, französisch und deutsch. Im Vergleich dazu wissen wir von der Erziehung und Ausbildung einer Sophie La Roche, Therese Huber oder Johanna Schopenhauer viel Genaueres. Allerdings geht es hier auch um eine Frau, die nur ein einziges literarisches Werk geschrieben hat. Dass sich eine Berliner Beamtentochter das Wissen dazu selbst angeeignet haben soll, findet Schieth unplausibel. Sie hält die fehlenden Hinweise auf bekannte Lehrer und benutzte Literatur für verdächtig. Dabei passt die originale *Elisa* gut zu einer autodidaktischen Verfasserin, die vom zeitgenössischen Diskurs über die gesellschaftliche Rolle der Frau und die Ehe so viel aufgenommen hat, dass sie eine auch im zeitgenössischen Vergleich unterkomplexe Sicht auf das Problem komplett eindimensionalen Charakteren in den Mund legen kann. Keine Spur von einer versierten Lektüre der Erziehungsromane Rousseaus, die im *Fräulein von Sternheim* so offensichtlich ist. Dass sie sich damit auf die Seite der Reaktion stellte, erstaunt, falls die von Schieth aus einer älteren Sekundärquelle zitierte Beschreibung der historischen Wilhelmine von Wobeser als „vorurteilslose Frau" zutrifft (Schieth 1990, S. 210; Touaillon 1919, S. 297). Dies wiederum könnte als Teil einer möglichen Erklärung dafür angesehen werden, warum die Autorin so hartnäckig auf ihrer Anonymität beharrte, wie die Überlieferung kolportiert. Schieth ist auch das verdächtig, der Roman sei dafür viel zu populär gewesen. Andererseits wird argumentiert, dass das lukrative Verlagsgeschäft mit den Elisaden gerade deshalb florieren konnte, weil die Urheberin nicht identifiziert war. Dieses Geschäft und scheinbar wirtschaftlicher Erfolg überhaupt scheinen für die feministische Literaturwissenschaftlerin reine Männersache zu sein, obwohl der Wollstonecraft-Coup von Gräffs Leipziger Konkurrenten Günther doch zeigt, dass man auch mit der Sache der Frauenemanzipation Geld verdiente. Dass Gräff sich mit seinem Programm darauf verlegte, von beiden Seiten zu profitieren, missbilligt Schieth als reinen Kommerz nach dem Motto: Wahre Frauenliteratur kann keine Ware sein.

Mit dem Narrativ, das sich hier verfestigt, bleibt es unvorstellbar, dass einer Frau mit einem schlecht geschriebenen reaktionären Roman ein Bestseller gelingt, der in die Literaturgeschichte eingeht. So etwas muss männliches Konstrukt sein. Umgekehrt gehört dazu, dass der als zentrale Quelle für die Eintragung Wobesers in die Literaturgeschichte herausgehobene Emanzipationsgegner Christian August Fischer mit dem Hinweis auf sein ökonomisches Scheitern als Schriftsteller diskreditiert wird. Er habe unter Pseudonym schmutzige Schriften verfasst, ein unstetes Doppelleben geführt und „große Existenzprobleme" gehabt. „Seine von vielen amtlichen Stellen beurkundete Unzuverlässigkeit läßt ihn als Informant fragwürdig erscheinen" (Schieth 1990, S. 118 Anm. 16). Wer arm ist und von zweifelhafter Sexualmoral, dieser sicher ungewollte Schluss liegt nahe, der taugt nicht zum Zeugen der offiziellen Geschichte.

Wie auf jedem anderen Feld der Geisteswissenschaften sind die Unterschiede zwischen der Argumentationsweise der feministischen Literaturwissenschaft der 1980er Jahre und dem Denkstil der heutigen Gender Studies erheblich. Die Studie von Lydia Schieth ist mit dem von ihr analysierten Material, ihrer riskanten Autorschaftsthese und mit den blinden Flecken des dafür bemühten identitätspolitischen Narrativs ein willkommener Anstoß für quantitative Korpusanalysen, die im Vergleich zur einzeltextbasierten sozialhistorischen Hermeneutik noch andere Möglichkeiten haben, randständigen Werken der Literaturgeschichte gerecht zu werden.

Wertungssysteme im Umbruch

Bevor wir die Ergebnisse unseres Gendertests auswerten, möchte ich einen Aspekt aus der Schieth-Studie noch ausführlicher diskutieren. Er betrifft die Nachahmertexte zur *Elisa,* die Elisaden, im Verhältnis zu dem, was als ‚Frauenliteratur' verstanden wird. Wie der gesamte Literaturbetrieb war der Markt für diese Texte von der Angebotsseite her männerdominiert. Autoren und Verleger spielten nach Belieben mit der ‚Elisa wie sie sein sollte', sie parodierten den Titel oder nutzten ihn für sexuelle Anspielungen (J.E.F.W. Müller: *Das Unterröckchen wie es seyn sollte, ein paar Worte unter vier Augen* (1803), Christoph Sigmund Grüner: *Elise oder Bekenntnisse einer Buhlerin* (1804)). Wo die Idee der normierten Weiblichkeit ernsthaft adaptiert und auf die Idealvorstellung vom Mann übertragen wurde (C.F.T. Voigt: *Robert, oder der Mann, wie er seyn sollte* (3 Bde. 1799–1802), grenzten die Autoren Inhalt und Anspruch von der als seicht distanzierten Darstellung der *Elisa* ab (Schieth 1990, S. 128). Dass sich gleichwohl auch Frauen wirkungsvoll pro Emanzipation in die Debatte einschalteten, haben wir gesehen.

Besonders aufschlussreich ist eine Gruppe von Elisaden, deren Diskurs das Thema ‚Frauen und Männer' überhaupt nicht aufnahm, sondern den Titel als allgemein eingeführte Marke in Sachen Regulation zur Normierung diverser Bereiche des bürgerlichen Alltags- und Berufslebens brauchte. Vom Prediger oder Patrioten gerieten auf diese Weise ebenso Handreichungen, wer er sein sollte, in Umlauf wie eine Anleitung zur Körperpflege für den reinlichen Jüngling, ein Handbuch für angehende „Köche und Köchinnen" und deren Herrschaft sowie entsprechendes für Offiziere und Privaterzieher in Familien.[2] Die beiden letztgenannten Schriften weisen sich im Untertitel als „Beitrag zur militairischen Pädagogik" bzw. als „Entwurf eines Institutes zur Bildung künftiger Hofmeister" aus.

Offensichtlich versuchen diese pragmatischen Texte, aus der Popularität der *Elisa* für den eigenen Erfolg auf dem Buchmarkt Kapital zu schlagen. Dass dabei nur auf den Titel, nicht aber auf die Autorin des Originalromans Bezug genommen wird, interpretiert Schieth als ein weiteres Indiz für einen „Diskurs der Männer", innerhalb dessen es als folgerichtige strategische Option erscheint, dass auch die „Verfasserin eine Erfindung des Verlegers" war (Schieth 1990, S. 117). Wie gesagt, man kann das vertreten; solche starken Thesen zur Autorschaft sind für jede stilometrische Korpusanalyse ein Geschenk. Innerhalb ihrer eigenen Argumentation führt das freilich dazu, dass Schieth im Hinblick auf die Frage, die sie eigentlich umtreibt, etwas Wesentliches übersieht. Die Frage lautet: „Was bedeutet dies für die Etablierung der Gattung Frauenroman?" (ibid.).

Zur Antwort gehört unbedingt, was im Verhältnis der *Elisa* zu den Elisaden mit Händen zu greifen ist: Vom Frauenroman zur Ratgeberliteratur ist es nur ein kleiner Schritt. Auf dem Literaturmarkt gehören sie im Grunde zum gleichen Feld. Dieser Grund ist ohne Zweifel hauptsächlich von Männern bereitet worden; um zu verstehen, wie das geschah, kommt es auf den symbolischen Rahmen an. Im Erscheinungsjahr der *Elisa* 1795 hatte sich ein Bewertungssystem für Literatur etabliert, das mit dem alten, rhetorischen Begriff vom Sinn und Zweck der Dichtung, wie er noch in den pädagogischen Erzählungen der Spätaufklärung nachklingt, brach und sich im Namen autonomer Ästhetik neu orientierte. Dazu gehörte eine neue Wertsprache, die die mit der Rhetorik assoziierten, heteronomen Zwecke wie den des *prodesse et delectare* als kunstfremd geringer schätzte, während subjektive Schöpferkraft und Originalität im Zeichen des Genies als Werte aufstiegen. Das bedeutete nicht nur die Abwertung des ‚unoriginellen' Barocks, sondern führte zum Ausschluss auch ganzer zeitgenössischer Literaturbereiche aus der Kunst (Heydebrand und Winko 1996, S. 156 f.).

Unterhaltungsliteratur als Kunst anzusehen, ist für die Autonomieästhetik ein Widerspruch in sich, weil sie dem kunstfremden, ‚trivialen' Zweck der Unterhaltung dient. ‚Tendenzliteratur' ist an sich schon als abwertender Begriff kenntlich, unter den alles fällt, was zur Verfolgung religiöser, moralischer oder gesellschaftspolitischer Ziele in didaktischer Absicht geschrieben wird (ibid.,

---

[2] Cf. Gottfried August Pietzsch: *Gustav redlich, oder der Prediger, wie er seyn sollte* (1800); George Dyer: *Der Prediger wie er seyn sollte, oder Leben Robert Robertsons* (Übers. aus dem Englischen, 1800); Johann Jacob Brückner: *Friedrich von Lichtenstein, oder der Patriot wie er seyn sollte* (1802); Johann Adolph Liebner: *Der reinliche Jüngling, wie er seyn sollte* (1800); unbekannte/r Autor/in: *Der Koch wie er seyn sollte, oder Handbuch für angehende Köche und Herrschaften, die sich Köche und Köchinnen halten* (1802); Karl Heinrich Ludwig Pölitz: *Heinrich von Feldheim, oder der Offizier wie er seyn sollte. Ein Beitrag zur militairischen Pädagogik* (1807); Karl Heinrich Heidenreich: *Der Privaterzieher in Familien, wie er seyn soll. Entwurf eines Instituts zur Bildung künftiger Hofmeister* (1800).

S. 157). Im Erwartungshorizont des Publikums gehörten Werke von Autorinnen in diesen Bereich. Weil die Gesellschaft von Frauen in erster Linie die Erfüllung der Rolle als liebende Gattin und Mutter erwartete, mussten selbst diejenigen Schriftstellerinnen, die mit ihrem Schreiben de facto die Familie ernährten, den Eindruck aufrechterhalten, sie schrieben nur zum Zeitvertreib (Tebben 1998, S. 20). Die sich herausbildende bürgerliche Familie und die Konkurrenz auf dem Buchmarkt akzeptierten die Frau im Künstlerberuf oder gar die Vorstellung eines weiblichen Genies nur im absoluten Ausnahmefall (ibid., S. 34). Die schreibende Pädagogin fügte sich hingegen mit den anderen Rollenerwartungen besser zu einem Gesamthabitus.

Der Übergang vom rhetorischen zum ästhetischen Wertungssystem der Literatur war eine Epochenzäsur von europäischer Dimension, die als solche einen gleichermaßen historischen wie geografischen Index aufweist. Während England und Frankreich ihre goldenen Zeitalter wesentlich früher hatten, kam die klassische Epoche der deutschen Literatur als Höhepunkt der Goethezeit spät und fiel mit dem Übergang zur Autonomieästhetik zusammen (Heydebrand und Winko 1996, S. 157). Die Folgen sind bis heute spürbar in Gestalt jener zuverlässig durchgehaltenen Trennung von Unterhaltung und Kunst, die unseren Nachbarn jenseits von Rhein und Ärmelkanal rätselhaft bleibt.

Kosten der Kunstautonomie

Die Schriftstellerinnen des 18. Jahrhunderts erfuhren den Umbruch anders als ihre männlichen Kollegen, was vor allem im Vergleich zu den Stürmern und Drängern deutlich wird, die sich zur Autonomie aufschwangen. Diese jungen Männer lehnten sich vehement gegen die alten Ordnungssysteme in Gesellschaft und Kunst auf, verhielten sich aber, wenn es um Frauen ging, traditioneller als ihre Väter (Prokop 1988, S. 330). Die gelehrte Frau war ihnen unmöglich, sie begegneten ihr abwehrend, wenn nicht aggressiv. So schreibt der 16-jährige Goethe an seine um ein Jahr jüngere Schwester Cornelia, nachdem die ihm von ihrer Lektüre des *Pitaval* berichtet hat, einer populären Sammlung von Kriminalrechtsfällen, die für die Rechtsaufklärung und Strafprozessrechtsreformen in den deutschen Ländern wichtige Anstöße gab:

> Gerechter Himmel, wie gelehrt bist du geworden! Ich werde es kaum noch wagen, dir in Zukunft weitere Ratschläge für deine Lektüre zu geben, denn du weißt ja mehr als ich. […] Trotzdem muß ich dir sagen: Du behauptest, daß der Pitaval über die Wirklichkeit aufklärt. Gut, das gebe ich zu, aber diese Aufklärung ist nicht für dich, sondern für einen Mann, der über diese Gegenstände und diese Vorkommnisse nachdenkt, der etwas davon hat! (Goethe 1968, S. 1:36; Übersetzung von Prokop 1988, S. 342)[3]

---

[3] „Juste ciel que tu es devenue savante! Je ne melerai jamais a la venir, a te donner quelques conseils sur la lecture, car tu sais plus que moi. […] Malgré cela j'ai encore quelques remarques a faire. Tu veux dire que le Pitaval instruit. Bon je le concede, mais ce n'est pas toi, qu'il pourra

Was die schöpferischen Autorinnen der Aufklärung wie Caroline Neuber, Luise Gottsched oder Sophie La Roche erreicht hatten, wirkte sich im Alltag der nachfolgenden Generationen nicht als Fortschrittsgeschichte aus. Im Gegenteil: Die Literatursoziologin Ulrike Prokop diagnostiziert in Brinker-Gablers Literaturgeschichte *Deutsche Literatur von Frauen* eine Entwicklung, mit der um 1770 ein regressiver Entwurf von Weiblichkeit dominant geworden sei (Prokop 1988, S. 363). Ohne Teilhabe an der Autonomieästhetik bildeten die Schwestern und Bräute der Kraftgenies „eine stumme Generation" (ibid.). Die auffällige Häufung psychischer Krankheiten bei den jungen Frauen im Frankfurter Intellektuellenzirkel und bei den Darmstädter Empfindsamen hält Prokop nicht für einen Zufall. Das Schicksal von Cornelia Goethe, die nach unglücklicher Ehe mit Goethes Jugendfreund Georg Schlosser 26-jährig in tiefer Depression verstarb, sei prototypisch.

Elisa oder wie das Weib sein sollte ist, unabhängig von der Frage nach seiner Urheberschaft, ganz offensichtlich ein Text, der dieses regressive Frauenbild literarisiert. Der Roman handelt, wie viele, die die Literaturgeschichte als Frauenroman begreift, von einer unglücklichen Konvenienzehe. Die Titelheldin ist dem aufrichtigen Herrmann von Birkenstein in inniger Seelenverwandtschaft verbunden, sieht sich aber gezwungen, den kaltsinnig-düsteren Karl von Wallenheim zu heiraten. Im Unterschied zu anderen bekannten Heldinnen dieser Art macht sie sich weder einer Verletzung ihrer Tugend schuldig noch geht sie am Verzicht zugrunde. Elisa findet vielmehr von Beginn an in der vollständigen Entsagung eine stabile Rolle, die sie bis zum Schluss ohne jede dramatische Schwankung durchhält.

> *Elisa.* Mein künftiges Loos soll mich nicht länger beschäftigen. Ich erwarte keine Freuden mehr; ich will nur Leiden tragen lernen, nur lernen, Andere glücklich zu machen. O, daß mir vergönnt sein möge, Heiterkeit auf die Tage meines Gatten zu streuen, und oft von der Wange des Unglücklichen die Thräne des Kummers abzutrocknen; dann will ich den meinigen vergessen, vergessen, dass ich dem Glück entsagen mußte, und nur mich freuen, daß mein Herz der Empfindungen der Menschenliebe und des Wohlwollens fähig ist.
>
> Elisa seufzte hier, und thränenvoll richtete sie ihren Blick gen Himmel. (Wobeser 2015, S. 66)

Der Roman besteht zu großen Teilen aus Dialogen, wobei den wörtlichen Reden wie im Drama der Sprechername vorangeht. Trotz der dramatischen Unmittelbarkeit, die an den einschlägigen empfindsamen Szenarien geschult ist, wirken die Charaktere interaktiv nicht weniger holzschnittartig als in den Beschreibungen der narrativen Passagen. Die Figuren entwickeln sich kaum. Elisa bleibt konstant auf Entsagungskurs, Herrmann immer edel rücksichtsvoll, einzig Gatte Karl kommt nicht umhin, am Ende doch von seiner Frau beeindruckt zu sein. Nachdem die

---

instrouire, ce sera un homme, qui reflechit sur ces matieres, sur ces evenements, qui en pourroit tirer du profit." (Goethe an Cornelia Goethe, 27. September 1766)

ihm alle Demütigungen verziehen, seine Geliebte auf den Pfad der Moral geführt und seine Schulden mit ihrem Vermögen bezahlt hat, beginnt auch er, tränenvoll aus dem Zimmer zu stürzen. Elisa hat da längst die Rolle der Ehefrau zur Berufsidentität organisiert und steht einem „Erziehungshause" (Wobeser 2015, S. 153) vor, in das, wie der Roman detailliert erklärt, alle sechs Jahre eine neue Generation von Kindern aufgenommen wird. Insofern ist die pädagogisch-pragmatische Orientierung der Elisaden tatsächlich hier angelegt.

In einem neueren Aufsatz hat Michael Minden versucht, den Roman trotz seiner inhaltlichen und ästhetischen Zumutungen nicht einfach abzutun. Er verweist darauf, dass sich die deutsche *Elisa* von der englischen Vorgängerin bei der Gestaltung der Hauptfigur so stark unterscheidet, dass von gewollter Distanz ausgegangen werden kann. In Parsons *Women as she should be* bricht die Protagonistin am Ende aus der aufgezwungenen Ehe aus und heiratet ihre große Liebe. Das zeitgenössische Publikum, so Minden (2007), musste Elisas konsequente Entsagung und das Romanende, an dem sie und nicht der Ehemann, der es ‚verdient' hätte, stirbt, als bewussten Bruch mit etablierten Lektüreerwartungen verstehen. Der unheimliche Erfolg des Romans resultiere daraus, dass Elisa als nicht-emanzipatorische, aber starke Figur auf eine realistische Identifikation hin angelegt sei, zu der kein banales Happy End passe. Dies ergänzend, ist die deutliche Dramen-Form des Romans sozialgeschichtlich eher ein Indiz für weibliche Autorschaft. Der Verleger Gräff hatte mit Sicherheit ökonomische Gründe, den Text in der gewinnträchtigen Gattung des Romans zu vermarkten. Dass es für schreibende Frauen im Drama besonders schwierig war, anerkannt zu werden, hängt unmittelbar damit zusammen.

1795: Elisa oder das Weib, Wilhelm oder die Entsagenden

1795, im gleichen Jahr wie die *Elisa,* erschienen auch Goethes *Wilhelm Meisters Lehrjahre,* zuerst veröffentlicht vom Berliner Verlag Friederike und Johann Friedrich Ungers. Bei seinem Erscheinen traf der Roman auf Vorbehalte, die noch von den Rezeptionsgewohnheiten stammten, die der heteronome Literaturbegriff der Aufklärung etabliert hatte (Heydebrand und Winko 1996, S. 188–201). Herder etwa vermisste die Vorbildfunktion des Titelhelden. Schiller konnte den Roman nur mit Mühe als Anwendungsfall seiner Theorie zur ästhetischen Erziehung des Menschen begreifen. Sophie Mereau las ihn euphorisch, hielt sich aber mit einem Urteil zurück. Nachdem Humboldt gerade in der Fehlbarkeit des Helden die Bedingung der Möglichkeit für ein offenes Universalkunstwerk für den Leser erkannt hatte, war der Weg frei für den romantischen Literaturpolitiker Friedrich Schlegel, um in der Programmzeitschrift *Athenäum* „Goethes Meister" als Geschichtszeichen neben die Französische Revolution und Fichtes Wissenschaftslehre zu stellen.

Am Ende des Romans, den wir von daher in der Literaturgeschichte bis heute oft isoliert als den deutschen Bildungsroman schlechthin betrachten, muss Wilhelm seiner Leidenschaft für das Theater ebenso entsagen wie der Neigung zu

Therese, die von Baron Lothario beansprucht wird. Er verbindet sich mit dessen Schwester Natalie, die ihn zuvor bereits incognito aus höchster Not errettet und die er „in ihrem Kreise" (Goethe 2000, S. 526) als Gründerin einer privaten Erziehungsanstalt kennengelernt hat. Natalie ist die Lieblingsnichte der ‚schönen Seele', deren religiöse Bekenntnisse unter den Mitgliedern der Turmgesellschaft kursieren. Was dieser Tante ihrer pietistischen Überzeugungen wegen von der aufgeklärten Turmgesellschaft verwehrt wird, gesteht man Natalie tolerant zu, die ihr Wirken als Erzieherin nach eigenen Grundsätzen gestaltet. Die beiden befreundeten Frauenfiguren, die am Ende für Wilhelm passend erscheinen, Therese und Natalie, werden als „teilnehmend", „liebevoll" und „hilfreich" (ibid., S. 518) charakterisiert. Selbst seelisch robust, kümmern sie sich um labile Gestalten wie Wilhelms Begleiterin Mignon, die freilich just in dem Augenblick, da Wilhelm, Natalie und Therese das erste Mal zu dritt auftreten, wie vom Schlag getroffen tot zusammenbricht.

Wilhelm Meister, die Durchschnittsfigur eines Bürgersohns des ausgehenden 18. Jahrhunderts, muss am Ende einsehen, dass er zum Künstler nicht taugt. Mit dem Theater entsagt er auch allen abgründigen Entwürfen von Subjektivität, die seine Mitfiguren bis dahin verkörpert haben, der uneindeutigen Geschlechtsidentität Mignons, dem psychotischen Künstlerwahn des Harfners und der überspannten Schwermut der tiefgründigen Charakterdarstellerin Aurelie, die ihre eingeschränkte Rolle als Frau nicht akzeptieren kann und daran zugrunde geht. Mit dem Theater fallen auch die leichten Mädchen (Mariane und Philine) weg, deren lange Zeit erheblicher Anziehung am Ende der Weiblichkeitstypus praktischer Vernunft vorgezogen wird.

Dass Goethe die Entwicklung seines mediokren Helden mit *Wilhelm Meisters Wanderjahre oder die Entsagenden* (1821/1829) noch einmal zu einem weltumspannenden Roman-Programm zu gestalten versucht hat, fand beim Publikum keine Gunst. Auf dem Literaturmarkt war die nachgeahmte pädagogische Fortsetzung des Pastors Pustkuchen wesentlich populärer. Nichtsdestotrotz führt die Literaturgeschichte seither ‚Entsagung' als ein Goethe'sches Konzept. Dabei hatte der einflussreiche Literaturhistoriker Wolfgang Menzel, Redakteur bei Cottas *Morgenblatt für gebildete Stände,* in seiner 1828 erschienenen Geschichte *Die deutsche Literatur* die „Entsagungsromane" als eine „neue Gattung von Romanen" festgehalten, „die besonders von Damen geschrieben wurden" (Menzel 1836, S. 4:53). Bereits 1796 war Therese Hubers Roman *Luise* mit dem Untertitel *Ein Beitrag zur Geschichte der Konvenienz* versehen, und als 25 Jahre später Johanna Schopenhauers *Gabriele* breit rezensiert wurde, erklärte sich die *Leipziger Literaturzeitung* den großen Erfolg des Romans „zumal bey Frauen" damit, dass er deren „Lieblingsthema" aufgreife: „durch conventionelle Heirathen verhinderte Vereinigung zweyer Liebenden und ihr edles Verzichten auf die Vereinigung" (*Leipziger Literaturzeitung* 1821, Sp. 1973). Zu den Rezensenten gehörte damals auch Goethe, der mit Johanna Schopenhauer befreundet und ihr verpflichtet war, weil sie in Weimar als erste ihren Salon für Goethes nicht standesgemäße Ehefrau Christiane geöffnet hatte. Goethe zeigt sich begeistert von dem Werk, lobt seinen

Wirklichkeitsbezug und die Darstellung, die er für tragisch, aber nicht sentimental hält. Das Thema Leidenschaft stehe hier für das „Unbedingte", für „das grenzenlose Streben, was uns aus der menschlichen Gesellschaft, was uns aus der Welt treibt" (Goethe 1816, 68). Die Verbindung zu dem für sein eigenes Spätwerk prägenden Zusammenhang von Entsagung und Produktivität muss Goethe bei der Lektüre deutlich geworden sein. Unmittelbar zuvor hatte er die erste Fassung der *Wanderjahre* fertiggestellt. Und doch ist davon keine Rede, bleibt der Entsagungsbegriff hier ausgespart. Anstatt es auf dem Reflexionsniveau der Lektüre zu diskutieren, impliziert Goethe das Konzept, um eine Autorin, die ausdrücklich keine Frauenromane schreiben wollte,[4] auf eine an starren Geschlechterrollen orientierte Figurenkonstellation festzulegen: „Epische, halbepische Dichtung verlangt eine Hauptfigur, die [...] bey vorwaltender Thätigkeit durch den Mann, bey überwiegendem Leiden [...] durch die Frau vorgestellt wird" (Goethe 1816, 66).

Fünftes Experiment: Automatische Klassifikation nach der Variable Gender

Nachdem wir am Beispiel der *Elisa* einen Eindruck des historischen Erwartungshorizonts gewonnen haben, der weibliche und männliche Autorschaft umspannt, wollen wir sehen, was sich mit den Mitteln der Digitalen Literaturwissenschaft zu dieser gleichermaßen historischen und aktuellen Debatte beitragen lässt. Der Übergang vom historischen Nachdenken mit seinen vielen inspirierenden Verästelungen und Zusammenhängen zur operationalisierten Korpusanalyse ist immer faszinierend und frustrierend zugleich. Sehr viel von dem, was wir an dem noch nicht einmal besonders breit gefächerten historischen Material beobachtet haben und aufschlussreich fanden, passt einfach nicht durch das Nadelöhr der Formalisierung, das am Anfang jeder quantitativen Textanalyse steht. Immerhin aber können wir dank der gewonnenen Einsichten sicher sein, dass wir es mit einem Stück Sozialgeschichte der Literatur zu tun haben, in dem Autorschaft auf gravierende Weise durch die Festlegung auf soziale Geschlechterrollen bestimmt und in diesem Sinn ‚gegendert' worden ist. Die kategoriale Variable Gender zu operationalisieren liegt daher auf der Hand.

Überwachte und unüberwachte Verfahren

Wir bleiben mit unserem Experiment im Bereich der Stilometrie und wollen mit automatischen Klassifikationsverfahren testen, bei welchen Texten aus unseren

---

[4] Johanna Schopenhauer an Geheimrat ... in Leipzig, 2. Dezember 1821: „Die Zeiten, wo man für Frauen wie für Kinder eigene Bücher schreiben durfte, sind längst vorüber. Der weibliche Geist ergreift jetzt jede Blume im Gebiet der schönen Literatur [...]." (Schopenhauer 1986, S. 415 f.)

Korpora das Geschlecht der Autorin oder des Autors korrekt erkannt wird und bei welchen nicht. Anders als bei unüberwachten Verfahren müssen wir unser Korpus dafür auf spezielle Weise vorbereiten. Jede Einzeltextdatei, die in die Korpusanalyse eingeht, wird mit einem unserer kategorialen Variable entsprechenden *tag* versehen, mit einem „w" für Autorinnen und einem „m" für Autoren. Außerdem müssen wir unser Korpus aufteilen in einen Teil, mit dem wir das Klassifikationsprogramm trainieren (Trainingskorpus), und einen anderen Teil, an dem dann die automatische Gender-Zuordnung getestet wird (Testkorpus). Üblicherweise trainiert man mit 80 % der Korpustexte und testet an den verbliebenen 20 %. Wir haben für das Experiment die Romankorpora zum 18. Jahrhundert und zur Goethezeit fusioniert und mit einem Korpus gearbeitet, das insgesamt 141 Texte stark war, wobei 38 Texte von Autorinnen und 103 von Autoren stammten. Diese Proportion haben wir bei der Zusammenstellung des Trainings- und des Testkorpus jeweils nachgebildet.

Wir nehmen diese Aufteilung vor, damit unser Computerprogramm an unseren Texten zunächst lernen und sie dann automatisch den von uns definierten Klassen zuordnen kann. Aus der Überwachung des Erfolgs bei der Zuordnung wollen wir Schlüsse ziehen. Weil bei solchen überwachten Verfahren ein maschinelles Lernen stattfindet, das sich als einfache Form künstlicher Intelligenz verstehen lässt, kommt es sehr auf die richtige Rationalisierung der Testergebnisse an. Wenn wir ‚künstliche Intelligenz' hören, werden bei uns je nachdem, wie wir voreingestellt sind, große Erwartungen oder Befürchtungen geweckt. Halten wir deshalb zunächst einmal fest, dass ein Computerprogramm, das an Texten trainiert wird, ganz anders lernt als wir das beim Lesen tun. Entgegen dem Anschein von Sprachassistenten und Übersetzungsprogrammen können Computer weder lesen noch verstehen, sondern einfach nur so gut rechnen, dass im Ergebnis womöglich kein Unterschied zu einer hermeneutischen Verstehensleistung mehr sichtbar ist. Was ein Computerprogramm überhaupt lernen kann, bestimmen wir mit den Daten, die wir zur Verfügung stellen, wobei für die Qualität automatischer Klassifikationen oder Vorhersagen auch die Datenmenge entscheidend ist. In unserem Fall kann sicher nicht von Big Data die Rede sein, obwohl die relativen Worthäufigkeiten, die wir wie in unseren bisherigen Experimenten als Grundlage für unsere Gender-Klassifikation verwenden, schon bei einem nur 141 Texte umfassenden Korpus keinen ganz kleinen Datensatz darstellen. Für unseren ersten Experiment-Durchlauf haben wir die Funktion *classify( )* innerhalb des R-Packages „stylo" verwendet und so eingestellt, dass von 100 bis 3000 MFW in 100er Schritten jeweils eine Klassifikation durchgeführt wird. Durch diese Iteration erhalten wir 30 Ergebnisse, die wir vergleichen und auf ihre Stabilität hin prüfen können.

Warum welcher Algorithmus?

Bei der Wahl des Klassifikationsalgorithmus kam es uns darauf an, dass die unterschiedliche Anzahl der Texte in unserem Korpus, die jeweils von Autorinnen und von Autoren stammen, das Ergebnis nicht beeinflusst. Ein Algorithmus wie

Naive Bayes, bei dem die Gruppengrößen die Wahrscheinlichkeit der Zuordnung zu den entsprechenden Kategorien mitbestimmen, kam daher nicht in Frage. Entschieden haben wir uns schließlich für *Support Vector Machines,* mit dem wir gut an die Überlegungen beim Vergleich der Distanzmaße anknüpfen konnten. Um zu verstehen, was eine geometrische Vektorlänge ist, haben wir uns von einem zweidimensionalen Koordinatensystem ausgehend einen multidimensionalen Raum vorgestellt, bei dem jedes in die Berechnung eingehende Wort eine neue Dimension darstellt.[5] Nach dem Durchgang durch alle Wort-Dimensionen nimmt jeder Text, dessen Wort-Werte zugrunde gelegt werden, jeweils einen bestimmten Punkt in dem multidimensionalen Raum ein. Der SVM-Algorithmus versucht nun, in diesen Raum eine Ebene so zu legen, dass Gruppen von solchen Punkten und mithin von Texten unterschieden werden können. Die Ebene ist optimal platziert, wenn die nächstliegenden Punkte möglichst weit entfernt sind, weil das eine klare Unterscheidung der Gruppen ermöglicht. Nachdem diese Ebene mit dem Trainingskorpus berechnet worden ist, lässt sich jeder Text aus dem Textkorpus mit seinem Punkt auf der einen oder anderen Seite finden und mithin (in unserem Fall) nach weiblichem oder männlichem Stil klassifizieren.

Mit der Aufteilung der Texte nach Trainingskorpus (80 %) und Testkorpus (20 %) allein ist es nicht getan, denn auch diese Aufteilung selbst beeinflusst das Klassifikationsergebnis. Wenn man mit den gleichen Texten trainiert, die anschließend für den Test verwendet werden, riskiert man *overfitting,* was eine hohe Rate korrekter Zuordnung wenig aussagekräftig erscheinen lässt und auch für unsere Analyse gefährlich ist, die zwar gerade an den Fehlklassifikationen interessiert ist, diese aber auch als belastbares Ergebnis benötigt. Weil grundsätzlich jede einzelne Zuordnung unserer insgesamt 141 Texte zu den Trainings- oder Testdaten Einfluss auf das Ergebnis hat, haben uns im ersten Durchlauf dafür entschieden, das Verhältnis von Trainings- und Testkorpus viermal durchzumischen und dabei darauf zu achten, dass diejenigen Texte, deren Verhalten uns besonders interessiert, immer im Trainingskorpus bleiben. Mit diesen vier ‚*seeds*' genannten Aufteilungen haben wir bewusst eine händische Alternative zur automatischen Funktion gewählt, die „stylo" für die *crossvalidation* anbietet. Die automatischen Aufteilungen, die „stylo" dabei vornimmt, können nicht nachvollzogen werden, sodass die Ergebnisse dann auch nicht reproduzierbar sind.

3 Texte im Test

Nachdem wir die Autorschaftsdebatte um Wilhelmine von Wobesers *Elisa* historisch nachvollzogen und in der Perspektive der feministischen Literaturwissenschaft betrachtet haben, gehört dieser Roman natürlich zu den Texten, deren Klassifikation nach der kategorialen Variable Gender uns besonders interessiert.

---

[5] Cf. oben S. 71.

Tab. 5.1 Ergebnisse des MFW-Classifiers mit „stylo", 100–3000 MFW, Klassifikationsalgorithmus: Support Vector Machines, 4 *seeds,* insgesamt 120 Experimente

	Autor/in: Text	Fehlklassifikationen absolut	Anteil an allen Experimenten
1.	Unger: Bekenntnisse einer schönen Seele	117	97,5%
2.	Walpole: Otranto	60	50,0%
3.	Clauren: Liebe und Irrtum	54	45,0%
4.	Caroline Fischer: Vierzehn Tage in Paris	18	15,0%
5.	Diderot: Die Nonne	18	15,0%

Das gilt auch für Sophie La Roches *Geschichte des Fräuleins von Sternheim,* in dessen ersten Teil der Herausgeber Wieland inhaltlich und stilistisch stark eingegriffen hat (Becker-Cantarino 2008, S. 55). Und das gilt für Friederike Ungers *Bekenntnisse einer schönen Seele. Von ihr selbst geschrieben,* dessen selbstbewussten Ton die männlichen Schriftstellerkollegen unter der Federführung Goethes der Autorschaft einer Frau partout nicht zubilligen wollten. Weil Wieland den zweiten Teil des *Fräuleins von Sternheim* editorisch deutlich weniger intensiv betreut hat, erschien es uns sinnvoll, beide Teile getrennt in die Klassifikation zu geben, sodass es insgesamt vier Texte sind, die bei allen Versuchen immer nur Teil des Testkorpus waren. Wir haben ansonsten die Aufteilung in Trainings- und Testkorpus in vier verschiedenen *seeds* variiert und die Klassifikation jeweils 30-mal in Hunderterschritten von 100 bis 3000 MFW wiederholt. Insgesamt wurden also im ersten Durchlauf 120 einzelne Experimente durchgeführt.

Tab. 5.1 zeigt die Romane, bei denen am häufigsten irrtümlich eine weibliche oder männliche Autorschaft erkannt worden ist. Der Klassifikationserfolg lag relativ konstant um die 90 % (Mittelwert: 91,3 %, Mean F1: 0,94).[6] Um das einordnen zu können, müssen wir berücksichtigen, dass, wenn wir die kategoriale Variable Gender binär codieren, immer eine 50-prozentige Wahrscheinlichkeit besteht, dass man durch bloßes Raten richtig liegt. Es ist das *improvement over chance,* das die Qualität eines Ergebnisses ausmacht. Unsere Erfolgsrate ist nicht herausragend, aber so ordentlich, dass wir die Fehlklassifikationen interpretieren

---

[6]Wir geben hier den standardisierten Bewertungsmaßen entsprechend zusätzlich noch den mittleren F1-Score für die Experimente an, einen Wert, der *precision* und *recall* kombiniert (cf. Shung 2020). *Precision* sagt uns bei einer Klassifikation, wie präzise unser Algorithmus gearbeitet hat, das heißt, wie viele der einer Klasse zugeordneten Elemente dieser Klasse tatsächlich angehören. Am *recall* können wir die Sensitivität der Klassifikation ablesen. Der Wert gibt an, wie viele der einer Klasse insgesamt angehörenden Elemente unsere Klassifikation hat finden können. Die Kombination beider Werte (F1) hilft uns dabei, die Qualität der automatischen Klassifikation einzuschätzen (He und Ma 2013, 192 f.). Der von uns erreichte Wert von 94 % ist zufriedenstellend.

können. Neben den fünf Spitzenreitern gibt es 14 weitere Texte die bei den 120 Experimenten ein bis (in einem Fall) dreimal falsch zugeordnet worden sind. Dazu gehört Sophie La Roches *Fräulein von Sternheim* mit zwei Fehlklassifikationen, die interessanterweise nicht den ersten, sondern den zweiten Teil des Romans betreffen. Einsam an der Spitze der Top 5 liegen Friederike Ungers *Bekenntnisse einer schönen Seele. Von ihr selbst geschrieben*, die in nahezu jedem Experiment als ‚männlich' erkannt worden sind, während das bei Wobesers *Elisa* kein einziges Mal der Fall war.

Den zweiten Experiment-Durchlauf zur Gender-Klassifikation haben wir nicht mit „stylo", sondern mit dem R-Package „caret" durchgeführt. Datengrundlage waren dabei wiederum die in Hunderterschritten abgearbeiteten Listen von 100 bis 3000 MFW. Auch der Klassifikationsalgorithmus war derselbe, nämlich *Support Vector Machines*. Was uns an „caret" gefällt, ist die Möglichkeit, die *crossvalidation* der Trainingsdaten mit einer anschließenden Aufteilung der Korpustexte in reproduzierbare *seeds* zu verbinden, die ihrerseits jeweils eine bestimmte Zuordnung der Korpustexte zum Trainings- und Testset haben. Über die Funktion *trainControl()* werden zunächst die 80 % der Korpustexte, mit denen wir trainieren, auf eine festzulegende Anzahl von Gruppen verteilt, wobei wir mit zehn Gruppen gearbeitet haben (*k-folds crossvalidation* mit k = 10). Während des Trainingsprozesses wird jede der zehn Gruppen einmal zum Trainingstestset, sodass am Ende mit jedem Text sowohl trainiert als auch getestet worden ist. Dadurch werden die Ergebnisse verlässlicher. In einem weiteren Schritt kommen dann die 20 % der Korpustexte, die wir für die finalen Tests reserviert haben, dazu. Wie im ersten Experiment-Durchlauf haben wir die Korpustexte in vier verschiedenen *seeds* je unterschiedlich zwischen Trainings- und Testkorpus aufgeteilt, wobei unsere vier Romane von besonderem Interesse (*Elisa*, Ungers *Bekenntnisse* und *Sternheim* 1 + 2) immer im Testkorpus blieben. Mit der Funktion *set.seed()* legt man mit „caret" eine transparente Parametereinstellung fest, über die jede Leserin unserer Studie die genau gleiche Mischung herstellen kann. Unser Ergebnis (Tab. 5.2) ist daher transparent und kann jederzeit wiederholt werden.[7]

Der generelle Klassifikationserfolg lag geringfügig unter dem der ersten Versuchsreihe im Mittel bei 89,7 % (Mean F1 0,93). Dem entsprechend verteilen sich die häufigen Fehlklassifikationen auf mehr Texte, wobei Friederike Ungers *Bekenntnisse einer schönen Seele. Von ihr selbst geschrieben* in der neuen Reihe mit noch größerem Abstand die einsame Spitze bilden. Die Verlegerin Unger ist mit zwei weiteren Romanen (*Julchen Grüntal, Albert und Albertine*) unter den häufig der anderen Genderoption zugeschriebenen Texten, und überhaupt fällt auf, dass als ‚männlich' erkannte Autorinnen die Liste dominieren. Friedrich Schlegels *Lucinde*, deren frühromantische Liebes- und Geschlechterkonzeption die feministische Literaturwissenschaft lange beschäftigt hat (Bossinade 2005,

---

[7] Die verwendeten Aufteilungen in Trainings- und Testdaten stehen auch auf GitHub zur Verfügung: https://github.com/thomasweitin/Digitale_Literaturgeschichte/tree/master/corpora/Romankorpus_Classifier.

Tab. 5.2 Ergebnisse des MFW-Classifiers mit „caret", 100–3000 MFW, Klassifikationsalgorithmus: Support Vector Machines, *k-folds crossvalidation* mit k=10, 4 *seeds*, insgesamt 120 Experimente

	Autor/in: Text	Fehlklassifikationen absolut	Anteil an allen Experimenten
1.	Unger: Bekenntnisse einer schönen Seele	118	98,3%
2.	Unger: Albert und Albertine	26	21,7%
3.	Clauren: Liebe und Irrtum	26	21,7%
4.	La Roche: Rosaliens Briefe	23	19,17%
5.	F. Schlegel: Lucinde	21	17,5%
6.	La Roche: Fräulein von Sternheim (2. Teil)	19	15,8%
7.	Unger: Julchen Grüntal	12	10,0%
8.	Hölderlin: Hyperions Jugend	12	10,0%
9.	Caroline Fischer: Vierzehn Tage in Paris	10	8,3%
10.	Ahlefeld: Erna	7	5,7%
11.	Hölderlin: Fragment von Hyperion	6	5,0%

S. 72 f.), gehört zu den erwarteten Werken mit der umgekehrten Fehlerkennung als ‚weiblich'. Sophie La Roche *Fräulein von Sternheim* wird, wiederum mit dem zweiten Teil, jetzt häufiger als männlich erkannt, wobei *Rosaliens Briefe an ihre Freundin Mariane von St*** den Wert noch übertreffen. Von einer Fehlklassifikation der *Elisa* dagegen weiter keine Spur.

Kontrastanalyse als methodische Alternative zu Worthäufigkeiten

Für unsere dritte Versuchsreihe haben wir nach einer Alternative zur automatischen Klassifikation über die häufigsten Wörter gesucht. Fündig wurden wir bei der in „stylo" implementierten „oppose"-Funktion. Dabei wird, der Name der Funktion deutet es an, in einem ersten Schritt ermittelt, welche Wörter in einer Gruppe von Korpustexten im Vergleich mit einer zweiten Gruppe überrepräsentiert sind und welche signifikant weniger gebraucht werden. Wir können damit unserer Fragestellung entsprechend feststellen, welche Wörter Autorinnen im Kontrast zu Autoren bevorzugen und welche sie meiden. Auf der Basis dieser Wortlisten wird dann in einem zweiten Schritt eine Klassifikation durchgeführt, wie wir sie aus den ersten beiden Versuchsreihen kennen.

Um zu verstehen, inwiefern das eine Alternative zum worthäufigkeitsbasierten Ansatz darstellt, lohnt sich ein Blick auf das Kontrastmaß, über welches die Wörter, die den Unterschied zwischen schreibenden Frauen und Männern ausmachen, als Datengrundlage der Klassifikation berechnet werden. Das sogenannte Zeta-Maß wurde ursprünglich ebenfalls von John Burrows vorgeschlagen und hat jüngst durch Christof Schöch und seine Arbeitsgruppe wieder Aufmerksamkeit in der Digitalen Literaturwissenschaft gewonnen (Schöch 2018). Im Zeta-Verfahren werden alle Texte der beiden Textgruppen, die verglichen werden sollen, zunächst gechunkt, also in gleich große Segmente aufgeteilt. Grundlage des Vergleichs ist dann nicht, wie häufig Wörter in den Textsegmenten sind, sondern in vielen Segmenten ein bestimmtes Wort mindestens einmal vorkommt. Zeta ist also ein Maß für die Regelmäßigkeit des Wortgebrauchs und insofern ein guter Indikator für eine ausgewogene digitale Diskursanalyse. Ausdrücke, die in einzelnen Texten ganz besonders häufig sind, können das Ergebnis nicht dominieren.

Die R-Implementierung in „stylo" schreibt jedem Wort einen Zeta-Wert zwischen −0,5 und 0,5 zu. Die Extremwerte der symmetrischen Skala werden erreicht, wenn ein Wort in keinem Segment der einen, aber in allen Segmenten der anderen Textgruppe vorkommt. Sind Wörter genau gleich repräsentativ für beide Gruppen und kommen in gleich vielen Segmenten vor, ist der Zeta-Wert 0. Auf dieser Basis haben wir drei Wortlisten erstellt, einmal mit denjenigen Wörtern, die Autorinnen gegenüber ihren männlichen Kollegen besonders bevorzugen, dann mit denjenigen, die sie meiden, und schließlich eine Liste, die die bevorzugten und gemiedenen Wörter fusioniert. Auf der Basis aller drei Listen wurden dann jeweils Klassifikationen durchgeführt.

Für den gesamten Versuchsaufbau war eine mehrgliedrige Aufteilung des Gesamtkorpus von 141 Texten notwendig. Wir haben die Hälfte der Texte für die Erstellung der Listen der distinktiven Wörter auf der Basis von Zeta, die andere Hälfte dann für die Klassifikation auf der Datengrundlage dieser Listen verwendet. In beiden Verfahrensschritten wurde jeweils mit 80 % des Halbkorpus trainiert und mit den verbleibenden 20 % getestet, wobei für die Listenerstellung mit „oppose" das Trainingskorpus nochmals in ein *primary set* mit Texten nur der Autorinnen und ein *secondary set* mit Texten nur der Autoren aufgeteilt werden musste. Bei der Klassifikation haben wir anschließend wie schon bei den ersten beiden Versuchsreihen vier *seeds* mit je verschiedenen Zuschnitten von Trainings- und Testkorpus verwendet. Es wurden mithin mit drei Listen distinktiver Wörter im Verhältnis der Autorinnen- und der Autorengruppe und vier verschiedenen *seeds* insgesamt 12 automatische Klassifikationen durchgeführt.

Tab. 5.3 zeigt uns sämtliche Fehlklassifikationen dieser Versuchsreihe, die sich nur auf die abschließenden 12 Tests zur Zuordnung nach weiblicher und männlicher Autorschaft beziehen. Die im ersten Schritt durchgeführten Zeta-basierten Tests zur Ermittlung der distinktiven Wörter sind nicht miterfasst. Mit 86,1 % (Mean F1 0.91) liegt der Klassifikationserfolg unter dem der beiden ersten Versuchsreihen, wenn wir die mit allen drei Wortlisten und jeweils vier *seeds* erzielten Ergebnisse betrachten. Allerdings ist es die Klassifikation mit der Liste der Wörter, die Autorinnen deutlich weniger regelmäßig verwenden *(avoided)*, die den Gesamterfolg eklatant schmälert (70 %). Die Klassifikation mit den von Autorinnen häufiger durchgehend verwendeten Wörtern *(preferred)* kommt auf 93,3 %, und wenn wir beide Listen fusionieren und mit allen Wörtern testen, die positiv oder negativ den Unterschied zwischen weiblichem und männlichem Stil ausmachen *(merged)*, erreichen wir gar 95,0 %, das beste Klassifikationsergebnis aller unserer Versuche.

Tab. 5.3 Ergebnisse der Klassifikation auf der Basis dreier Zeta-Wortlisten *(preferred, avoided, merged)*, 4 seeds, insgesamt 12 Experimente

Autor/in: Text	Fehlklassifikationen absolut	Anteil an allen Experimenten
1. Unger: Bekenntnisse einer schönen Seele	9	75,0%
2. La Roche: Fräulein von Sternheim (Teil 1 und 2 jeweils gemeinsam)	4	33,3%
3. Thümmel: Reise in die mittäglichen Provinzen Frankreichs	3	25,0%
4. Hauff: Die Bettlerin vom Ponts des Arts	2	16,6%
5. Christian Fischer: Hannchens Hin und Herzüge	1	8,3%
6. Hölderlin: Hyperions Jugend	1	8,3%
7. Wezel: Belphegor	1	8,3%

Ergebnisse

Inhaltlich finden wir bestätigt, was wir bisher festgestellt haben. Friederike Ungers *Bekenntnisse einer schönen Seele. Von ihr selbst geschrieben* werden mit großem Abstand am häufigsten als ‚männlich' erkannt, während es kein einziges stilometrisches Klassifikationsexperiment gibt, das Wilhelmine von Wobesers *Elisa* männlicher Autorschaft zuordnete. Diese beiden Ergebnisse können als konsolidiert gelten. Für die These, wonach die *Elisa* mit ihrem reaktionär-resignativen Frauenbild nur ein männliches Konstrukt sein kann und von einem Mann geschrieben worden sein muss, findet sich mit den Mitteln der wortstatistischen Analyse nicht die Spur eines Belegs. Eher werden die Zweifel an dieser These, die uns bei der historischen Kontextanalyse zum Fall *Elisa* gekommen sind, bestätigt. Interessant an der letzten Versuchsreihe ist ein Unterschied bei der Klassifikation von Ungers *Bekenntnissen* und La Roches *Fräulein von Sternheim*. Der Unger-Roman wird durchgehend in allen Experimenten als männlich erkannt, die die von Frauen bevorzugten Wörter oder aber die fusionierte Liste aus bevorzugten und eher gemiedenen Wörtern zugrunde legen. Seine Fehlklassifikation findet also dort statt, wo die Trefferquote eigentlich am besten ist, was dieses Ergebnis besonders aussagekräftig macht. Umgekehrt wird La Roches *Fräulein von Sternheim* ausschließlich dann falsch zugeordnet, wenn nur diejenigen Wörter zur Klassifikation verwendet werden, die Frauen meiden und Männer also bevorzugen (Zeta ist symmetrisch). Dieses Ergebnis ist damit weniger verlässlich, was zu der im Vergleich zu Unger wesentlich geringeren Evidenz für männlichen Stil passt, die wir in den beiden ersten Versuchsreihen produziert haben. Das oben erwähnte Ergebnis der Klassifikation mit dem noch undiplomatisierten Korpus, im dem das *Fräulein von Sternheim* mit der höchsten Rate als männlich fehlklassifiziert worden war, kam also wohl nur durch unterschiedliche Modernisierungsstandards in der Orthografie zustande.

La Roches Werk und Wielands Beitrag

Unser jetziges Ergebnis zum *Fräulein von Sternheim* ist vor dem Hintergrund dessen, was über die Entstehung dieses ersten ‚Frauenromans' bekannt ist, auch durchaus bemerkenswert. Es war der Herausgeber Wieland, der mit seiner Vorrede die Rezeption dieses Textes und vieler nachfolgender Werke als ‚von und für Frauen' geschrieben begründete (Becker-Cantarino 1997, S. 396). Wieland las den ersten Teil des Manuskripts der Freundin, langjährigen Briefpartnerin und kurzzeitigen Verlobten, die seinem Schaffen gegenüber die Stelle der Muse vertrat, „immer mit der Feder in der Hand" (zit. nach ibid.). Die als Brief an die vorgeblich von der Publikation überraschte „liebenswürdige() Urheberin" (La Roche 1997, S. 17) konzipierte Herausgeberfiktion hat vor allem ein Ziel. Es muss klargestellt werden, dass es sich hier nicht um das Werk einer „Schriftstellerin() von Profession" (ibid., S. 15) handelt. „Sie, meine Freundin, dachten nie daran, für die Welt zu schreiben, oder ein Werk der Kunst hervorzubringen" (ibid., S. 13). Zu betonen, dass ein Romantext eigentlich nicht für die Veröffentlichung gedacht war, ist eine gängige Authentisierungsstrategie solcher Herausgeberfiktionen. Was Wieland will, geht aber deutlich darüber hinaus. Während La Roche an dem Roman arbeitet und um sein Urteil bittet, schreibt er ihr vom ‚unendlichen Gut' für die Vertreterinnen ihres Geschlechts („un bien infini aux personnes de Votre sex" (Dezember 1769, hier zit. nach Becker-Cantarino 1997, S. 396). Er hält den Roman für nützlich, weil seine tugendhafte und liebreizende Heldin wirkungsstark andere Frauen zur Nachahmung einlädt. Der Nutzen ist also pädagogischer Art, um Kunst handelt es sich nicht. Dem entsprechend hebt Wieland die „Gewohnheit" der Freundin hervor, „weniger auf die Schönheit der Form als auf den Wert des Inhalts aufmerksam zu sein" (La Roche 1997, S. 13). Nahezu in jedem Abschnitt der Vorrede ist von Mängeln und Fehlern des Romans die Rede, die sein Deutsch ebenso beträfen wie die dichterische Komposition und die Charakterisierung der Heldin. Kritik daran, so Wieland großzügig, kann sich aber nur gegen ihn als Herausgeber richten, denn die Freundin ist zwar belesen, aber nicht „gelehrt" (ibid.), professioneller Kritik also gar nicht fähig.

Schon die Zeitgenossen kritisierten den herablassenden Ton der Vorrede, Lenz schrieb eine Satire dazu. Wielands Schulmeisterei fiel auf ihn selbst zurück und konnte den Riesenerfolg des Romans, der die selbständige Schriftstellerkarriere von Sophie La Roche begründete, nicht verhindern. Das Framing als Pädagogik einer künstlerisch nicht ernst zu nehmenden Frau aber wirkte auch bei den Zeitgenossinnen und Zeitgenossen, die sich über Wieland mokierten und das Werk positiv aufnahmen. Merck und Goethe argumentierten in ihrer lobenden Rezension genau wie Wieland: Wer glaube, hier ein „Buch" zu beurteilen, irre sich. Auf die dargestellte „Menschenseele" komme es an und die gehöre nicht „vor das Forum der großen Welt, des Ästhetikers" (La Roche 1997, S. 367). Wieland hatte in seiner Vorrede die Autorin und deren Heldin in ihrer ‚Liebenswürdigkeit' stark miteinander identifiziert. Auch das wirkte unmittelbar, sodass Caroline Flachsland, die La Roche für ein „Geschöpf von Wieland" (Herder und Flachsland

1928, S. 100) hielt, ganz erstaunt war, bei einer persönlichen Begegnung nicht die ‚schöne Seele' des Romans, sondern eine eitel auf ihre Erscheinung bedachte Person zu treffen. Den anderen Empfindsamen um Merck in Darmstadt ging es nicht anders (cf. Leuschner 2010). La Roche, die breit auf Schwäbisch fluchen konnte (Wieland hatte ihren Dialekt oft korrigiert), war nicht weniger karriereorientiert als ihre männlichen Kollegen. Schon während der Hochkonjunktur der Empfindsamkeit war sie diesen vor allem als Verkörperung der ‚Sternheim' willkommen. Alterung und Entwicklung waren in einem solchen Frauenbild nicht vorgesehen. Die Weimarer Klassik verdankte ihrer ‚schönen Seele' den Weiblichkeitstyp, den Goethe später propagierte, die alternde Autodidaktin selbst aber beschrieb Goethe nur noch als „nivellierende Natur", die „zu beliebigem Genuß" schreibe. (zit. nach Becker-Cantarino 1997, S. 391) Wieland, der La Roche die Rolle der empfindsamen Frau aufgenötigt hatte, sprach nunmehr vom „Canzleystil der Empfindsamkeit" (zit. nach Becker-Cantarino 2008, S. 75) und interessierte sich bei einem Besuch seiner langjährigen Freundin in Weimar deutlich mehr für deren Enkelin Sophie Brentano. Als die Klassiker in Weimar selbst angesichts der aufstrebenden Romantik alt auszusehen drohten, hielt man eine Autorin als ‚Großmama la Roche' in putziger Erinnerung, deren vielfältige schriftstellerische Produktivität im reifen Alter über den populären Verlag Gräff in Leipzig ungeheuer erfolgreich war. Diese Texte konnten ohne Widerstand als ‚Trivialliteratur' in die Literaturgeschichte eingehen, weil Wieland von vornherein den Erwartungshorizont im Sinne nützlicher Pädagogik jenseits der Kunst aufgespannt hatte. Dem entsprechend ist dann der Hauptteil des Gesamtwerks von Sophie La Roches für Erich Schmidts *Allgemeine deutsche Biographie* (1883) lediglich „Vielschreiberei" einer „alternden Pädagogin" (zit. nach Becker-Cantarino 1997, S. 392).

Ergebnisse

Nachdem wir uns klargemacht haben, wie bemüht Wieland war, dass La Roche und das *Fräulein von Sternheim* ausschließlich als Frauenliteratur wahrgenommen werden sollten, nimmt sich das Ergebnis unserer automatischen Klassifikation wie ein ironischer Kommentar dazu aus. Unser Computerprogramm kennt keine Genderstereotypen, weil es nicht hermeneutisch lesen kann. Es analysiert auf der Basis unserer Parametereinstellungen, kann aber selbst gar nicht anders als vorurteilsfrei sein.[8] Erwartungen hat es keine, lernt aber an den stilometrischen Trainingsdaten. Wenn im Ergebnis der automatischen wortstatistischen Analyse das *Fräulein von Sternheim* männlicher Autorschaft zugeordnet wird, kommt es

---

[8] Für die hier vorgenommene automatische Klassifikation würde ich das tatsächlich vertreten. Aber Algorithmen per se für vorurteilsfrei zu halten, wäre naiv. Die Debatten über algorithmischen Rassismus etwa beschäftigen die Wissenschaft derzeit sehr (cf. Benjamin 2019; Ledford 2019).

sehr darauf an, diese Fehlklassifikation angemessen einzuordnen. Die Evidenz ist da, aber nicht überragend. In der ersten Versuchsreihe ist sie sehr schwach und betrifft nur den zweiten Teil des Romans, in den Wieland viel weniger editorisch eingegriffen hat. Das gilt auch für die zweite Versuchsreihe, wo es deutlich mehr Fehlklassifikationen gibt. In der dritten Versuchsreihe, deren Klassifikationen nicht auf Worthäufigkeiten, sondern auf der Kontinuität des Wortgebrauchs (Zeta) beruhen, werden bei einem Drittel der Experimente (4 von 12) beide Romanteile gemeinsam als männlich erkannt. Dies geschieht ausschließlich dann, wenn wir die Liste mit den Wörtern zugrunde legen, die Autorinnen eher meiden, während sie bei Autoren überdurchschnittlich oft im regelmäßigen Gebrauch sind. Das scheint auch für den in dieser Hinsicht offenbar untypischen Sprachgebrauch La Roches zu gelten. Dass Wieland ihr ‚männliche Wörter' untergeschoben hat, die nun für die falsche Gender-Zuordnung sorgen, kann man bezweifeln. Unvermeidlich in den Sinn kommt einem aber die Einschätzung einer der besten Kennerinnen des Gesamtwerkes von Sophie La Roche: Barbara Becker-Cantarino erklärt das gespaltene Verhältnis der feministischen Literaturwissenschaft zur berühmtesten Schriftstellerin der zweiten Hälfte des 18. Jahrhunderts u. a. damit, dass sie „sich krampfhaft bemühte, die Gunst des männlichen Lesepublikums und der männlichen Literaten nicht zu verscherzen" (Becker-Cantarino 1997, S. 389).

Bekenntnisse einer schönen Seele – von wem „selbst" geschrieben?

Überwältigend ist die Robustheit des Klassifikationsergebnisses bei den *Bekenntnissen einer schönen Seele. Von ihr selbst geschrieben.* Schon Jannidis/Lauer haben ein abweichendes Cluster-Verhalten dieses Textes festgestellt (Lauer und Jannidis 2014, S. 36 f.). Und wir erinnern uns, dass dieser Roman in unseren Netzwerkmodellen zur Goethezeit zuverlässig abseits der anderen Autorinnen in der Wieland-Gruppe geclustert hatte. In unserer überwachten Versuchsreihe bildet er erneut die große Ausnahme. In fast jedem Experiment der beiden Reihen mit überwachter MFW-Klassifikation wird ihm eine männliche Autorschaft unterstellt. Und auch in der Zeta-basierten Versuchsreihe liegt er mit großem Abstand an der Spitze der Fehleinordnungen nach der Variable Gender. Nur in einem *seed* erfolgte bei allen drei Experimenten keine Fehlklassifikation, wobei zwei davon (auf der Basis der *preferred words* und der *merged*-Liste aus bevorzugten und gemiedenen Wörtern der Autorinnen) einen Zuordnungserfolg von 100 % hatten, was bei allen unseren Versuchen nur diese beiden Male geglückt ist.

Zu welcher Erkenntnis führt uns diese starke stilometrische Evidenz? Dass der Roman von einem Mann stammt? Dass er einen männlichen Stil hat, der auch absichtsvoll von einer Frau verwendet worden sein kann? Der Unterschied zwischen diesen beiden Antworten ist groß, und wir wollen die spannende literarische Kommunikation um dieses Werk und den Text selbst nicht durch eine verengte positivistische Perspektive aus den Augen verlieren. Setzen wir daher zunächst noch einmal bei der historischen Rezeption an, die ganz wesentlich von

Goethes Kritik geprägt worden ist. Goethe besprach die *Bekenntnisse* gemeinsam mit zwei weiteren Romane, von denen einer ebenfalls aus dem Unger'schen Verlagshaus in Berlin stammte: *Melanie das Findelkind*. Beide Romane waren anonym erschienen. Während Goethe im Falle von *Melanie* unumwunden von der „Verfasserin" (Goethe 1806, Sp. 109 f.) spricht (es handelt sich, wie wir heute wissen, um Friederike Unger, der Roman ist aber nicht Teil unseres Korpus), muss er bei der Rezension zu den *Bekenntnissen* zunächst klarstellen, dass dieser Roman von einem Mann stammt. „Hat man das einmal zugegeben, so kann man dem Buche nichts Gutes genug sagen" (ibid., Sp. 105). Goethe ist sich gleich zu Beginn seiner im Vergleich zu der sehr kurzen *Melanie*-Besprechung geradezu ausufernden Kritik der *Bekenntnisse* sehr sicher in der Geschlechterzuordnung. Die Protagonistin ist eine „Männin" und „Jungfrau", deren „strenges […] Wesen" durchaus gefällt, ohne anziehend zu sein – die „Hirngeburt eines verständigen Mannes" (ibid., Sp. 109, 105). Der Punkt ist ihm so wichtig, dass er am Ende der Kritik wiederholt wird.

> Die Hauptfrage, die das Buch behandelt, ist: wie kann ein Frauenzimmer seinen Charakter, seine Individualität, gegen die Umstände, gegen die Umgebung retten? Hier beantwortet ein Mann die Frage durch eine Männin. Ganz anders würde eine geist- und gefühlvolle Frau sie durch ein Weib beantworten lassen. Aber das gegenwärtige Buch ist nun einmal da. (ibid., Sp. 109)

So war es. Das Buch war da und forderte offensichtlich stark zur Einordnung heraus. Goethe ist sich dabei viel sicherer als die heutige Forschung, die zwei Frauen und einen Mann als mögliche Autorinnen oder als Autor für die *Bekenntnisse einer schönen Seele. Von ihr selbst geschrieben* in Erwägung zieht. Neben Friederike Unger sind das Charlotte von Ahlefeld und der Schriftsteller Friedrich Buchholz, ein vertrauter Verlagsmitarbeiter Ungers. Susanne Zantop zufolge geht die Tendenz der Forschung dahin, Unger aufgrund von Stoff- und Stilvergleichen als die Hauptautorin des Romans anzusehen und redaktionelle Eingriffe durch Buchholz für wahrscheinlich zu halten (Zantop 1991, S. 388, 397). Dass Unger die *Bekenntnisse* in ihrer Korrespondenz nie erwähnt und Buchholz sich nach ihrem Tod zu dem Roman bekannt hat, hält Zantop für eine strategische Finte der beiden Vertrauten, um die Aufmerksamkeit der Kontroverse um dieses Werk von der Verlegerin abzulenken. Nach dem plötzlichen Tod ihres Mannes 1804 leitete Friederike Unger den bereits hoch verschuldeten Verlag allein, die *Bekenntnisse* erschienen im Krisenjahr 1806, als nach der Niederlage Preußens in der Schlacht bei Jena und Auerstedt die preußische Ökonomie weitgehend zusammenbrach. Wir wollen die Gelegenheit nutzen, diese voraussetzungsreiche historische These in der Engführung eines zusätzlichen stilometrischen Experiments zu testen, folgen aber zunächst weiter der breiten Spur der Kontroverse selbst, die Goethes Besprechung ganz wesentlich mit ausgelöst hat.

Goethes Rezension: Nicht nachmachen!

Nachdem Goethe geklärt hat, dass der Text von einem männlichen Verfasser stammt, gibt er fast die komplette Handlung des Romans wieder, was dem Interesse des Publikums nicht schaden könne, da das Werk nicht oberflächlich auf die Wirkung der überraschenden Wendung setze, sondern, so wird mehrfach versichert, ‚bedeutende' Darstellungen enthalte. Die Darstellung des Lebens an einem deutschen Provinzhof hält Goethe für ebenso wertvoll wie die Zusammenführung fiktiver und historischer Figuren und das Empfinden historischer Realität durch die Protagonistin. Trotzdem ist er mit der Heldin ganz und gar nicht einverstanden. Goethe versteht schon, der Roman handelt von den Chancen einer Frau auf individuelle Selbstverwirklichung. Vorzuführen, „wie eine Frau jenen Zweck zu erreichen suchen würde, wenn sie männlich gesinnt wäre", findet er als „Idee" auch interessant, sicher aber nicht nachahmenswert für andere Frauen. Der Rezensent empfiehlt den Leserinnen vielmehr, „sich zu überzeugen, daß das Problem auf diese Weise nicht zu lösen ist", und fährt fort:

> Der Vf. [Verfasser], um seine Amazone selbstständig zu erhalten, muss sie ohne Mutter und Vater entspringen lassen. Er kann sie zu allem dem, wozu das Weib von Jugend auf bestimmt ist, nur annähernd, nicht aber darin zum Genuss, nicht zur Thätigkeit, zum Erlangen, zum Leisten hinbringen. Sie ist weder Tochter, noch Schwester, noch Geliebte, noch Gattin, noch Mutter, und so kann man in ihr weder die Hausfrau, noch die Schwiegermutter, noch die Grossmutter voraussehen. (Goethe 1806, Sp. 105f.)

In der Tat kennt Mirabella, die weibliche Ich-Erzählerin der *Bekenntnisse einer schönen Seele. Von ihr selbst geschrieben,* ihre wahrhaften Eltern nicht und wächst bei Pflegeeltern auf. Dies und die unklare Herkunft hat sie mit Friederike Unger gemeinsam. Und in der Tat kann man sich diese Erzählerin, die die mehrwöchige Abwesenheit ihrer Lebenspartnerin Eugenie nutzt, um dem Freund Cäsar in Briefen ihr Leben mitzuteilen, im Unterschied zu Sophie La Roche ganz und gar nicht als ‚Großmama' vorstellen. Dass sich Mirabella „immer an Freundinnen anschliesst" (Goethe 1806, Sp. 106), muss die Leserschaft Goethe zufolge gegen die Heldin einnehmen. Fixiert auf die Idee der Rollenverfehlung, geht er mit keinem Wort auf die Erzählperspektive und den Ton des Briefromans ein, obwohl Anlage und Botschaft klar zusammengehören. Überaus selbstbewusst setzt die Titelheldin dem Freund auseinander, „[w]oher es doch kommen möge, daß Ihre Mirabella, trotz ihrem Alter und ihrer Jungfrauschaft, noch immer ihren Platz in der Gesellschaft behauptet, und sogar ein Gegenstand der Zuneigung und der Achtung bleibt?" (Unger 1991, S. 4) Bereits in der Vorrede wird damit klargemacht, dass diese ehelose, aber beziehungsstarke Heldin die Alternative zu Goethes Entwurf der schönen Seele verkörpert, deren Autobiographie im sechsten Buch von *Wilhelm Meisters Lehrjahre* eine Geschichte der Entsagung und des Rückzugs aus der Gesellschaft in religiöse Innerlichkeit darstellt. Goethe scheint ja die Herausforderung durchaus begriffen zu haben. Schaut man sich an, wie die Autorinnen seiner Zeit über sich und ihre Arbeit kommunizieren, wirkt sein Abwehrmanöver nicht erst aus heutiger Perspektive kleinkariert.

Wer die Anfänge von Goethes *Bekenntnissen* und der *Bekenntnisse einer schönen Seele. Von ihr selbst geschrieben* nebeneinanderhält, kann sofort nachvollziehen, dass der weibliche Bildungsweg, den die Lebenszeugnisse jeweils darstellen, grundverschieden angelegt ist. Das wird gerade über die Ähnlichkeiten deutlich. Beide beginnen mit einer Reflexion der frühesten kindlichen Erinnerung. „Meine Erinnerungen reichen bis zu meinem sechsten Lebensjahre herab" (ibid., S. 11), heißt es zu Beginn der in der Autorschaft strittigen *Bekenntnisse*. Dies, so erfährt man, ist das Jahr, in dem Mirabella zu ihren Pflegeeltern kommt. Was vorher war, sei „durch die neue Lage verdrängt" worden, denn der entwicklungsfähige Mensch werde je „nach seiner Umgebung" (ibid., S. 12) bestimmt: „Eigenen Charakter darf man nur solchen Personen zuschreiben, die sich zu Meistern ihrer Umgebung gemacht haben" (ibid.).

Was Goethe peinlich ist: Weibliches Genie und gleichgeschlechtliche Liebe

Goethes schöne Seele eröffnet ihre Bekenntnisse mit dem Satz: „Bis in mein achtes Jahr war ich ein ganz gesundes Kind, weiß mich aber von dieser Zeit so wenig zu erinnern als von dem Tage meiner Geburt" (Goethe 2000, S. 358). Ein Blutsturz mit anschließender Krankheit wird hier zum ersten erinnerten Ereignis.

> Während des neunmonatlichen Krankenlagers, das ich mit Geduld aushielt, ward, so wie mich dünkt, der Grund zu meiner ganzen Denkart gelegt, indem meinem Geiste die ersten Hülfsmittel gereicht wurden, sich nach seiner eigenen Art zu entwickeln. Ich litt und liebte, das war die eigentliche Gestalt meines Herzens. (ibid.)

Charakter und Entwicklung sind in dieser Urszene vorgezeichnet, Goethe hat sie so konstruiert, dass die namenlose Ich-Erzählerin ihre Krankheit als zweite Geburt im doppelten Sinne erfährt. Sie wird auf eine Identität des geduldigen Leidens festgelegt und erlebt in den neun Monaten, was eine Frau ausmacht. Dass die Rolle als Mutter ihr nach zwei unerfüllten Beziehungen zu Männern verwehrt bleiben wird, kompensiert diese Erzählung durch symbolische Herzensbildung. Jenseits von Mutterschaft bleibt die religiöse Erfüllung, die dieser schönen Seele schließlich in der Herzensreligion des Pietismus aufgeht.

Ganz anders ist die Entwicklung in den konkurrierenden *Bekenntnissen* konzipiert. Hier gibt es keine prägende Urszene, sondern die zu Beginn von der Ich-Erzählerin eröffnete Vorstellung vom Wechselverhältnis zwischen Mensch und Umwelt. Das Individuum wird durch seine Umgebung bestimmt, individuelle Charakterbildung heißt aber auch, sich über die Umstände erheben zu können. Diese doppelt moderne Vorstellung ist ausdrücklich nicht gegendert. In Goethes riesigem Werk entspricht keine einzig weibliche Figur diesem Konzept, weil Handlungssouveränität für Goethe eine männliche Eigenschaft darstellt. Mirabella muss sich dagegen von Beginn an in neuen Umgebungen zurechtfinden. Und die Aufteilung des Romans in drei Bücher entspricht drei grundverschiedenen Handlungsorten und Umgebungen, die den Wechsel und das Zurechtkommen damit zum wichtigen Thema werden lassen (Stephan 2004). Das erste Buch beginnt mit der Erziehung in ländlicher Umgebung bei den Pflegeeltern, die dann mit Mirabella in die Hauptstadt nach Berlin ziehen, um deren Ausbildung abzuschließen. Friederike Ungers Bestseller *Julchen Grüntal* hatte den ausbildungsbedingten Wechsel einer Tochter nach Berlin und den Gegensatz von Land und Stadt als dramatischen familiären und sozialen Konflikt eingeführt. In Berlin verliebt sich Mirabella in Moritz, den Bruder ihrer besten Freundin. Zwischen beiden entsteht ein inniges Einverständnis, als ein von der jungen Frau nicht erwarteter „Nebenbuhler" (Unger 1991, S. 95) auf den Plan tritt. Moritz ist Mirabella sehr zugetan, geradezu überbordend ist jedoch seine Leidenschaft für den preußischen König Friedrich II., der sich zur Zeit der Handlung durch die Schlachten des Siebenjährigen Krieges kämpft. Moritz will unbedingt, wie es mehrfach heißt, „in seine Nähe" (ibid., S. 101) und ist bereit, dafür die Beziehung zu Mirabella ruhen zu lassen, was diese ausdrücklich billigt. Gemeinsam deuten beide den Verzicht als Liebesversprechen. Sie scheiden voneinander, und Moritz erhält den heiß begehrten Zugang zum militärischen Männerkreis um Friedrich. Er wird sein Adjutant und fällt bei der Schlacht um Zorndorf. Goethe lobt in seiner Rezension die Einbindung des historischen Kontextes und dass „die Gefühle der Amazone" angesichts des Verlustes „bedeutend und befriedigend vorgetragen" (Goethe 1806, Sp. 107) seien. Unerwähnt lässt er, dass auch die Gefühle von Moritz zu seinem Idol im Roman deutlich akzentuiert erscheinen, etwa, wenn aus einem seiner Briefe nach Hause wörtlich zitiert wird:

> Über Friedrichs ganzes Wesen ist ein unwiderstehlicher Zauber verbreitet, der eben so sehr aus seinen großen blauen Augen, als von seinen kleinen geschlossenen Lippen spricht. (Unger 1991, S. 108)

Mirabella kehrt nach dem Ende der Beziehung zu Moritz offensiv in die gesellschaftlichen Zirkel zurück, denen sie zuvor verbunden war. Als ihre Freundin die Ehe eingeht, nimmt sie eine Stelle als Gesellschafterin bei der Prinzessin eines kleinen Hofes an und folgt dieser nach deren Vermählung mit dem Erbprinzen eines anderen Hofes an dessen Residenz. Die Ehe ist unglücklich, weil der Prinz die Beziehung zu einer früheren Geliebten weiterführt. Mirabella fällt die Aufgabe zu, gemeinsam mit dem Kammerherrn des Prinzen für eine Annäherung des zukünftigen Fürstenpaares zu sorgen. Mit klugem Einfühlungsvermögen, vorausschauendem Realitätssinn und festem Selbstvertrauen entwirft sie einen Plan, dem ihr nicht gleichermaßen begabtes männliches Gegenüber nicht folgen kann.

> Der große, wenngleich sehr verzeihliche Fehler, den ich beging, bestand darin, daß ich *Verstand* und *Genie* verwechselte. Ich glaubte an dem Kammerherrn einen tüchtigen Gehülfen gefunden zu haben, weil er ein Mann von Verstand war; aber ich bedurfte eines

Mannes von Genie, und davon war, genau genommen, keine Spur in dem Kammerherrn. (Unger 1991, S. 224)

Während Mirabella ihre Prinzessin verstehen und lenken kann, schreckt der Kammerherr davor zurück, seinem Herrn eine Richtung zu geben. Mirabella verspottet seine Feigheit und macht aus ihrer geistigen Überlegenheit kein Geheimnis. Wenn Goethe den Lesern des Romans diese Szene wiedergibt, entsteht absichtsvoll ein anderes, geschlechterstereotypes Bild, das bezüglich der zu regelnden ehelichen Annäherung zwischen der hehren Einstellung der Frau und dem niederen Verständnis des Mannes unterscheidet. Er schreibt zu dem Plan von „Amazone" und „Kammerherr": „Da aber jene eine höhere, dieser eine niedere Ansicht hat, so verstehen sie sich einander nicht" (Goethe 1806, Sp. 108).

Eine Frau, die ihrem männlichen Gegenüber das Genie abspricht und für sich selbst eine entsprechende Urteilsposition beansprucht, ist im literarischen Diskurs der Goethezeit ein Ding der Unmöglichkeit (Heydebrand und Winko 1995, S. 232). Auch und gerade für Goethe selbst. Offensichtlich genügt es nicht, dieser Anmaßung dadurch zu begegnen, dass die Rezension stets nur vom selbstverständlich männlichen Urheber dieser unerhörten Darstellung spricht. Goethe entschärft, was er lesen musste, auch in der Sache und bemüht sich um eine möglichst harmlos scheinende Wiedergabe des Romaninhalts, die den gängigen Rollenerwartungen des Publikums entspricht. Das gilt auch für das dritte Buch der *Bekenntnisse*. Nachdem Mirabella ihre Tätigkeit bei Hofe beendet hat, begibt sie sich mit der auch nach der Geburt eines Kindes unglücklichen Herzogin auf eine lange Reise, die zunächst in die Schweiz, dann nach Italien führt. In Rom besuchen sie die Sixtinische Kapelle, und die Herzogin ist sofort von Raphaels Bildern hingerissen. Die brennende Leidenschaft für den Maler nimmt den Charakter einer persönlichen Liebesbeziehung an.

> So weit eine rein geistige Ehe denkbar ist, vermählte sie sich auf das förmlichste mit ihm. Es war zuletzt nicht der Künstler, es war der Mann, den sie in ihm erblickte, die schaffende Kraft, die sie in ihm anbetete. (Unger 1991, S. 307)

Die überbordende Leidenschaft entfaltet eine jähe Dynamik, und binnen kürzester Frist erleidet die Herzogin beim Vorlesen einer Tragödie einen entsprechend dramatischen Tod. Sie stirbt verklärt wie eins mit Raphael. Mit dem romantischen Motiv des in den Tod führenden sublim-sexuellen Bild-Begehrens bedient sich der Roman einer überaus populären Sequenz, die zudem die verbreitete Vorstellung bedient, dass Frauen Kunst nicht anders als identifikatorisch rezipieren können. Sollte man darin ein Indiz für männliche Autorschaft sehen? Goethes Rezension jedenfalls tut das nicht und gibt die ekstatische Episode wie ein normales Kunsterlebnis wieder.

> Genuss und Betrachtung wechseln ab. Nation, Kunst und besonders Raphael kommen an die Reihe. Die Herzogin kränkelt und stirbt. (Goethe 1806, Sp. 108)

Natürlich hält sich Goethe als Rezensent an die Konvention, nicht jedes Detail der Handlung zu verraten. Allerdings wiederholt sich das Motiv des buchstäblichen Verliebtseins in eine Kunstgestalt am Ende des Romans mit der Protagonistin und Ich-Erzählerin, die enthusiastisch Goethes Trauerspiel *Die natürliche Tochter* liest, sich in „Göthe's Eugenia" geradezu „verliebt" und dadurch selbst an die Raphael-Ekstase erinnert wird (Unger 1991, S. 377, 370). Eugenie ist auch der Name der Frau, mit der Mirabella gemeinsam lebt, die Erzählzeit des Romans über deren Rückkunft erwartend. Goethe erwähnt diesen Zusammenhang mit keinem Wort und schreibt zu der Episode lediglich: „Man […] beschliesst seine Bildung durch deutsche Literatur" (Goethe 1806, Sp. 108).

Ein zusätzlicher Test zu den *Bekenntnissen*

Auf die literaturgeschichtliche Einordnung des provokativen Romans hat Goethes Rezension bis heute großen Einfluss. Mit Recht gibt Susanne Zantop in ihrem Nachwort zur Reprint-Edition gegenüber den Stimmen, die Friederike Helene Unger als die Hauptautorin ansehen (Heuser 1986), auch den Argumenten der älteren Forschung Gewicht, die den Text ganz klar Friedrich Buchholz zugeschrieben hatten (Schäfer 1972, S. 1–45). In Schäfers bibliographischer Studie dient neben dem Eintrag in Eduard Hitzigs *Gelehrtem Berlin* (1825), in dem sich Buchholz selbst den Roman zurechnete, Goethes strikte Festlegung auf einen männlichen Autor als Bestätigung. Zantops Vermutung, dass Buchholz die Autorschaft im Sinne Ungers auch mit der Absicht übernommen haben könnte, die Publizistin angesichts der wirtschaftlichen Schwierigkeiten ihres Verlages aus der Kontroverse um den Roman herauszuhalten, bleibt letztlich ebenso spekulativ wie das von Zantop als wahrscheinlicher eingestufte Szenario, dass er ihren Roman redigiert und sich durch Zusätze angeeignet hat (Zantop 1991, S. 388, 397). Sicher ist das mit Blick auf Buchholz' Tätigkeit als redaktioneller Mitarbeiter bei Unger denkbar. Einen Beleg gibt es dafür jedoch nicht – wie bei so vielen historischen Bestseller-Autorinnen können wir bei Friederike Helene Unger nicht auf einen Nachlass oder gar eine Werkausgabe zurückgreifen. Bei Friedrich Buchholz, auch er ein seinerzeit vielgelesener und beachteter Autor, ist die Lage nur wenig besser.

Für uns war diese Forschungslage Grund genug, drei Werke von Friedrich Buchholz im OCR-Verfahren (siehe oben Anm. 7 in Kap. 3) als Volltext aufzubereiten und für einen speziellen Test in unser Untersuchungskorpus Goethezeit zu integrieren. Nicht zuletzt nach dem Kriterium der Verfügbarkeit entschieden wir uns für *Hermes oder über die Natur der Gesellschaft mit Blicken in die Zukunft* (1810), *Der neue Leviathan* (1805) und den Roman *Bekenntnisse einer Giftmischerin* (1803), dessen Autorschaft ebenfalls nicht zweifelsfrei geklärt ist. Weil der vom Autor selbst verfasste Buchholz-Artikel (Schäfer 1972, S. 2–21) in Hitzigs *Das gelehrte Berlin* den Roman anführt und Zelter ihn in einem Brief an Goethe ebenfalls Buchholz zurechnet, steht dessen Urheberschaft für Schäfer „fest" (ibid.). Interessant ist in jedem Fall, dass auch dieser Roman den Untertitel „von ihr selbst geschrieben" führt und eine Plot-Struktur sowie verschiedene

Motive aufweist, die den *Bekenntnissen einer schönen Seele* ähneln. Es handelt sich um einen negativen Bildungsroman, dessen selbstbewusste weibliche Protagonistin ihre Geschichte von der frühen Kindheit über das Mädchenalter bis zur erwachsenen Frau erzählt. Es ist dies die Geschichte der Entwicklung zur Verbrecherin durch Herkunft, Milieu und äußere Umstände. Bereits der Vater hat sich, wie die Ich-Erzählerin im Laufe der Handlung entdeckt, des Giftmordes an der Liebschaften pflegenden und dem Alkohol verfallenen Mutter schuldig gemacht. Er sieht auf die gesellschaftliche Bildung der Tochter, die indes durch Romane und Theater nicht auf den richtigen Weg geführt wird. Sie lernt bei ihrem Französischlehrer die körperliche Liebe kennen, hat früh eine Abtreibung und wird schließlich vom entlarvten Vater zum Beischlaf gedrängt. Später vergiftet sie erst ihren Ehemann, dann des Geldes wegen eine Tante, schließlich einen räuberischen Geliebten. Nach außen hin kultiviert sie eine tadellose Erscheinung, sodass ihre kaltblütigen Mordtaten und raffinierten Diebstähle ungeahndet bleiben. Im fiktiven Briefrahmen rekapituliert die Heldin ohne Reue die Zwangsläufigkeit ihrer Entwicklung. Sie ist sich ihrer Taten wohl bewusst, wähnt sich im Kampf mit der übrigen Welt, die ihr immer neue Vergehen abverlangt. Trotz dieser Zwanghaftigkeit bleibt die Protagonistin, die in Berliner Intellektuellenkreisen verkehrt und Kant-Seminare besucht, stets auf der Seite der Vernunft.

Was in dieser unerhörten Fallgeschichte Handlungsrahmen ist, die zeitgenössische Gesellschaft in Preußen zwischen der noch gegenwärtigen feudalabsolutistischen Vergangenheit und der Zukunft der staatsbürgerlichen Moderne, hat Buchholz in seinen soziologischen Hauptwerken im Sinne des französischen Positivismus (Saint-Simon, Comte) und der metaphysikkritischen Briten (Bacon, Hume, Adam Smith) wissenschaftlich ausgearbeitet. *Der neue Leviathan* gilt als sein Hauptwerk zum Gesellschaftsvertrag, das in weltgeschichtlicher Perspektive die Ausprägungen in Frankreich, England und der außereuropäischen Welt vergleicht. *Hermes oder über die Natur der Gesellschaft* ist eine historischsystematische Gesellschaftstheorie. Neben der vergleichenden Analyse der gesellschaftlichen Situation in Preußen, die Buchholz als rückständig kritisierte, weshalb er (einige Zeit als Staatsbeamter) die Hardenberg'schen Reformen unterstütze, war die Methodik der Geschichtswissenschaft ein großes Thema für ihn. Angespornt durch die Schwierigkeiten der Geschichtswissenschaft mit der historischen Darstellung der Französischen Revolution, suchte Buchholz anstelle von anthropologischen Modellen oder solchen einer Menschheitsgeschichte als Naturgeschichte nach Formen für eine „Sozialgeschichte als Strukturanalyse von Gesellschaftsformationen" (Garber 2006, S. 66). Er fand es dabei durchaus statthaft, mit narrativen Techniken zu arbeiten, solange sich die erzählte Geschichte zugleich auf entsprechende Strukturen reduzieren ließ (ibid., S. 69). Unter diesen Gesichtspunkten ist auch die Beziehung zwischen dem wissenschaftlichen und dem literarischen Werk dieses Autors aufschlussreich.

Modell 7 zeigt das Ergebnis der Netzwerkanalyse mit dem Goethezeit-Korpus, nachdem wir zu den 121 Texten die drei genannten Werke von Buchholz dazugegeben haben (Abb. 5.1). Wir präsentieren hier nur den Ausschnitt mit dem Umfeld dieser drei. Wie man sieht, erscheinen sie als ein Autorschaftsdreieck, von

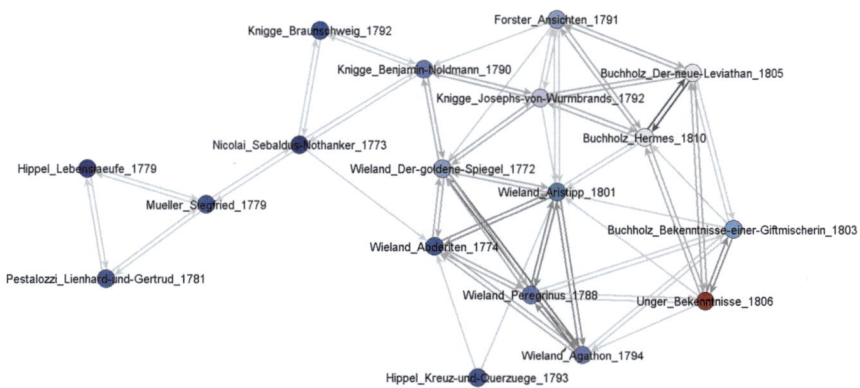

Abb. 5.1 *Simmelian Backbone*-Netzwerk des Goethezeit-Korpus (= Modell 7). Ausschnitt der Komponente, zu der die drei Werke von Friedrich Buchholz sich gruppieren. Cosine Delta, 3000 MFW, 20 % Culling

dem jeder einzelne Text zu den nächsten Nachbarn der *Bekenntnisse einer schönen Seele. Von ihr selbst geschrieben* gehört. Die Verbindungen gehen in beide Richtungen, d. h. die Texte zählen jeweils wechselseitig zur *short list* der sechs ähnlichsten Texte des anderen. Dabei hat sich die Position der *Bekenntnisse,* die wir bislang Friederike Helene Unger zugeschrieben haben, kaum verändert. Sie ist weiterhin, nunmehr mit Buchholz, Teil der Wieland-Gruppe, die auch hier als eigenständige Komponente erscheint. Wenn wir Burrows' Delta als Distanzmaß verwenden, erhalten wir ein ähnliches Ergebnis. Als Teil der Wieland-Komponente sind die fraglichen *Bekenntnisse* hier sogar ausschließlich mit den drei Buchholz-Texten verbunden.

Wir haben weitere Tests mit einem Modell durchgeführt, das bei Fragen der Autorschaftsattribution oft bevorzugt wird. Dabei haben wir nicht mit dem gesamten Goethezeit-Korpus, sondern mit einem viel kleineren Testkorpus gearbeitet. Darin aufgenommen haben wir neben Texten derjenigen Autorinnen und Autoren, die die Forschung als mögliche Kandidaten für die Autorschaft der *Bekenntnisse* diskutiert hat (F.H. Unger, F. Buchholz, C. Ahlefeld), auch jeweils drei Werke von Goethe und Wieland. Schließlich waren Goethes ‚Bekenntnisse einer schönen Seele' aus den *Lehrjahren* derjenige Text, auf den die „von ihr selbst geschriebenen" *Bekenntnisse* reagiert hatten. Und einige Zeitgenossen taten den Eindruck kund, auch dieser Roman sei von Goethe (Zantop 1991, S. 387). Die Relation zu Wieland mit zu betrachten, ist sinnvoll, weil unser Zieltext über alle Parametermanipulationen hinweg stets in der unmittelbaren Nachbarschaft Wielands geblieben ist. Aus Gründen der Verfügbarkeit haben wir von Charlotte Ahlefeld nur zwei Werke berücksichtigt. Mit dem Ziel höherer Genauigkeit wurden sämtliche Korpustexte in Chunks von 10.000 Wörtern aufgeteilt, mit denen dann die Analysen durchgeführt worden sind. Wir haben zunächst auf der Basis von Burrows' und Cosine Delta wie bei den Netzwerkmodellen

Distanzberechnungen durchgeführt, um die stilometrische Ähnlichkeit zwischen den Texten zu ermitteln. Nach dem *nearest neighbor*-Prinzip wurde dann ein iteratives Clustering durchgeführt, bei dem getestet wurde, welche der größten Ähnlichkeiten stabil bleiben, wenn wir die Datengrundlage der berücksichtigten Wörter schrittweise verändern (100–3000 MFW).

Wir haben für diesen sogenannten *consensus tree* die ‚consensus strength' auf 50 % eingestellt, was bedeutet, dass die Ähnlichkeitsbeziehung zwischen zwei Texten dann als stabil angesehen wird, wenn sie in mindestens der Hälfte der 30 einzelnen Cluster ein *nearest neighbor*-Paar bilden. Das Ergebnis ist für Burrows' und Cosine Delta dasselbe und insgesamt sehr eindeutig. Die in der Autorschaft strittigen *Bekenntnisse einer schönen Seele. Von ihr selbst geschrieben* sind Teil des Buchholz-Clusters und weisen besondere Ähnlichkeit mit den *Bekenntnissen einer Giftmischerin* auf. Ansonsten sind alle Autorschaftscluster homogen. Wie in den Netzwerkmodellen erscheinen weder die beiden anderen Romane von Friederike Helene Unger noch jene von Charlotte Ahlefeld in der Nähe unseres Zieltextes. Das stilometrische Modell macht es deutlich wahrscheinlicher, dass Buchholz der Autor war und bestätigt auch die relative Nähe zu Wieland, die in den Netzwerkmodellen so konstant gewesen ist (Abb. 5.2).

Ergebnisse

Mit Blick auf die Erkenntnisse der historischen Forschung bedeutet unser Befund eine zusätzliche Evidenz für die Position von Schäfer, der vehement für die Autorschaft des frühen Soziologen und Unger-Mitarbeiters argumentiert hat. Das stilometrische Ergebnis steht dabei in Einklang mit dem Eindruck, den die Lektüre der Texte hervorruft, wobei man natürlich den bei solchen Eindrücken unvermeidlichen hermeneutischen Rückschaufehler berücksichtigen muss. Nachdem unsere Tests die größten stilometrischen Ähnlichkeiten zwischen den *Bekenntnissen einer schönen Seele. Von ihr selbst geschrieben* und den *Bekenntnissen einer Giftmischerin* ermittelt hatten, war es keine Überraschung, dass uns diese Texte auch beim Lesen ähnlich erschienen. Dies in Rechnung gestellt, lassen sich gleichwohl belastbare Argumente für diese Ähnlichkeiten finden. Beides sind Ich-Erzählungen mit einem fiktiven Briefrahmen, beides sind Bildungsromane mit einer weiblichen, sehr selbstbewussten Protagonistin, die souverän erzählt. Die zeitgenössische Berliner Gesellschaft bildet als Tableau der gesellschaftspolitischen Situation in Preußen für die Bildung beider Heldinnen einen wesentlichen Hintergrund, wozu jeweils auch die patriotisch gefärbte Darstellung des ‚schädlichen Einflusses' des Französischen gehört, die freilich in der negativen Variante der Giftmischerin ungleich drastischer ausfällt. Inhaltliche Parallelen hinsichtlich dessen und der Bildung im zeitgenössischen Berlin gibt es, wie in vielen anderen Bestsellern um 1800, auch in Ungers Bildungsroman *Julchen Grüntal,* der ein französisches Pensionat in Berlin als ein Umfeld beleuchtet, das zur Fehlentwicklung der Protagonistin führt. Stilistisch und erzählperspektivisch ist dieser Roman aber dem Lektüreeindruck nach deutlich von den beiden anderen zu unterscheiden, die

Fünftes Experiment: Automatische Klassifikation nach der Variable Gender

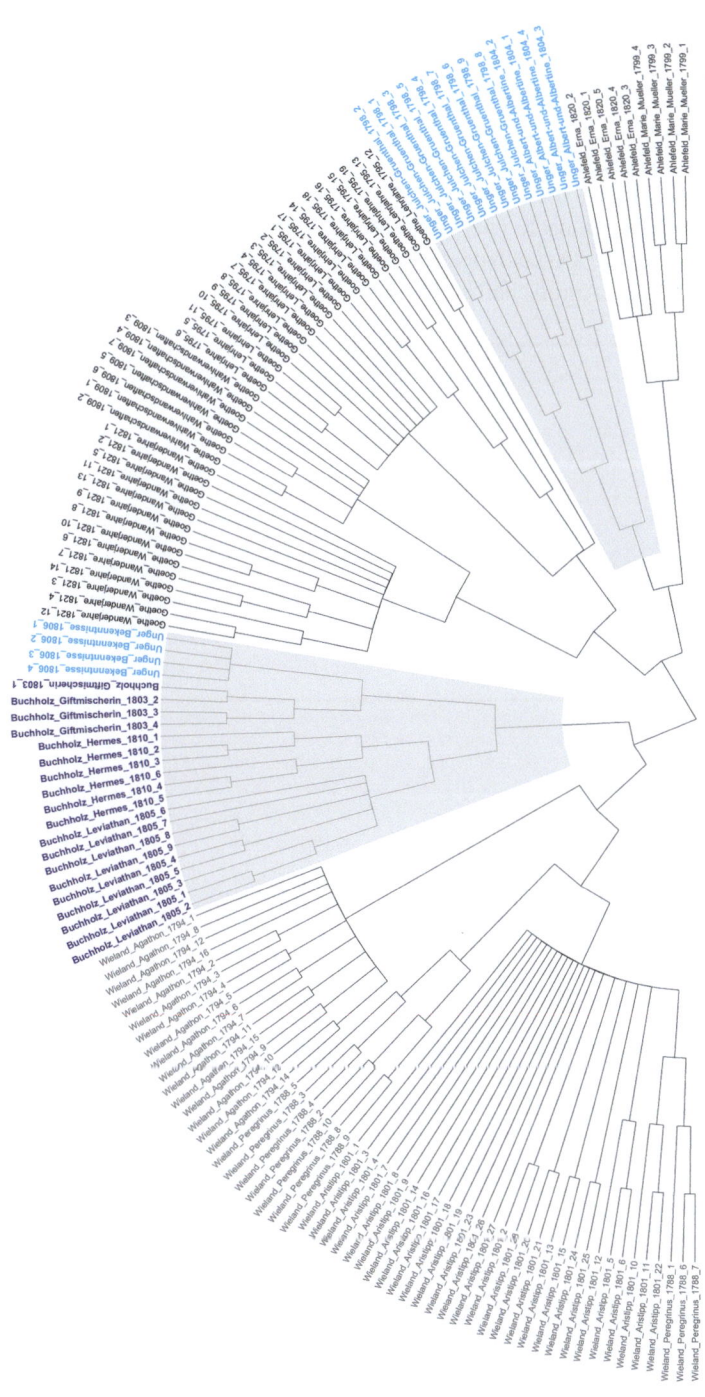

Abb. 5.2 Clustering mit dem Autorschaftstestkorpus für die *Bekenntnisse einer schönen Seele. Von ihr selbst geschrieben* (1806). 100–3000 MFW, Cosine Delta, 20 % Culling, Consensus Strength 0,5

sich innerhalb des Autorschaftsclusters Buchholz auch von den soziologischen Abhandlungen noch einmal abheben.

Unser Ergebnis spricht also dafür, dass Buchholz den *Bekenntnissen einer schönen Seele. Von ihr selbst geschrieben* seinen Schreibstil aufgeprägt hat, womit über den Anteil der Autorin und Verlegerin Unger an diesem Werk nichts Abschließendes gesagt ist. Dass von Zantop favorisierte Szenario einer starken redaktionellen Bearbeitung einer ihm (von Unger) überantworteten stofflichen Vorlage ist nach wie vor denkbar. Über motivische und inhaltliche Intertextualitäten und Diskurszugehörigkeiten lässt sich mit den Mitteln worthäufigkeitsbasierter Autorschaftsattribution nur sehr eingeschränkt Auskunft geben.

Quantitative Semantik 6

In diesem Kapitel beschäftigen wir uns mit einem Bereich der Textanalyse, bei dem die Rollenverteilung zwischen Mensch und Maschine nicht den im Digitalzeitalter oft kultivierten Klischees entspricht. Dem Klischee nach wird der Mensch in seiner Leistungsfähigkeit überall vom Computer übertroffen, weil dieser einfach immer um ein Vielfaches schneller ist und unendlich viel mehr verarbeiten kann. Für Daten stimmt das zweifellos, und im Denken der Informatik sind Texte auch nichts anderes als Daten, mit denen sich etwas schlechter rechnen lässt, solange sie unstrukturiert sind. Für die Geisteswissenschaften liegt der Fall anders, für sie ist es notwendig, neben Daten, die durch Berechnung aus Texten gewonnen werden, und solchen, die den Kontext von Texten beschreiben helfen (Metadaten), auch den Text selbst als Analysegegenstand zu betrachten. Das verstehende Lesen ist dafür nach wie vor eine unverzichtbare Methode.

Was auch Künstliche Intelligenz nicht gut kann: Bedeutung verstehen

Sie umfasst eine Domäne, in der menschliche Leser und Leserinnen den Computern noch immer voraus sein können, weil es hier nicht auf Masse und Geschwindigkeit ankommt. Die moderne Hermeneutik bestand darauf, dass nur der Mensch verstehen kann, weil dazu etwas gehört, „[w]as der Computer nie lernen wird" (Gadamer Vorwort). Gadamer betonte das 1960 im Vorwort zur Neuausgabe von *Wahrheit und Methode* als Dankeschön an denjenigen Mitarbeiter, der von Hand das Register erstellt hatte. Darüber schmunzeln wir heute. Und doch entpuppt sich die Feststellung nicht als borniert oder kurzsichtig. Wenn es um das Verstehen von Texten geht, tut sich der Computer schwer. Dass es sich menschliche Leser und Leserinnen dabei oft zu leichtmachen und allzu rasch mit ihrer Interpretation fertig sind, ist noch einmal ein anderes Thema. Literaturseminare an der Universität zeigen regelmäßig, dass der Mensch zum Verweilen beim Text angehalten werden muss. Dann aber versteht er extrem gut. Der Computer hingegen kann auch in der Domäne des bedeutungsorientierten Textverstehens nichts anderes tun als rechnen. Die rasante Entwicklung der distributionellen Semantik in der Computerlinguistik (Fellbaum 1998; Manning et al. 2008; Turney und Pantel 2010; Luong... 2013) hat gezeigt, wie weit man damit kommen kann, und ohne Zweifel kann zum Beispiel die Ermittlung von semantischen Feldern über das gemeinsame Auftreten von Wörtern (*co-occurrence*) ein zielführendes Hilfsmittel der Korpusanalyse sein, das zum Verstehen des Inhalts großer Textmengen beiträgt. Die synthetisierende Verstehensleistung erbringen dabei aber die Wissenschaftlerinnen und Wissenschaftler, die die entsprechenden quantitativen Methoden anwenden. Und wenn in unserem Alltagsleben Computer immer häufiger anthropomorphe Formen annehmen und mit uns sprechen und interagieren, dann ist die Rechenleistung womöglich so fabelhaft, dass wir das Verstandenwerden wirklich erleben können. Doch auch die beste Künstliche Intelligenz erscheint nur rezeptiv als Verstehen. Ihre Produktivkraft bleibt das Rechnen.

Auf die Theorie kommt es an: Frauen sind keine Dinosaurier

Dies vorausgeschickt, wenden wir uns auf dem eingeschlagenen Weg der quantitativen Perspektiven dem zu, was in der Stilometrie immer nur ansatzweise in den Blick gerät, obwohl Literatur von den meisten Menschen deswegen gelesen wird: den Inhalten und Themen literarischer Texte, ihrer Bedeutungsebene. Wie in den vorangegangenen Kapiteln soll auch die quantitative Semantik nicht als solche vorgestellt, sondern herangezogen werden um zu sehen, welche Ergebnisse sich damit für die uns interessierenden Fragen der Literaturgeschichte erzielen lassen.

Literaturgeschichte kann nicht anders als dadurch entstehen, dass wir das weitaus meiste dessen, was historisch geschrieben und gelesen worden ist, vergessen und nur einen Bruchteil erinnern. Andernfalls wäre das kulturelle Gedächtnis binnen kürzester Frist blockiert (Luhmann 1999, S. 45 f.). Zur Literaturgeschichte als Prozess gehören also Kanon und ‚Great Unread' gleichermaßen. Diesbezüglich können die Geschichtstheorien von Luhmann und Moretti als konsolidiert gelten. Weitgehend jenseits der Reichweite dieser Theorien liegt das Interesse für die Beobachtung, dass dieser Prozess nicht neutral abläuft. Nach vierzig Jahren feministischer Literaturwissenschaft ist mein Buch ganz zweifellos ein Nachzügler, wenn es den *gender bias* des kulturellen Gedächtnisses thematisiert. Und doch ist die Erwartung gerechtfertigt, dass eine digitale, den gesamten literaturgeschichtlichen Prozess umfassende Literaturgeschichte, die mit Korpora arbeitet, welche sowohl den Kanon als auch das ‚Great Unread' einschließen, am Status quo etwas ändern kann.

Sehr aufschlussreich erscheint mir in diesem Zusammenhang Morettis früher Aufsatz „The Slaugtherhouse of Literature" (Moretti 2000). Unter dem martialischen Titel versucht Moretti, Darwins Evolutionstheorie als Erklärung dafür aufzubauen, warum einige wenige Werke der Literatur ihre Zeit überleben, während die breite Masse von der Überlieferung aussortiert wird. Ein Beispiel sind Conan Doyles Detektivgeschichten, die sich in ihrem Feld gegen viele Rivalen durchsetzten und anders als diese bis heute lebendig und berühmt sind. Moretti sucht nach dem „epoch making device" (ibid., S. 215), das dieses *survival* erklären könnte, einer evolutionären Errungenschaft also, die nur doyleartige Texte überleben und kanonisch werden ließ. Am Ende kann diese zentrale Eigenschaft jedoch nicht benannt werden. Das negative Ergebnis führt Moretti das grundsätzliche Problem seines Vorgehens vor Augen: Er kann innerhalb des Kanons immer nur das bestätigt finden, was er sucht, und im ‚Great Unread' dessen Abwesenheit feststellen (ibid., S. 226). Damit aber steht der gesamte Ansatz auf dem Spiel, der sich über das Versprechen plausibilisiert, dass die gemeinsame Betrachtung des kanonischen und nicht-kanonischen Teils der Literaturgeschichte neue Perspektiven eröffnet (ibid., S. 208). Seltsamerweise kommt Moretti nicht auf den Gedanken, seine eigenen theoretischen Prämissen in Gestalt einer neodarwinistischen Literaturgeschichte zu korrigieren. Dabei ist es von vornherein nicht sehr überzeugend, evolutionsbiologische Erklärungen für das Aussterben bestimmter Arten auf das Vergessenwerden künstlerischer Werke und ihrer Schöpferinnen und Schöpfer zu übertragen. Die Digitalisierung, die letztlich die technische Möglichkeitsbedingung des Distant Reading darstellt, spült die vergessenen Texte wieder an die Oberfläche unserer Wahrnehmung. Natürlich ist ihre Ausgabensituation viel schlechter als im Kanon, aber diese Texte sind wirklich wieder verfügbar und brauchen keine paläontologische Rekonstruktion aus Fossilien. Frauen, so könnte man mit Blick auf den *gender bias* des ‚Great Unread' sagen, sind keine Dinosaurier, sondern zu jeder Zeit die Hälfte der Geschichte. Immerhin zeigt Morettis eigenes Unbehagen am tautologischen Darwinismus, wie sehr es in der Digitalen Literaturwissenschaft auf die theoretische Basis ankommt. Es ist absolut nicht gleichgültig, wovon man bei der Anwendung digitaler Methoden ausgeht und wonach man sucht. Moretti steckt das ‚Great Unread' als Suchfeld der Humanities ab, orientiert sich aber mit den Karten des Kanons. Am Ende des programmatischen Artikels bleibt daher das Versprechen „literary history *could be different from what it is*" seltsam leer und die gleichzeitige Feststellung, „[a]nd there are strong reasons for its being what it is" (ibid., S. 226), schreibt den Status quo über ein naturwissenschaftliches Argumentationsmuster fort, dessen Unzulänglichkeiten der Autor zwar sieht, aber weder theoretisch noch methodisch berücksichtigt.

Um richtig verstanden zu werden: Es geht nicht darum, das Verhältnis des kanonischen und nicht-kanonischen Teils der Literaturgeschichte einfach umzukehren. Ein Gegenkanon, wie ihn die Dekonstruktion und der Feminismus in den 1980er Jahren für eine Weile gepflegt haben (cf. Heydebrand und Winko 1995, S. 242–45), kann den methodischen Herausforderungen Digitaler Literaturwissenschaft nicht gerecht werden. Um aber die *Relation* zwischen den überforschten ‚großen Büchern' und den als ‚Frauenliteratur' marginalisierten oder völlig vergessenen Texten wirklich untersuchen zu können, muss man von beiden Seiten ausgehen.

Wie weit trägt, was wir schon wissen?

Die stilometrischen Netzwerkmodelle der vorangegangenen Kapitel hatten den Vorteil, dass wir über sie die Position jedes einzelnen Werkes, aber auch von Gruppen im Kontext literaturgeschichtlich variierter Korpuskontexte beobachten konnten. Wir haben im Korpus zum 18. Jahrhundert eine deutliche Gruppierung der Texte von Autorinnen festgestellt, die aus unterschiedlichen Generationen stammten und unterschiedlichen literarischen Lagern zugerechnet werden können. Im Vergleichskontext der Goethezeit haben wir zunächst Anhaltspunkte dafür gefunden, dass sich der Autorinnen-Cluster in mehrere Gruppen aufteilt, wobei im gesamten Korpus eine entsprechende Diversifizierung zu beobachten war, die wir meinten, literaturgeschichtlich gut erklären zu können. Gleichzeitig haben sich viele Beziehungen unter den Autorinnen, bestimmte Sonderstellungen und Positionen im Verhältnis zu männlichen Autoren als absolut stabil erwiesen. Das gilt auch bei unserem letzten Netzwerkmodell (Modell 6), das auf der Basis von Cosine Delta auch für die Goethezeit einen großen Autorinnen-Cluster zeigt.

Die größte Angriffsfläche bieten wir mit unserer bisherigen Argumentation durch die beschränkte Datenbasis, die wir den Netzwerkmodellen zugrunde gelegt haben. Über alle Parametermanipulationen hinweg waren stets die relativen Worthäufigkeiten der Ausgangspunkt für alle weiterführenden Berechnungen. Schon dass man mit dieser robusten stilometrischen Methode wirklich Stil misst, ist außerhalb der *scientific community,* in der sie als eingeführt gilt, hochumstritten. Und selbst wenn man das als gegeben annimmt, kann der unstrittige Umstand, dass Stil immer nur einen Teil dessen beschreibt, was Texte und ihre Urheberinnen und Urheber ausmacht, nicht ignoriert werden. Das gilt insbesondere für die Schlüsselfrage feministischer Literaturgeschichte, ob und wie Frauen anders schreiben als Männer. Die heute in den Hintergrund getretenen Ansätze einer *écriture féminine* (Cixous et al. 2013; Cahill 2008) kamen darin überein, weibliches Schreiben mit einem Subversionspotential zu assoziieren, das sowohl die sprachliche Form als auch die Inhalte der Darstellung betreffen sollte. Das Konzept weiblichen Schreibens blieb dabei so offen, dass es sich als solches nicht operationalisieren lässt. Dies spricht indes erst einmal ebenso wenig gegen die Theorien auf diesem Feld, wie die Tatsache, dass eine wortstatistische Untersuchungsbasis diese (man könnte sagen: solche) Theorien nie und nimmer einholen kann, ein Argument gegen den Gebrauch dieser (solcher) Methoden in der Literaturanalyse ist. Wie immer in der Wissenschaft, kommt es darauf an, was Denk- und Verfahrensweisen voneinander lernen können und wollen. In der historischen Forschung zu den Autorinnen in unseren Korpora spielt weibliches Schreiben vor allem indirekt eine Rolle, wenn es um die sozialhistorischen Bedingungen geht, unter denen schreibende Frauen überhaupt als Autorin auftreten konnten, also darum, wie Bildung und Erziehung nach stark einschränkenden Rollenbildern sich auswirkten, welche Gattungen ihnen zugänglich waren, wie der männlich gelenkte Literaturmarkt mit ihnen umging usw. Viele Studien konzentrieren sich darauf, wie einzelne Autorinnen Weiblichkeit vor diesem Hintergrund reflektieren und darstellen. Es sind mithin inhaltliche Fragen, die die Forschung vor allem bewegen.

Aus all dem haben wir den Schluss gezogen, unbedingt zu versuchen, auch die Inhaltsebene unserer beiden Untersuchungskorpora zu modellieren, um sie mit unseren bisherigen Beobachtungen vergleichen zu können. Ein erster Schritt in diese Richtung wurde durch Daten möglich, die wir bei der automatischen Klassifikation sämtlicher Korpustexte nach weiblicher und männlicher Autorschaft bereits gewonnen hatten. Bei der Kontrastanalyse mit den männlichen und weiblichen Autoren aus beiden Untersuchungskorpora haben wir diejenigen Wörter ermittelt, die den Unterschied zwischen den Texten der beiden Gruppen ausmachen. Das sind Wörter, die Frauen beim Schreiben bevorzugen und solche, die sie im Vergleich mit Männern meiden. Die entsprechenden Listen dienten uns zunächst nur als Grundlage für ein Klassifikationsexperiment jenseits von Worthäufigkeiten, denn die zugrundeliegenden Zeta-Scores geben nicht an, wie häufig, sondern wie kontinuierlich ein Wort gebraucht wird. Gerade deshalb lohnt es sich, diese Wörter auch selbst anzuschauen.

Auf der linken Seite des Diagramms (Abb. 6.1) stehen die von Autorinnen gemiedenen Wörter. Beginnend mit dem kleinsten (negativsten) Score werden die Zeta-Werte mit der absteigenden Reihenfolge größer. Auf der rechten Seite ist es umgekehrt. Bei den Wörtern, die Autorinnen bevorzugen, steht das Wort mit dem größten (positiven) Zeta-Wert an der Spitze. Weil Zeta symmetrisch ist, finden wir rechts die Wörter, die Autorinnen und links diejenigen, die Autoren besonders regelmäßig einsetzen. Die rechte Seite zeigt ein klar akzentuiertes semantisches Feld, auf dem Emotionen und familiäre Beziehungen dominieren. Interpretativ passt dazu der ‚Brief' als Medium der Mitteilung. Auf der rechten Seite ist der Eindruck weit weniger eindeutig. Anstelle von ‚gott' (*preferred*) hat der ‚teufel' (*avoided*) hier mehr Kontinuität, ebenso das ‚wasser', der ‚mensch' und der ‚leser'. Sollte man aus der Tatsache, dass auch ‚kapitel', ‚werk' und ‚tat' zu den von Autoren bevorzugten Wörtern gehören, schließen, dass sich hier – gegenüber der emotionalen weiblichen – das Künstlertum männlicher Autorschaft ausdrückt? Das wäre absolut voreilig. Den semantischen Zusammenhang auf der linken Seite muss man stark wollen, um die fraglichen Nomen zwischen den sehr zahlreichen Adverbien und Konjunktionen zusammenzusuchen. Auf der rechten Seite ist er viel klarer, aber auch hier sollten wir uns vor zu weitgehenden Interpretationen hüten. ‚Zimmer' kann im zeitgenössischen Erwartungshorizont der Goethezeit die häusliche Sphäre markieren, in der weibliche Figuren und Erzählinstanzen agieren. Das kann auf die Vorstellung eines Rückzugsorts im Sinne der weltfernen Weiblichkeit hinauslaufen, wie sie Goethe selbst geprägt hat. Es kann aber auch gerade gegen dieses Klischee das selbstbewusste Reklamieren eines eigenen Raums bedeuten. Wo im Korpus welche Vorstellung auftritt, können wir allein auf Basis der Zeta-Scores und ohne Kontext nicht sagen.

Auch der dritte Grund zur Vorsicht liegt in unserem Verfahren selbst begründet. Die in Abb. 6.1 gezeigte Kontrastanalyse stammt wie erwähnt aus den Vorarbeiten zu unserem Klassifikationsexperiment. Während wir bei diesem Experiment die Zuordnung der Korpustexte zu den Trainings- und Testdaten in vier verschiedenen *seeds* variiert haben, um die Ergebnisse zu stabilisieren, haben wir das bei der Erstellung der Listen der distinktiven Wörter, die als Grundlage der Klassifikation

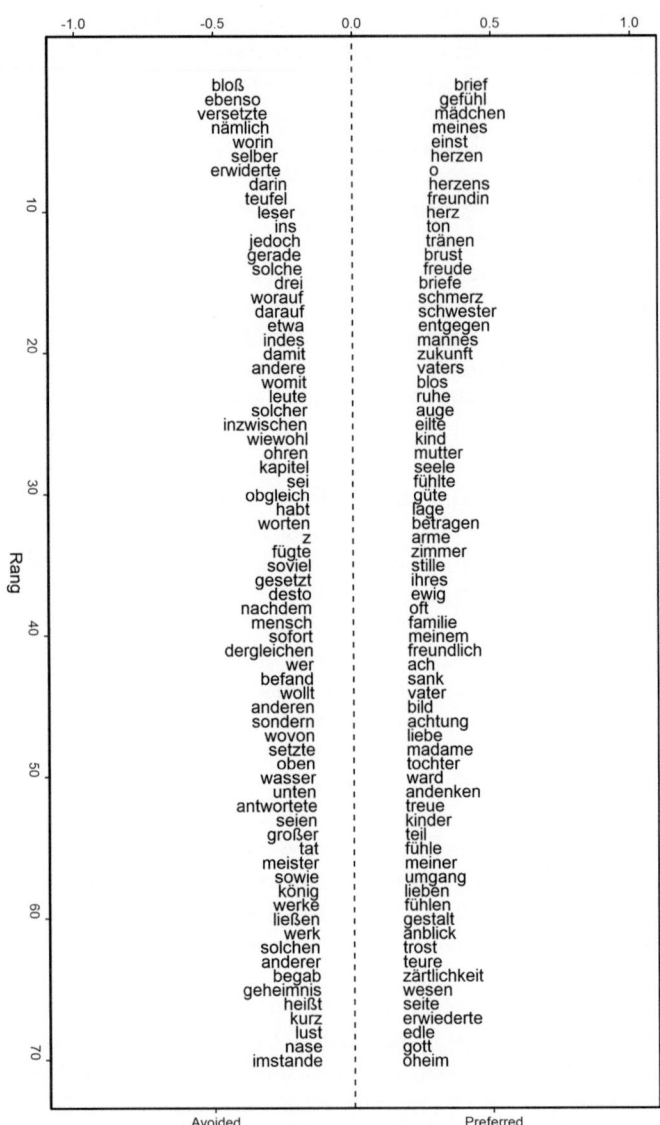

Abb. 6.1 Top 70 Zeta-Scores der Kontrastanalyse mit allen 141 Texten aus den Korpora 18. Jahrhundert und Goethezeit. Die Analyse wurde mit *oppose* (R-Package „stylo") durchgeführt

dienten, nicht getan. Um für diesen ersten Schritt den gleichen Stabilitätsstandard zu erreichen, haben wir ihn wiederholt und dieses Mal das Trainings- und Testkorpus in vier *seeds* verschieden durchgemischt. Wir haben dann geprüft, welche Wörter in allen vier Analysen als diejenigen erscheinen, die Autorinnen meiden bzw. bevorzugen *(intersect)*.

Die Grafik in Abb. 6.1 zeigt nur die 70 Wörter, die in dem einfachen Kontrastexperiment ohne Variation der Zusammensetzung von Trainings- und Testkorpus die niedrigsten bzw. höchsten Zeta-Scores hatten. Die Tab. 6.1 und 6.2 enthalten

Tab. 6.1 Sämtliche Wörter, die in einer Kontrastanalyse mit vier *seeds* jeweils einen Zeta-Score kleiner als − 0,1 aufwiesen, in alphabetischer Reihenfolge

also	bloß	damit	darin	dergleichen	desto
deswegen	drei	ebenso	erwiderte	essen	euch
geheimnis	geld	gesagt	gesetzt	hab	habt
herren	herum	hierauf	indes	ins	inzwischen
jedoch	kopf	kopfe	leib	leser	leute
nämlich	nase	oben	ohren	sagt	sechs
selber	solche	solcher	sondern	stück	teufel
versetzte	wären	wein	wollt	womit	worauf
worin	zwei				

Tab. 6.2 Sämtliche Wörter, die in einer Kontrastanalyse mit vier *seeds* jeweils einen Zeta-Score größer als 0,1 aufwiesen, in alphabetischer Reihenfolge

abreise	ach	anblick	andenken	arme	
aufenthalt	auge	beruhigen	bestimmt	bestimmung	
betragen	bild	blick	blicke	blos	
brief	briefe	dasein	deiner	deines	
drückte	eilte	einander	eindruck	einsamkeit	
einst	entfernung	entgegen	entschluß	entzücken	
erinnerung	erscheinung	erschien	erwiederte	ewig	
familie	fand	fest	fremd	freude	
freundin	fühle	fühlen	fühlte	ganzes	
gedanke	gefühl	gegenwart	geheimniß	geliebte	
geliebten	gemahl	gemüt	geräusch	glaubte	
glück	gott	herz	herzen	herzens	
hülfe	ihres	innern	jedem	jugend	
kampf	kannte	kind	lage	längst	
liebe	liebte	loos	meiner	meines	
mitleid	moment	mußte	mut	mutter	
nachricht	nähe	nein	nie	o	
oft	opfer	pflicht	ruhe	ruhig	
sank	schicksal	schmerz	schmerzlich	schnell	
schonung	schweigend	seele	seit	sinn	
sorge	spät	spur	stille	stillen	
stimme	tagen	teilnahme	ton	tränen	
trennung	treue	treuen	trost	überall	
ueberzeugung	umgang	unmöglich	unwillkührlich	vaters	
verbindung	vergebens	vergessen	verhältniß	verlassen	
vermochte	verüber	wagte	wehmut	weinte	
welchem	welchen	willen	wunsch	wünschte	
wußte	zimmer	züge	zukunft	zustand	

dagegen sämtliche Wörter, die bei allen vier *seeds* des zweiten Experiments unter bzw. über dem definierten Schwellenwert (− 0,1/0,1) lagen. Sofort auffällig ist dabei, dass es deutlich mehr Wörter über dem positiven als unter dem negativen Schwellenwert gibt. Da wir als Basis Subsets der weiblichen und männlichen Autoren gebildet haben, heißt das, die Wörter, die die schreibenden Frauen unseres Korpus bevorzugen, überwiegen bei weitem jene, die sie im Vergleich zu Männern eher meiden. Um auszuschließen, dass dieses Verhältnis nur dadurch zustande kommt, dass unsere Test- und Trainingskorpora mehr Texte von Männern als von Frauen enthalten, haben wir ein weiteres Kontrollexperiment mit gleichen Textanteilen durchgeführt. Auch die Zuordnung zum *primary* oder *secondary set* der Kontrastanalyse wurde umgekehrt. Das Ergebnis veränderte sich dadurch weder in der Proportion noch inhaltlich.

Die derart konsolidierte Kontrastanalyse zeigt an drei Stellen, dass unsere Diplomatisierung des Korpus nicht alle Schreibweisenunterschiede erfasst hat (bloß/blos, erwiderte/erwiederte, geheimnis/geheimniß), wovon wir allerdings auch nicht ausgegangen waren.[1] In der Sache können wir das aufrechterhalten, was wir über den sich abzeichnenden Diskurs in den Texten der Autorinnen gesagt haben. Positive und negative Emotionen sind stark ausgeprägt, familiäre Bande und Liebesbeziehungen offensichtlich. Die kontinuierliche Bedeutung von Briefen scheint ebenso stabil wie die des Zimmers. In einer (allerdings worthäufigkeitsbasierten) Kontraststudie zu impliziten Genderrollen in englischsprachigen fiktionalen Texten von 1780 bis zur Gegenwart hat Ted Underwood jüngst ‚room', ‚felt' und ‚heart' als zentral für die literarische Darstellung weiblicher Charaktere ausgemacht (Underwood 2019, S. 120–122). Dabei hat auch er festgestellt, dass aufseiten der von männlichen Autoren bevorzugten Wörter die Zahl der einschlägig zu interpretierenden Nomen deutlich kleiner ist. Allein angesichts dieser Asymmetrie wird man nicht behaupten können, dass solche Versuche quantitativer Semantik nur Klischees ermitteln (Da 2019, S. 609). Schauen wir auf unsere Ergebnisse, sind von Autoren bevorzugte Wörter (Tab. 6.1) wesentlich schlechter zu interpretieren als jene, die bei Autorinnen kontinuierlich auftreten (Tab. 6.2). Und letztere lassen viele Deutungen zu. Wenn uns ‚opfer', ‚pflicht' und ‚schicksal' in eine bestimmte Richtung denken lassen, eröffnen ‚wunsch', ‚mut' und ‚zukunft' wieder einen neuen Erwartungshorizont. Damit bestätigt sich auch, was das größte Manko der Zeta-Kontrastanalyse ist. Zwar ist sie als Maß für den kontinuierlichen Gebrauch von Wörtern sicher ein aussagekräftigerer Diskursmarker als ein worthäufigkeitsbasierter Ansatz. Es fehlt aber immer noch, was keine sichere Interpretation entbehren kann: Kontext.

---

[1] Dass die regex-basierte Ausmerzung der Schreibweisenunterschiede mit sehr hohen bzw. sehr niedrigen Zeta-Scores andere Unterschiede ‚nachrücken' lässt, mussten wir in Kauf nehmen. Die Argumente gegen eine automatische Normalisierung (cf. oben, Anm. 7, Kap. 3) schienen uns schwerwiegender.

Trade-off: **Kontextsensitivität und Vergleichbarkeit**

Damit sind wir an einen neuralgischen Punkt nicht nur der Digitalen Literaturwissenschaft, sondern der Digital Humanities überhaupt gelangt. Auf die eine oder andere Weise, im kleinen oder großen Maßstab arbeiten alle Methoden zur digitalen Textanalyse quantitativ und stehen daher in einem bis zum Methodenstreit aufgeladenen Spannungsverhältnis zur Mehrheit der etablierten hermeneutischen Ansätze. Die entsprechenden Diskussionen lassen sich bis in die universitäre Gründerzeit von Germanistik und Kulturwissenschaft im 19. Jahrhundert zurückverfolgen, als die ‚ungenauen' Wissenschaften (so Jacob Grimms Rede auf dem ersten Germanistentag 1846 in Frankfurt am Main) ihren Wert gegen die sich abzeichnende Dominanz der Naturwissenschaften behaupten mussten. Die Auseinandersetzung mit empirischen Verfahren und dem Siegeszug der Statistik prägte Angriffslinien und Rückzugsgefechte, die viel mit dem Methodenstreit zu tun haben, den wir heute den Digital Humanities verdanken.

Schon damals gab es einerseits diejenigen, die versuchten, ihre eigene Forschung am Kompass von Naturwissenschaft und Statistik auszurichten, und andererseits jene, die die hermeneutische Identität der Geisteswissenschaften auf die Abwehr dieser Methoden gründeten. Und dann gab es die mit Abstand kleinste Gruppe, die einen dritten Weg verfocht und dafür eintrat, die hermeneutische Analyse einzelner Kunstwerke mit der statistischen Erfassung riesiger Datenmengen in der modernen Massengesellschaft zu kombinieren. Dazu gehörten der schon zitierte Oskar Walzel, dem eine ‚kollektivistische' Literaturgeschichte vorschwebte, und der Historiker Karl Lamprecht, der die Kulturgeschichte vor die Aufgabe stellte, den „Gesamthabitus der Zeit" (Lamprecht 1974, S. 294) zu erfassen. Diese Aufgabe sprengte das alte individualpsychologische Modell der in der Geschichtswissenschaft immer dominant gewesenen politischen Geschichte, das sich an der historischen Größe einzelner, meist männlicher Persönlichkeiten orientierte. Lamprecht schlug stattdessen einen sozialpsychologischen Ansatz mit Querschnittsanalysen in Wirtschafts-, Kunst- und Sprachgeschichte vor, der statistische Auswertungen mit gezielten Einzelanalysen verbinden sollte. Gerade auf der Suche nach Zusammenhängen hielt er die Untersuchung künstlerischer Darstellungen für unverzichtbar. Auch Walzel wollte weg von der in der Literaturwissenschaft seiner Zeit immer noch vorherrschenden individualpsychologischen Vorstellung großer Dichterpersönlichkeiten, die diesen oder jenen Einfluss aufeinander hatten. Er dachte Literaturgeschichte als Geschichte messbarer Formelemente, die historischen Konjunkturzyklen unterlagen. Die russischen Formalisten, die Walzels Werk übersetzten, sahen in ihm einen wichtigen Theoriezeugen. Walzel selbst unterstützte die Zusammenarbeit mit der boomenden Linguistik, warnte aber auch, dass die „niedere Mathematik" bloßer „Prüfung der Wortwahl" nicht der Weg der Literaturwissenschaft sein könne (Walzel 1929, S. 384, 385).

Walzel und Lamprecht waren Außenseiter in ihren Fächern. Heute wirken sie wie Vordenker der methodischen Ausrichtung, die die digitalen Fachwissenschaften in den Humanities brauchen. Es ist inspirierend, sich solcher Vorbilder zu vergewissern, darf aber nicht dazu verleiten, dass wir uns die Aufgaben der Gegenwart allzu einfach vorstellen. *Mixed methods*-Ansätze sind in aller Munde und verlangen gerade deshalb von den Textwissenschaften, die unvermeidlichen Probleme bei der Kombination hermeneutischer und statistischer Verfahren nicht in historischen Analogien zu entschärfen. Der von Martin Müller geprägte Begriff des ‚Scalable Reading' war seinerzeit eine methodische Metapher, die wichtig war, um die unproduktive Frontstellung von Close und Distant Reading zu überwinden. Ich selbst fand den Begriff so schön, dass ich 2015 unter diesem Titel Kolleginnen und Kollegen von beiden Seiten der *digital divide* zu einer kleinen Konferenz eingeladen habe, um gemeinsam zu testen, wohin uns die Metapher führt. Im Ergebnis fanden wir sie hauptsächlich irreführend. Die Vorstellung des skalierbaren Lesens signalisiert, dass man stufenlos zwischen manueller Einzeltext- und maschineller Korpusanalyse hin- und herschalten kann. Weder damals noch seither sind wir auf Arbeiten gestoßen, wo das der Fall ist. Vielmehr erscheint in denjenigen Arbeiten, wo es überhaupt dazu kommt, die Verbindung des analytischen Lesens von Texten mit der computergestützten Analyse von Textdaten immer als besonders heikel und erklärungsbedürftig.

Ulrik Brandes hat mir vor diesem Hintergrund gezeigt, wie man sich das methodische Vorgehen auch anders vorstellen kann. Gemeinsam haben wir ein Projekt unter dem Titel *Reading at Scale*[2] entwickelt, das anstelle der Leitvorstellung des ‚Zoomens' zwischen einzelnen Texten und ganzen Korpora den *trade-off* fokussiert, den jede der beteiligten Analyseebenen mit sich bringt. Am Anfang jeder quantitativen Korpusanalyse steht die Entscheidung für eine bestimmte abstrakte Repräsentation der im Korpus enthaltenen Texte. Gerechnet wird nicht mit den Texten selbst, sondern mit einem numerischen Stellvertreter, der sie vergleichbar macht. Dieses Surrogat als abstrakte Repräsentation zu verstehen, hebt die konzeptionelle Arbeit hervor, jenen ersten Abstraktionsschritt, der häufig übersehen wird (cf. Brandes et al. S. 3 f.). Unseren stilometrischen Netzwerkmodellen liegt die konzeptionelle Entscheidung zugrunde, jeden einzelnen Text aus unseren Korpora durch einen Vektor seiner häufigsten Wörter zu repräsentieren. Was wir dadurch gewinnen, liegt auf der Hand. Wir können alle der so repräsentierten Texte miteinander vergleichen und haben sofort ein Ergebnis. Die eher bescheidene Größe unserer Korpora ist dabei nicht das Limit, wir könnten beliebig viele Romane oder Texte anderer Gattungen oder auch nichtliterarische Texte aus der maßgeblichen Epoche danebenhalten. Im Grunde alles, was wissenschaftlichen Wert für uns hat, was als Vergleich sinnvoll ist und was – das ist in der Praxis die größte Einschränkung – nach den gleichen Standards als digitaler Volltext aufbereitet worden ist.

Die schier grenzenlose Vergleichbarkeit hat aber einen Preis. Wir bezahlen sie mit dem Verlust von Kontext. Die Wortvektoren, die unsere Texte repräsentieren, entstammen einer stilometrischen Distanzberechnung im *bag of words*-Verfahren,

---

[2] Gefördert von der VolkswagenStiftung 2017–2021 unter der Projektnummer A119360.

das keine Zusammenhänge im Satz, im Text oder gar im geläufigen Sinn eines historischen Kontextes berücksichtigt. Allerdings könnten wir leicht mehr Kontext herstellen oder einbeziehen. Das geht auch auf der Basis unserer sehr abstrakten Repräsentation, wenn wir etwa Metadaten zu den Texten nutzen, um Subsets zu bilden und diese zu vergleichen. Ein Gender-Vergleich tut genau das. Viele andere historische Vergleiche wären möglich. Wir könnten unsere Zeta-Vergleichsergebnisse in syntagmatische Kontexte setzen, indem wir eine digitale Konkordanzanalyse durchführen und uns anschauen, in welchen konkreten Satzzusammenhängen die Wörter, die den Unterschied zwischen schreibenden Frauen und Männern ausmachen, tatsächlich auftreten. Diese Möglichkeit bietet sich uns auch bei jeder MFW-Beobachtung.

Die ohne Zweifel größte Kontextsensitivität erreichen wir natürlich überall dort, wo wir in die Lektüre einzelner Korpustexte einsteigen, wie wir das verschiedentlich angedeutet haben. Für einen Reading at Scale-Ansatz kommt es indes darauf an, dass auch dieses kaum je infrage gestellte literaturwissenschaftliche Verfahren nicht jenseits des *trade-off* von Vergleichbarkeit und Kontextsensitivität operiert. Wer sich hermeneutisch in einen Text vertieft, findet viele Zusammenhänge und läuft doch immer Gefahr, Ergebnisse zu produzieren, die nicht gut vergleichbar sind. Die viel beschworene Krise der Germanistik hat nicht unwesentlich damit zu tun. Dabei verfügen wir im Fach über resiliente Techniken und Methoden, die uns nur so selbstverständlich erscheinen, dass wir nicht gewohnt sind, sie als solche zu betrachten. Bei jeder Autorin und jedem Autor kristallisieren sich bestimmte Stellen heraus, die die Forschung für relevanter hält als andere.[3] Je nach Konjunktur können dann bislang unbeachtet gebliebene Passagen in Innovationsschüben erschlossen werden. Die hermeneutische Stellenlektüre ist ebenso ein zuverlässiges Instrument der Kontextverknappung, wie der Apparat von Sekundärliteratur, mit dem Wissenschaftlerinnen und Wissenschaftler in der Regel die Erschließung neuer Forschungsgebiete beginnen, die Möglichkeiten neuer Gedanken moderiert.

Die Schwierigkeiten der hermeneutischen Forschung mit dem ‚Great Unread' liegen daher nicht nur darin, dass dessen schiere Masse individuelle Leserinnen und Leser überfordert, sie sind eklatant, weil die im kanonischen Bereich der Literaturgeschichte zur Verfügung stehenden Instrumentarien fehlen, den endlosen Horizont potentieller Kontexte einzuschränken. Ohne kommentierte Ausgaben kommt keine hinreichende Menge von Sekundärliteratur zustande, die im Konsens bestimmter Stellen und im Dissens über mögliche Alternativen in nachvollziehbaren Schritten Neues entdeckt. Dass nicht jede Kontextverknappung Erkenntnis nachhaltig fördert, zeigt der Begriff ‚Frauenliteratur', durch dessen monothematischen Reduktionismus die überwältigende Mehrheit der Werke von Autorinnen den methodischen Arsenalen unserer Wissenschaft entzogen worden sind.

---

[3] Die Idee verdanke ich Steffen Martus, der im Rahmen des DFG-Schwerpunktprogramms „Computational Literary Studies" die Stellen-Präferenz von Laien und Wissenschaftlern vergleicht.

Während also maschinelle Verfahren zur Textanalyse grundsätzlich darauf angelegt sind, umfassende Vergleichbarkeit mit einem Verlust an Kontext zu bezahlen, gehen manuelle Verfahren von umgekehrten Voraussetzungen aus. Auf beiden Seiten existieren jedoch Methoden, um jeweils mehr Kontext oder mehr Vergleichbarkeit zuzulassen.

Sechstes Experiment: Topic Modeling als Reading at Scale

Topic Modeling gehört zu den Methoden für quantitative Textanalyse, die ihre Basis nicht im Wörterzählen haben. Das erklärt den Erfolg des Verfahrens sowohl in der Korpuslinguistik (Heyer et al., 2018) als auch in den Digital Humanities (Jockers 2013, S. 118–153). Es wird als eine „alternative to the depth-hermeneutic methods" gepriesen, „that also resists the reduction of computational analysis to matters of empirical verification" (Erlin 2017, S. 3). Wer schon einmal einen Vortrag mit Ergebnissen aus dem Topic Modeling gehört hat, dem sind höchstwahrscheinlich Topics gezeigt worden, die inhaltlich einleuchten und interpretierbar sind. Etwas wie in Abb. 6.2.

In unserem Fall ist das Topic mit der Ordnungsnummer 92 eines von insgesamt 100, die wir in dem Modell errechnet haben. Wie wohl jede Literaturwissenschaftlerin und jeden Literaturwissenschaftler sprach uns dieses Topic gleich an, weil es den Tugenddiskurs der Aufklärung und des empfindsamen Romans aus-

Abb. 6.2 Topic N. 92 aus einem Topic Model zum Romankorpus 18. Jahrhundert (86 Texte) mit 100 Topics auf der Basis von 10.000 Iterationen, Chunking in Einheiten von je 500 Wörtern, stopwords removed

zudrücken scheint, der in einem Korpus mit Romanen des 18. Jahrhunderts alles andere als überraschend kommt. Die Größe der Wörter in der Cloud ist nicht nach deren Häufigkeit, sondern nach ihrem Gewicht innerhalb des semantischen Feldes skaliert, das sich hier darstellt. ‚Tugend' ist das wichtigste Wort im Topic, gefolgt von ‚edlen', ‚güte' und ‚herzens'. Das passt alles zu dem Diskurs, den wir hier wittern. Ist so eine Interpretation problematisch? Wir werden gleich die Gelegenheit haben, diese Frage in Verbindung mit der technischen Seite von Topic Modeling zu diskutieren. Bleiben wir zunächst systematisch und grundsätzlich, lautet die Antwort: Es kommt darauf an. Niemand wird ernsthaft bestreiten, dass der nicht unerhebliche, relativ viel Rechnerkapazität fordernde Aufwand für Topic Modeling betrieben wird, um Topics zu erhalten, die uns etwas über den Inhalt des untersuchten Korpus verraten. Folglich suchen wir nach Topics, die Sinn ergeben und die wir interpretieren können. Wichtig ist aber, dass wir den Rest nicht einfach unter den Tisch fallen lassen, jene zahlreichen Topics, die weniger oder keine Aussagekraft besitzen. Natürlich würde ein Vortrag, der diese Topics herausstellt, das Publikum langweilen. Was wir aber tun können, um *cherry picking of evidence* zu vermeiden, ist den Teil des Modells, der für uns Sinn ergibt, innerhalb der Gesamtheit der Daten zu betrachten, die die Topic-Modellierung produziert. Diese statistische Kontextualisierung sollten wir vornehmen, bevor unser literarisches Kontextwissen uns davonträgt und eine vermeintlich sichere Interpretation bestätigt findet.

Technik und Theorie des Topic Modeling

Zuvor aber noch ein paar technische Hinweise zum Verfahren. Topic Modeling setzt ein aufwendiges Preprocessing voraus. Die hochfrequenten Funktionswörter, die bei der stilometrischen Analyse eine große Rolle spielen, müssen für die am Inhalt interessierte quantitative Semantik aussortiert werden. Dazu gibt es für jede Sprache Stoppwortlisten, die jedoch für literarische Korpora immer besonders angepasst werden müssen. Auch Personen- und Ortsnamen, die in literarischen Texten ebenfalls sehr häufig vorkommen, zählen im Topic Modeling als *stopwords,* die es vor dem Beginn des Verfahrens zu entfernen gilt. Wir haben dazu zunächst mithilfe des Stanford CoreNLP toolkits eine *named entity recognition* (NER) durchgeführt. Dabei werden alle Namen und Eigennamen automatisch mit einem entsprechenden *tag* versehen, extrahiert und in einer Liste gesammelt.[4] Diese Liste haben wir mit einer gängigen Stoppwortliste kombiniert und alles zusammen nach unserer historischen Kenntnis händisch ergänzt.

---

[4] Um Fehler zu vermeiden, haben wir diese Namensliste mit einer von der Universität Leipzig erstellten Liste der 10.000 häufigsten Wörter des Deutschen abgeglichen. Wenn beispielsweise das automatische NER „Sturm" als einen Namen erkennt, weil „Herr" davorsteht, die Leipziger Liste aber das Wort „Sturm" führt, bleibt es im Korpus erhalten.

Das Topic Modeling selbst führen wir mit dem R-Zugang zum Java-Tool „mallet" durch, das mit der Dirichlet-Verteilung arbeitet, einer komplizierten Kombination von Wahrscheinlichkeitskalkülen, die jedoch in ihren Grundannahmen und ihrer Vorgehensweise gut beschrieben werden kann (D. Blei, Ng, und Jordan 2003). Unter einem Topic versteht man eine Gruppe von Wörtern, die in Texten wie ein Muster regelmäßig gemeinsam auftreten. Jeder Text in einem Korpus kann daher danach beschrieben werden, welches Gewicht solche Topics in ihm jeweils haben und welches Gewicht dabei welchen Wörtern zukommt (D. M. Blei 2012, S. 77 f.). Beides lässt sich auch als Wahrscheinlichkeit ausdrücken: Dass ein Topic in einem Text wichtig ist, macht es sehr wahrscheinlich, dort darauf zu stoßen. So wie ein Wort, das mit hoher Wahrscheinlichkeit zu einem Topic gehört, dort ein hohes Gewicht hat. Um beide Wahrscheinlichkeiten zu berechnen, braucht der Algorithmus eine große Menge zufälliger Verteilungen aller nach dem *stopword removal* im Korpus verbliebener Wörter über eine vorab festgelegte Zahl von ‚Topic-Hülsen'. Die sich nach und nach stabilisierenden Wortgruppen werden mit dem tatsächlichen Auftreten in den Texten abgeglichen. In unserem Modell haben wir 100 Topics à 100 Wörter als Zielgröße festgelegt und mit 10.000 Iterationen gearbeitet, wobei nicht die Korpustexte selbst, sondern Chunks von je 500 Wörtern als Grundlage dienten. Durch diese kleineren Einheiten lässt sich die Stabilität der Ergebnisse erhöhen (Weitin und Herget 2017, S. 7).

Die theoretischen Modellannahmen, die beim Topic Modeling zugrunde gelegt werden, sind für die historische arbeitende Literaturwissenschaft gut nachvollziehbar. Sie gehen davon aus, dass jeder Einzeltext „durch eine kleine Untermenge von global verfügbaren Themen" charakterisiert werden kann, die „einen zentralen, wenn auch versteckten oder latenten, Parameter bei der Generierung eines Textes darstellen". Diesen „generativen Prozess" soll Topic Modeling „umdrehen" können (Heyer et al., 2018, 354 f.). Wir setzen also mit diesem Verfahren eine gleichermaßen produktionsästhetische und diskursanalytische Perspektive voraus: Damit Autorinnen und Autoren sich beim Schreiben auf bestimmte Themen konzentrieren können, müssen diese gemeinsam mit konkurrierenden Themen in der gesellschaftlichen Kommunikation greifbar sein. Erst die Möglichkeit der Auswahl versetzt die Literatur in die Lage, über bestimmte Themen zu verfügen und sie mit ihren Mitteln zu gestalten.

Der Einsatz von Topic Modeling bei der Analyse von literarischen Texten unterscheidet sich von der Art und Weise, in der das Verfahren in den Sozialwissenschaften verwendet wird. Es ist sicher kein Zufall, dass es dort sehr häufig um die Auswertung der Kommunikation in den Sozialen Medien geht. Die einschlägige Software ist maßgeblich in diesem Kontext entwickelt worden (Jockers 2014, S. 136). Korpora von Facebook-Einträgen oder Twitter-Kommentaren sind in der Regel so riesig, dass hier das *too big to read*-Argument tatsächlich greift und Topics berechnet werden, um einschätzen zu können, wann wo welche Themen wichtig geworden sind. Eine solche Exploration ist bei literarischen Korpora oft unnötig. Auch ich habe nicht jeden der 86 Texte in unserem Roman-Korpus zum 18. Jahrhundert gelesen. Ich kenne den Kanon und habe mich für dieses Buch gezielt in die Werke der Autorinnen eingelesen, die in den stilometrischen Netzwerkmodellen als Gruppe erschienen waren. Trotzdem stehe ich wie jede professionelle Leserin und jeder professionelle Leser in einem bestimmten Erwartungshorizont, in dem sofort bestimmte Topics interpretierbar erscheinen. Wir hätten wahrscheinlich unseren Beruf verfehlt, wenn das anders wäre, aber es kommt gerade deshalb darauf an, vor der darin liegenden *déformation professionnelle* auf der Hut zu sein und dem reichhaltigen historischen Kontext, den wir weder ausblenden können noch wollen, jenen anderen Kontext an die Seite zu stellen, der uns vor voreiligen Schlüssen bewahren kann: den der Daten.

Proliferationsklassen: Autorentopics und Diskurstopics

Bei Topic N. 92, dem eine empfindsame Vorstellung ‚edler Tugend' zugrunde zu liegen scheint, mussten wir in der Arbeitsgruppe unweigerlich an die ‚schöne Seele' denken, wobei wir rasch sahen, dass ‚seele' vom Gewicht des Wortes im Topic her nur auf Position 91 von 100 lag (und deshalb in der Cloud von Abb. 6.2, die nur die 25 gewichtigsten Wörter umfasst, gar nicht zu sehen ist). Warum ‚latten' in dem Kontext eine Rolle spielen sollten, wusste niemand von uns zu sagen. Jedenfalls brachte uns das auf die Idee zu testen, ob dieses Tugend-Topic eher bei Autorinnen oder Autoren auftritt. Das herauszufinden, war nicht schwer, da zu den Daten, die mit dem Topic Modeling ermittelt werden, die Information gehört, welches Gewicht jedes Topic in jedem Korpustext jeweils hat. Und da diese Topic/Text-Wahrscheinlichkeit für alle 100 Topics und jeden der 86 Texte vorliegt, konnten wir den Test auch gleich für das gesamte Korpus durchführen und entsprechende Gender-Subsets bilden. Wir sehen in Abb. 6.3 den Vergleich der Durchschnittswerte für Männer und Frauen.

Das Topic N. 92 gehört zu den wenigen Topics im Korpus, an denen die Autorinnen einen deutlichen Mehranteil haben. Allerdings zeigt uns Abb. 6.3 auch, dass es den umgekehrten Fall praktisch nicht gibt, wo ein ähnlich großer Mehranteil auf der Seite der männlichen Autoren wäre. Das macht stutzig, lässt sich aber aus der Zusammensetzung unseres Korpus erklären. Von den 86 Texten stammen 70 von Autoren und nur 16 von Frauen. Weil es deutlich mehr Texte von Männern im Korpus gibt, liegt dieses Subset näher beim Korpusdurchschnitt, während die wenigen Frauen aus dem gleichen Grund leichter abweichen. Wer das berücksichtigt, kann natürlich trotzdem fragen, ob und inwiefern wir es hier mit einem Indikator für Themen zu tun haben, die Frauen bevorzugen. Schauen wir uns daher neben der Vorstellung ‚edler Tugend' von Topic 92 auch die anderen Topics an, wo ein weiblicher Mehranteil und gleichzeitig ein Gewicht jenseits der 5 % (0,05) vorliegen. Das gilt für die Topics N. 15, N. 42 und N. 100 (Abb. 6.4).

Eine sofortige hermeneutische Interpretation nur der Wörter mit dem größten Gewicht im jeweiligen semantischen Feld liegt uns bei dem Empfindsamkeitstopic N. 42 genau so direkt auf der Zunge wie bei dem Tugend-Topic N. 92. Auch Topic N. 15 lässt sich interpretieren und könnte uns in der Ansicht bestärken,

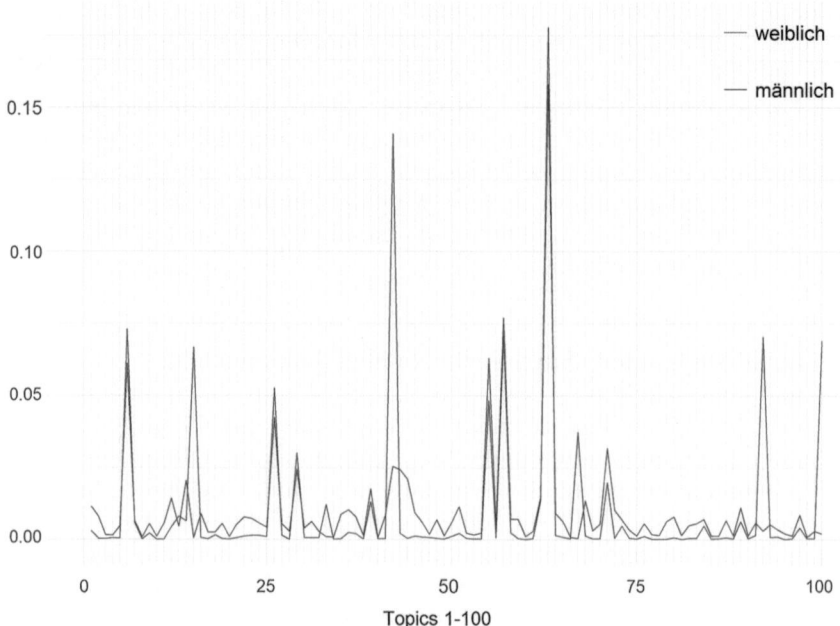

Abb. 6.3 Topic-Gewichte nach Subsets male/female für das Roman-Korpus 18. Jahrhundert

dass wir es hier mit ‚Frauenthemen' zu tun haben. Topic N. 100 ist dagegen ein Grenzfall dessen, was noch sinnvoll zu interpretieren ist. Wir ahnen irgendeine Handlung, aber im Vergleich mit Topic N. 42 ist die semantische Kohärenz verschwindend gering. Natürlich ist diese Art von Einschätzung immer subjektiv und hat viel mit vorhandenem oder nicht vorhandenem Vorwissen und dem daraus gebildeten Erwartungshorizont zu tun. Der entscheidende Unterschied zwischen den gezeigten Topics, der uns an dieser Stelle vor undifferenzierten Fehlschlüssen bewahren kann, liegt aber ohnehin woanders. Um ihn zu realisieren, brauchen wir eine andere Darstellung der Daten. Schauen wir uns an, wie sich die vier vermeintlichen ‚Frauen-Topics' auf die einzelnen Texte im Untersuchungskorpus 18. Jahrhundert verteilen (Abb. 6.5).

In dieser Skalierung sehen wir einen großen Unterschied zwischen den vier fraglichen Topics. Während das empfindsam erscheinende Topic N. 42 breit über das Korpus verteilt ist, geht der vermeintlich hohe Frauenanteil bei den beiden anderen im Wesentlichen auf eine bestimmte Autorin zurück. Die Darstellung von Durchschnittswerten wie in Abb. 6.3 kann leicht täuschen. Die ‚edle Tugend' (N. 92) ist nicht schlicht ein weibliches Thema, sondern sehr wichtig bei Sophie La Roche (Becker-Cantarino 1997). Im Histogramm wird die Dimension ersichtlich, in der das *Fräulein von Sternheim, Rosaliens Briefe an ihre Freundin Mariane von St*** und *Erscheinungen am See Oneida* alle anderen Korpusromane in der Präsenz von Topic N. 92 überragen. Ähnliches gilt für Topic N. 15, das fast ausschließlich in den Briefromanen Marianne Ehrmanns vorkommt (*Amalie*

Sechstes Experiment: Topic Modeling als Reading at Scale

Abb. 6.4 Topic N. 15 und N. 42 und N. 100 aus dem gleichen Topic Model zum Romankorpus 18. Jahrhundert wie Abb. 6.2 und 6.3

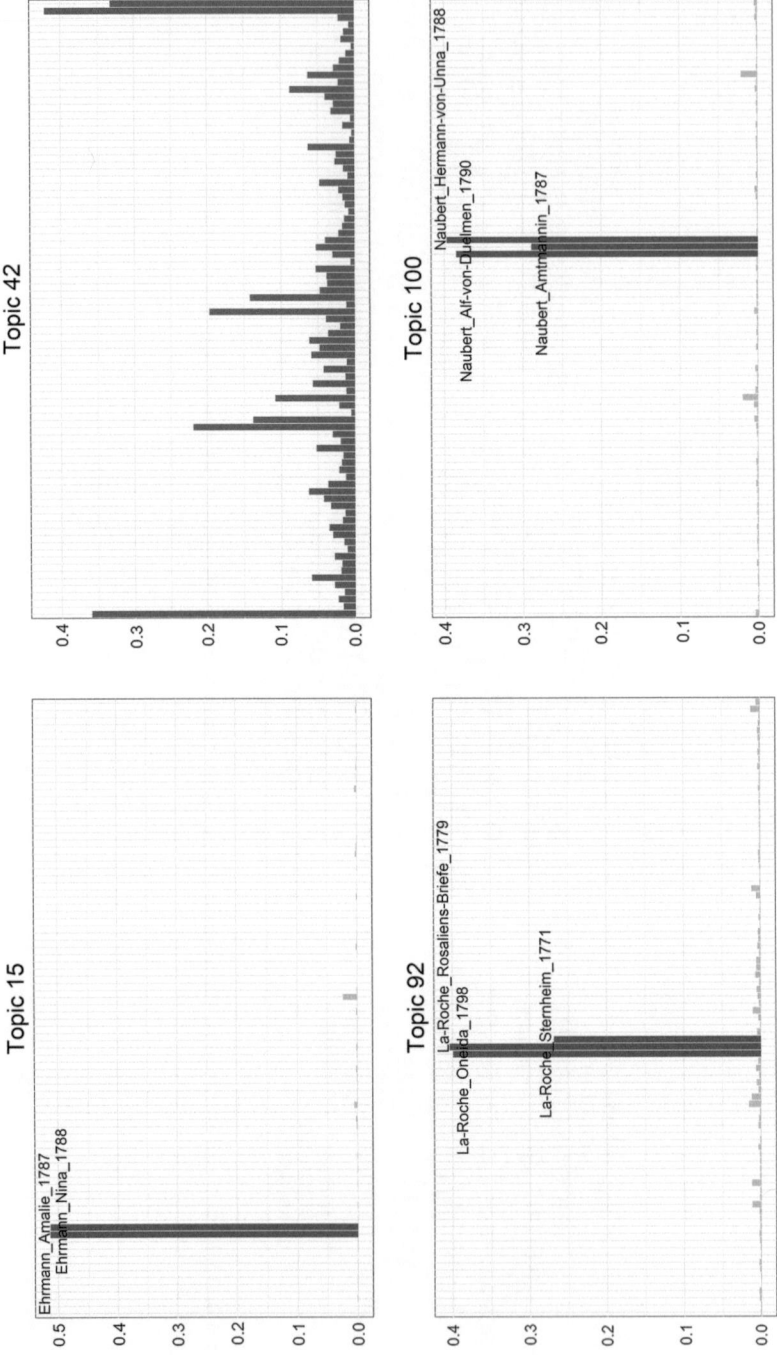

Abb. 6.5 Verteilung des Topic-Gewichts für die Topics N. 15, N. 42, N. 92 und N. 100 im gleichen Topic Model zum Romankorpus 18. Jahrhundert wie Abb. 6.2–6.4

(1787) und *Ninas Briefe an ihren Geliebten* (1788)) und für Topic N. 100, das in gleicher Exklusivität aus den historischen Romanen Benedikte Nauberts stammt (*Hermann von Unna* (1788), *Die Amtmannin von Hohenweiler* (1887), *Alf von Dülmen* (1790)). Da die insgesamt 100 Topics unseres Modells sehr unterschiedliche Gewichte im Korpus haben und sich sehr unterschiedlich über die Texte verteilen, passt sich die Skalierung der Histogramme der einzelnen Topics jeweils an. Um trotzdem gut vergleichen zu können, haben wir für jedes Topic die Summe seiner Gewichte in jedem einzelnen Text als 100 % gesetzt. Dadurch sieht man, dass Sophie La Roche 80 % von Topic N. 92, Marianne Ehrmann 92 % von Topic N. 15 und Benedikte Naubert sogar 96 % von Topic N. 100 auf sich versammelt.

Nach einigen Erfahrungen mit dem Topic Modeling verschiedener literarischer Korpora haben wir uns angewöhnt, Topics in drei Proliferationsklassen einzuteilen und zwischen geringer, mittlerer und hoher Proliferation zu unterscheiden. Im Romankorpus 18. Jahrhundert finden wir im Gebiet von Tugend und Empfindsamkeit eine Reihe weiterer Topics mit sehr geringer Proliferation, die wir anhand der Daten sofort bestimmten Autoren zuordnen können: eine Art Wahrnehmungstopic, das offenbar zu Tieck gehört, ein Tugend-Topic bei Wieland und ein Topic zur Naturempfindung bei Jean Paul (Abb. 6.6).

Interessant ist die Frage, ob wir diese Zuordnung auch ohne das Wissen über die Verteilung der Topics so vorgenommen hätten. Wenn man es weiß, hat man natürlich sofort eine entsprechende Interpretation parat und erkennt das Thema Tugend bei Wieland (Engbers 2001; Dehrmann 2008) und Natur bei Jean Paul (Müller 1983; Esselborn 2004). Schon bei Tieck und dem vermeintlichen Wahrnehmungstopic wird es aber schwieriger. Und womöglich kommt uns der Gedanke an Wieland vor allem durch ‚psyche', die die kundige Leserin sofort als eine seiner Figuren erkennt. Das Wort hätte demnach eigentlich das Preprocessing gar nicht überstehen dürfen und steht da nur, weil es die *named entity recognition* nicht als Name erkannt hat. Natürlich könnten wir uns anstelle der in den Clouds gezeigten 25 Wörter alle 100 ansehen, die das Modell errechnet hat, und würden dabei weitere Belege für unsere Interpretation finden. Auf sicheren Füßen aber steht diese Interpretation der Daten wegen, weil wir durch die Topic/Text-Wahrscheinlichkeiten wissen, dass diese Topics fast ausschließlich in den Romanen der genannten Autoren vorkommen.

Wollen wir Topic Modeling als diskursanalytisches Instrument bei der Untersuchung literarischer Korpora einsetzen, sind solche Autorentopics von untergeordneter Bedeutung. Wir sind dann vor allem an Topics mit einer mittleren und hohen Proliferation im Korpus interessiert und wollen herausfinden, ob sich nach Metadaten-Variablen wie Gender gebildete Subsets dadurch unterscheiden lassen. Von den Topics, die wir uns bislang aus dem Modell zum Romankorpus 18. Jahrhundert angeschaut haben, gehört nur Topic N. 42 zu dieser Gruppe. Schauen wir uns dieses Topic jetzt nochmals an und wählen als Vergleichspartner Topic N. 55, das ebenfalls zum Themengebiet Empfindsamkeit gehört und ähnlich breit im Korpus verteilt ist. Wir betrachten dieses Mal alle hundert Topic-Wörter, die unser Modell berechnet hat (Abb. 6.7).

Auf den ersten Blick überwiegt der Eindruck der Ähnlichkeit zwischen den beiden Empfindsamkeitstopics, deren Gewicht auch ähnlich breit über die einzelnen

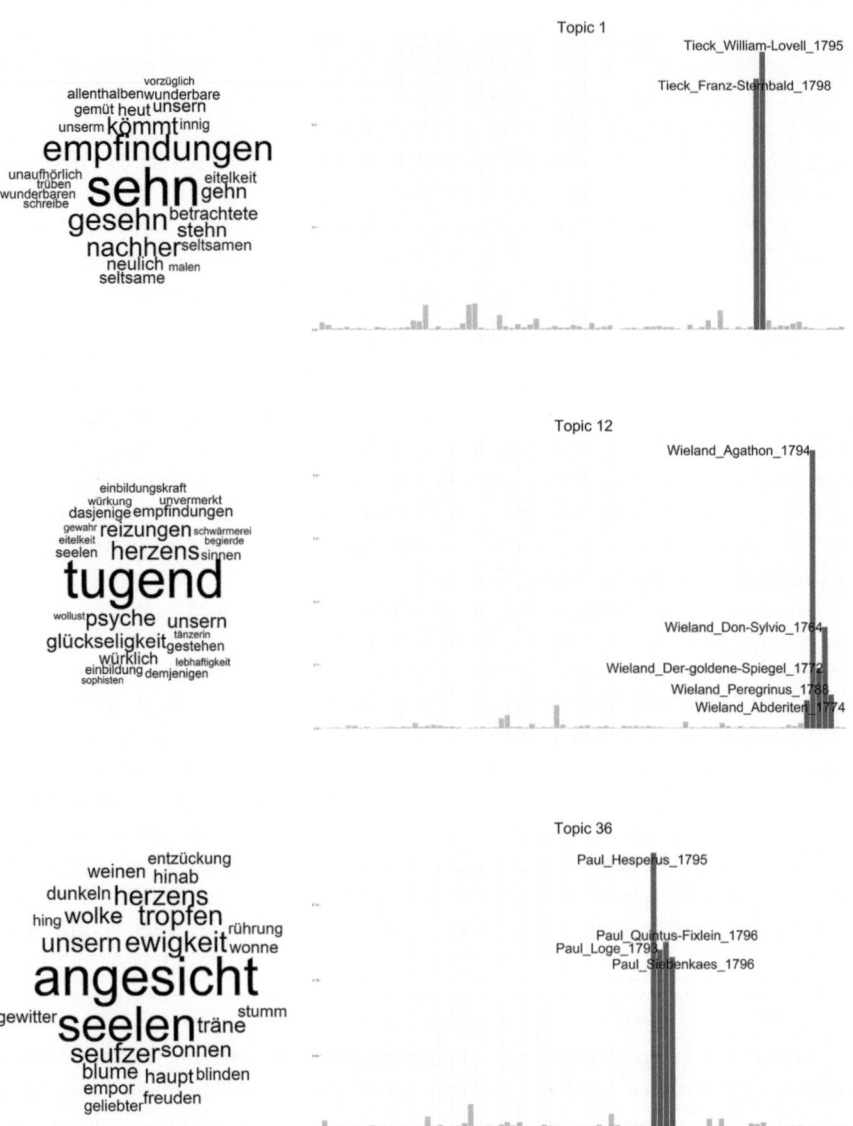

Abb. 6.6 Topic N. 1, N. 12 und N. 36 mit Verteilung der Topic-Gewichte aus dem gleichen Topic Model zum Romankorpus 18. Jahrhundert wie Abb. 6.2–6.5

Texte des Korpus verteilt ist. Was wir beim genaueren Hinsehen entdeckt haben, sollen die rot unterlegten Wörter links deutlich machen. Offensichtlich ist dieses Topic doch ein ganzes Stück ambivalenter als sein thematisch verwandter Nachbar. Die in Topic N. 42 zahlreichen Hinweise auf negative Gemütszustände fehlen in Topic N. 55, wo einzelnen Wörtern für Dunkelheit und Dämmerung keine Begriffe zur Seite stehen, die auch auf eine entsprechende psychische Verfassung verweisen würden. Gerade weil beide Topics ähnlich im Korpus proliferieren, erscheint der

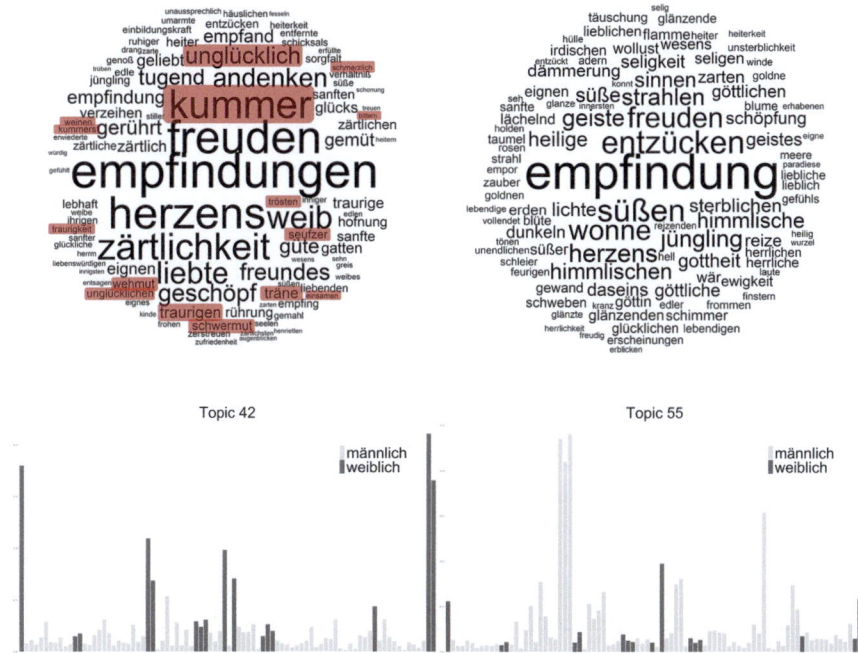

Abb. 6.7 Topic N. 42 und N. 55 mit der Verteilung der Topic-Gewichte aus dem gleichen Topic Model zum Romankorpus 18. Jahrhundert wie Abb. 6.2–6.6

inhaltliche Unterschied signifikant, wenn wir berücksichtigen, dass N. 42 und N. 55 sich auch in ihren jeweiligen Anteilen bei Autorinnen und Autoren deutlich voneinander abheben. Das Empfindsamkeitstopic N. 42, das zwischen Freude und Kummer, Glück und Traurigkeit ambivalent aufgespannt scheint, ist dasjenige mit dem stärksten Übergewicht bei den Frauen, während es bei der harmonischen Empfindsamkeitswonne des Topics N. 55 keine solche eklatante Gender-Differenz gibt (Abb. 6.3). Das Topic N. 55 verwenden Autoren und Autorinnen im Schnitt etwa gleichstark. Insgesamt gibt es im Korpus nach unserem Modell vier Topics zur Empfindsamkeit, wobei die beiden anderen die bereits erwähnten Autorentopics zu Tieck und Jean Paul sind (Abb. 6.6). Das Thema Tugend hat eine fast identische strukturelle Verbreitung. Auch hier finden sich zwei Topics, die sich Autoren zuordnen lassen (La Roche und Wieland – Abb. 6.2, 6.5 und 6.6), und zwei, die proliferieren. Eines davon werden wir uns gleich näher ansehen.

Unterschiede in männlicher und weiblicher Empfindsamkeit?

Selbstverständlich haben wir unser Topic Model mit den gleichen Einstellungen der Parameter auch für unser zweites Untersuchungskorpus berechnet. Wie bei den stilometrischen Analysen wollten wir untersuchen, was sich im Verhältnis der Vergleichszusammenhänge 18. Jahrhundert und Goethezeit ändert. Zwischen beiden Korpora, die 86 bzw. 121 Romane stark sind, besteht ein beträchtlicher *corpus overlap* von 66 Romanen, was aber auch bedeutet, dass fast die Hälfte der Texte neu in den Vergleichsrahmen 1770–1830 eingeht. Die Korpusmanipulation ist auf diese Weise Möglichkeitsbedingung sowohl für Kontinuität als auch für abweichende Beobachtungen.

Ergebnisse

Im Ergebnis konnten wir feststellen, dass die größeren Themengebiete, die sich über mehrere Topics ausprägen, im Umfang und in der einzelnen Ausgestaltung relativ stabil sind. Das heißt, wir finden die entsprechenden Topics aus dem Topic-Modell zum 18. Jahrhundert im Goethezeit-Modell wieder. Natürlich wiederholt sich auf der Basis des neuen Korpus kein Topic ganz so, wie es war. In den meisten Fällen konnten wir die Übereinstimmung aber mit bloßem Auge erkennen. Wo wir uns unsicher waren, haben wir die Übereinstimmungen zwischen den 100 Topic-Wörtern über *intersect*-Analysen berechnet. Mit je vier Topics erwiesen sich dabei neben Tugend und Empfindsamkeit die Themen ‚Adel und absolutistische Herrschaft' sowie Religion als kontinuierlich stark vertreten, wobei sich Religion und Empfindsamkeit im Vergleichszusammenhang Goethezeit jeweils noch um ein fünftes Topic erweiterten.

Die beiden gerade besprochenen Empfindsamkeitstopics reproduzieren sich mit dem Goethezeit-Korpus, wobei auch die Gender-Differenz erhalten bleibt. Nach wie vor ist, was auf ambivalente psychische Stimmungen der Empfindsamkeit schließen lässt, überwiegend ein Topic der Autorinnen, während die Semantik wohliger Gefühlsharmonie bei den Autoren nur leicht überwiegt. Interessant ist in diesem Zusammenhang, dass das mit dem Goethezeit-Korpus neu formierte, fünfte Empfindsamkeitstopic, in dem ‚Gemüt' das Wort mit dem größten Gewicht darstellt, wiederum einen starken Mehranteil bei den Autorinnen hat (Abb. 6.8).

Wir sehen im Boxplot als waagerechte Linien jeweils den Median, der gegenüber Ausreißern unempfindlicher ist als das arithmetische Mittel und sich daher für einen Vergleich gerade unterschiedlich großer Subsets besser eignet. Die Darstellung zeigt auch alle Einzelwerte, also das Gewicht, das Topic N. 59 in jedem Einzeltext hat. Die Box umfasst vom Median aus gesehen jeweils einen Quadranten, d. h. das Viertel der nächstgelegenen Werte nach oben und unten.

Negativer Tugend-Diskurs

Zu unserer Beobachtung, dass ein Teil der Empfindsamkeitstopics stärker von ambivalenten emotionalen Zuständen handelt, gehört eine entsprechende Feststellung bei den Tugendtopics, die uns im diachronen Vergleich der Topic Models für die Korpora zum 18. Jahrhundert und zur Goethezeit beschäftigt hat. Während sich die autorenspezifischen Tugendtopics vor allem im Fall von Sophie La Roche (N. 92 – Abb. 6.2) einem durchweg positiven Konzept von Tugend zuordnen ließen, sodass uns nicht zufällig die Interpretation als ‚schöne Seele' in den

Sechstes Experiment: Topic Modeling als Reading at Scale

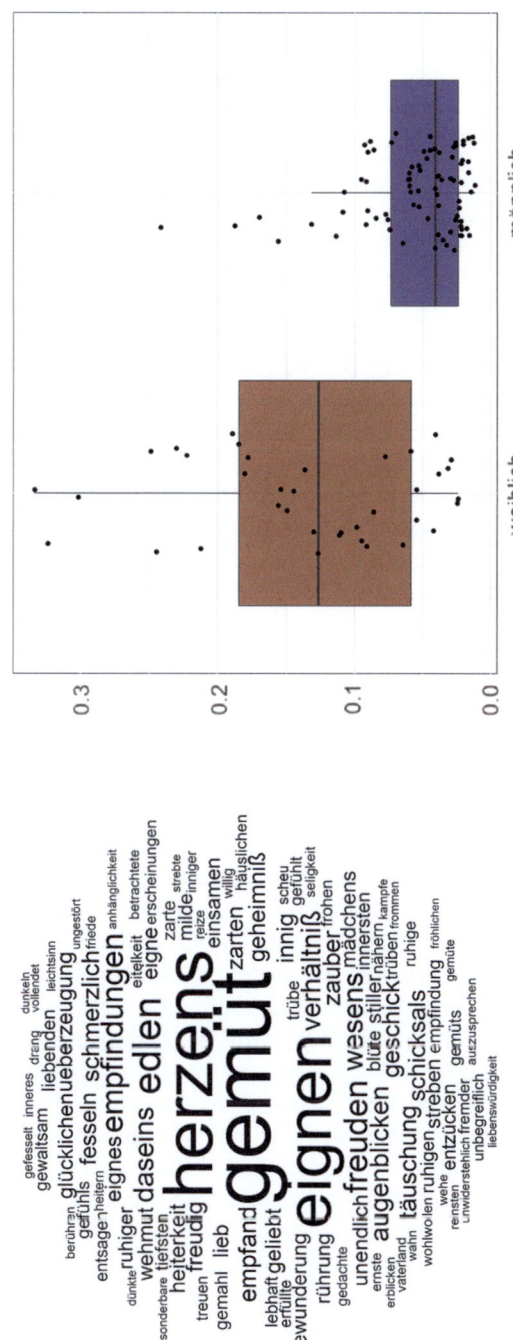

Abb. 6.8 Topic N. 59 mit der Verteilung der Topic-Gewichte aus dem Topic Model zum Romankorpus Goethezeit (1770–1830)

Sinn gekommen war, fiel uns bei einem der beiden anderen, die breit im Korpus proliferieren, die sehr negative Ausrichtung auf, die auch in der reproduzierten Variante des Topics im Goethezeit-Korpus frappierend ist (Abb. 6.9).

Bei einer ersten Durchsicht der 100 Topics des Goethezeit-Korpus hatten wir das reproduzierte negative Tugendtopic rechts zunächst übersehen, weil ‚tugend' als das zentrale Wort mit dem höchsten Gewicht darin nicht mehr vorkommt. Tatsächlich aber stimmen beide Topics in 66 von 100 Wörtern überein. Dass es zu Verschiebungen der Begriffe in den semantischen Feldern kommt, ist bei einer Korpusmanipulation, wie wir sie hier vorgenommen haben, normal. Im Grunde werden die Korpora manipuliert, um solche Verschiebungen zu beobachten. Wenn wir die Romane vor 1770 entfernen und das Korpus stattdessen um Romane der Zeitspanne 1800–1830 ergänzen, dann um zu überprüfen, wo die Gemeinsamkeiten und Unterschiede zwischen den Topics zum 18. Jahrhundert und zur Goethezeit liegen. Die Frage ist, inwieweit wir die Veränderungen als Verschiebungen im Diskurs der Epochen interpretieren können. Während ‚tugend' aus dem Topic verschwindet, gewinnen ‚weib' und ‚verachtung' sowohl im Gewicht als auch in der Zahl korrespondierender Flexionsformen an Bedeutung. Die Gesamtbedeutung des Topics und seine semantische Kohärenz bleiben dabei gleich. Natürlich ist die Versuchung groß, das entsprechend zu interpretieren. Dabei müssen jedoch unbedingt zwei Dinge beachtet werden.

Semantische Latenz: Topic Modeling und Kookkurrenzanalyse

Obwohl von der Sache her ähnlich, beruht Topic Modeling auf anderen methodischen Grundlagen als die Kookkurrenzanalyse. Die Kookkurrenz zweier Wörter bedeutet immer, dass eine unmittelbare syntagmatische Nachbarschaft zwischen ihnen besteht („You shall know a word by the company it keeps", (Firth 1957, S. 11; cf. Bartsch 2004)). Die Substanz der Kookkurrenzanalyse ist der hermeneutische Stellenvergleich, den die Korpusanalyse bei sehr vielen Fundstellen sinnvollerweise statistisch bewältigt. Der probabilistische Ansatz des Topic Modeling ermittelt dagegen, wie *wahrscheinlich* es ist, dass zwei Wörter gemeinsam auftreten, was nicht notwendig heißt, dass sie an vielen Stellen auch ein und dasselbe Syntagma teilen. Häufig wird das nicht der Fall sein, aber nach 10.000 Zufallsverteilungen etabliert sich trotzdem ein semantisch kohärentes Topic, dem beide angehören. Dass ‚weib' und ‚verachtung' in Topic N. 21 des Topic Models zum Goethezeit-Korpus beide ein im Vergleich zum Untersuchungskorpus 18. Jahrhundert höheres Gewicht haben, bedeutet daher nicht, dass wir es mit einem syntagmatischen Zusammenhang im Sinn der zunehmenden Verachtung des Weibes zu tun haben. Das Misstrauen mancher Linguisten und Linguistinnen gegenüber dem Topic Modeling resultiert aus der fehlenden Reduktionsmöglichkeit, wohingegen die Anhänger des Verfahrens den Preis des Wahrscheinlichkeitskalküls gern bezahlen, weil damit latente semantische Muster ermittelt werden können. Wichtig ist festzuhalten, dass Topic Models keine *black boxes* sind, denn

Sechstes Experiment: Topic Modeling als Reading at Scale

Abb. 6.9 Topic N. 26 aus dem Topic Model zum Romankorpus 18. Jahrhundert (86 Texte) und Topic N. 21 zum Romankorpus Goethezeit (121 Texte). Corpus overlap: 66 Texte

für jedes einzelne Topic-Wort können wir uns natürlich eine Konkordanz ausgeben lassen, die uns dessen unmittelbaren Zusammenhang im Text vor Augen führt.

Das Problem der Stabilität

Wenn wir Topics und insbesondere Verschiebungen innerhalb von Topics durch unterschiedliche Korpuszusammensetzungen für eine historische Diskursanalyse nutzen wollen, müssen wir auf die Stabilität der von uns berechneten Modelle achten. Kontinuität und Veränderung von Topics im Verhältnis unserer Untersuchungskorpora zum 18. Jahrhundert und zur Goethezeit zu beobachten, kann literaturhistorisch aufschlussreich sein. Die Stabilität, um die es geht, betrifft jedoch nicht den diachronen Vergleich zwischen den Korpora, sondern das jeweilige Modell als solches. Noch immer präsentieren die meisten Arbeiten zum Topic Modeling ihre Ergebnisse wie definitive Resultate (Kherwa und Bansal 2019, S. 12), ohne zu diskutieren, ob und wie sie sich bei einem wiederholten Durchlauf des Modells verändern. Das Stabilitätsproblem ist der Elefant im Raum unserer vielversprechenden Methode zur quantitativen Semantik.

Kontrollmodelle sind nötig

Wir haben daher für unsere beiden Topic Models zum Romankorpus 18. Jahrhundert und zum Romankorpus Goethezeit je ein Kontrollmodell erstellt. In einem zweiten Schritt haben wir dann für jedes Topic in den Ausgangsmodellen dasjenige Topic in den Kontrollmodellen ermittelt, das die meisten Wort-Übereinstimmungen aufweist, und die Ergebnisse zur Kontrolle nach Ähnlichkeit geclustert.[5] Yang et al. (2016) hatten eine ähnliche Berechnung als mögliches Verfahren zur Verbesserung der Stabilität im Topic Modeling vorgeschlagen. Als wir die Ergebnisse sahen, wurde uns schlagartig klar, warum die meisten Studien das Problem unter den Teppich kehren. Für das 18. Jahrhundert-Korpus ergab sich im Vergleich mit dem Kontrollmodell eine Stabilität von 24 %, bei dem Goethezeit-Korpus stimmten gar nur 21 % der Topic-Wörter überein. Die Werte schienen ernüchternd, und wir fragten uns, ob unsere Ergebnisse dann überhaupt interpretierbar sind. Nach

---

[5] Über eine Schleife werden alle der jeweils 100 Topics miteinander verglichen, indem Topic für Topic (t) nach der größtmöglichen Überlappung zwischen den Topic-Wörtern von Modell 1 (M) mit jenen von Modell 2 (M') gesucht wird. Wenn einem Topic aus Modell 1 bereits eines aus Modell 2 zugeordnet oder ein Topic aus Modell 2 schon an ein anderes aus Modell 1 ‚vergeben' ist, wird überprüft, mit welchem Ähnlichkeitskonkurrenten jeweils tatsächlich die meisten Überlappungen bestehen. Addiert man sämtliche Überlappungen und teilt diese durch das Produkt aus der Gesamtzahl der Topics (K) und der Anzahl der Topic-Wörter (N), erhält man einen Wert für die *topic keywords stability* (S_k). Die Multiplikation mit 100 zeigt uns, welcher Anteil der Topic-Wörter stabil ist:

$$S_k = \frac{\sum_t^K |\max M \cap M'|}{K * N} * 100$$

genauer Durchsicht reifte indes die Überzeugung, dass uns gerade das stabilitätsorientierte Einbeziehen von Kontrollmodellen in die Lage versetzt, unsere Ergebnisse differenziert zu betrachten. Wenn wir einerseits den Kontext der Daten brauchen, um hermeneutische Schnellschüsse bei der Interpretation von Topics zu vermeiden, so hilft uns auf der anderen Seite unser hermeneutisches Geschick, statistische Werte nicht isoliert, sondern im Kontext der textuellen und sprachlichen Artefakte zu begreifen, aus denen sie entstanden sind. Die genannten Stabilitätswerte der beiden Untersuchungsmodelle geben die durchschnittliche Wortübereinstimmung ihrer je 100 Topics mit den 100 Topics der beiden Kontrollmodelle an. Einige Topics, die nur in einem oder ganz wenigen Texten vorkommen, erreichen viel höhere Werte; das Gleiche gilt für Topics, die breit verteilt sind, ohne auf irgendeine Art thematisch zu sein.[6] Unsere beiden negativen Tugendtopics aus Abb. 6.9 liegen in der Stabilität nur leicht über dem Schnitt. Trotzdem hatten wir keine Schwierigkeiten, die ihnen von der Stabilitätsberechnung zugeordneten Topics aus den Kontrollmodellen (Abb. 6.10) zum gleichen semantischen Feld zu zählen.

Wir sehen in Abb. 6.10, dass bei den zur Kontrolle aus beiden Untersuchungskorpora reproduzierten Topics im Vergleichszusammenhang 18. Jahrhundert (links) ‚tugend' als gewichtiger Begriff ausfällt, während er in der Goethezeit (rechts) nun ganz zentral ist. Es war also richtig, dass wir im diachronen Vergleich der negativen Tugendtopics der zunächst festgestellten umgekehrten Verschiebung (Abb. 6.9) keine Erklärungslasten aufgebürdet haben. Während wir erneut ein größeres Gewicht von ‚verachtung' in der Goethezeit beobachten, geht das nicht mit einer stärkeren Bedeutung von ‚weib' einher (stattdessen ist die des ‚mannes' deutlich gestiegen!).

Tugend als gegendertes Konzept: Statistik und Stellenlektüre

Klingers *Faust*

Mit den synchronen Kontrollmodellen wird klar, wie wir die diachronen Vergleiche handhaben müssen. Anstatt uns auf die Verschiebung der Gewichte einzelner Wörter zu fokussieren, sollten wir den semantischen Gesamtzusammenhang im Auge behalten, den wir im Sinne eines negativ akzentuierten Diskurses zur Tugend identifiziert haben. Dieses semantische Feld ist nach dem, was wir aus den entsprechenden Topics heraus verstehen, relativ stabil. Ein nächster Schritt zum besseren Verständnis läuft über die Datenebene zurück zu den Einzeltexten im Korpus. Die beiden negativen Tugendtopics sind, genauso wie ihre beiden reproduzierten Varianten in den Kontrollmodellen, breit über die Korpora verteilt, wobei vor allem ein Roman herausragt, der in drei der vier Modelle mit deutlichem Abstand das höchste Gewicht für das fragliche Topic aufweist und im vierten Modell auf dem zweiten Rang liegt (Abb. 6.11). Das ist Friedrich Maximilian Klingers *Fausts Leben, Thaten und Höllenfahrt* (1791).

---

[6] Beispielsweise Topic N. 36 aus dem Topic Model zum Romankorpus Goethezeit: deine-laß-weißt-höre-sollst-usw.

Abb. 6.10 Die beiden Topics, die in der Stabilitätsberechnung aus den Kontrollmodellen dem Topic N. 26 aus dem Topic Model zum Romankorpus 18. Jahrhundert und dem Topic N. 21 zum Romankorpus Goethezeit zugeordnet wurden. Reihenfolge wie in Abb. 6.9

Sechstes Experiment: Topic Modeling als Reading at Scale 135

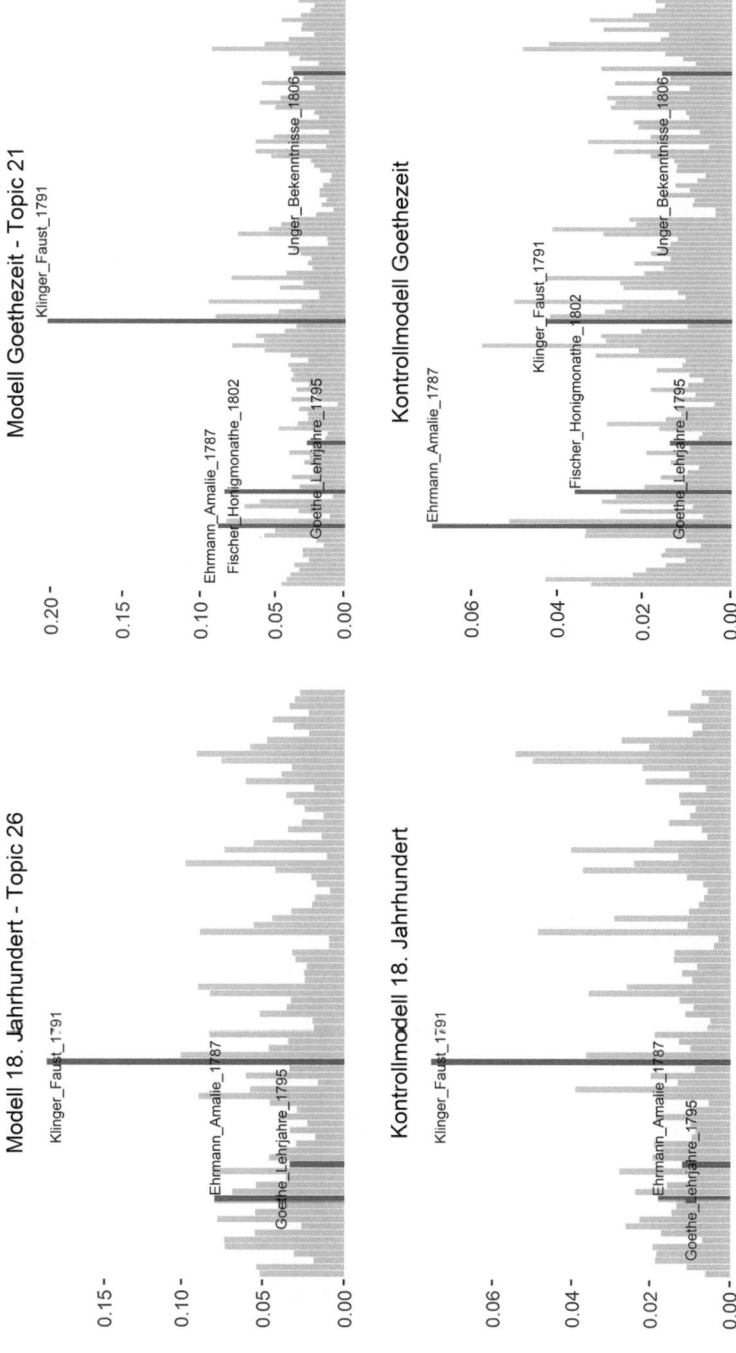

Abb. 6.11 Topic N. 26 aus dem Topic Model zum Romankorpus 18. Jahrhundert und Topic N. 21 zum Romankorpus Goethezeit (siehe Abb. 6.9), gefolgt von dazugehörigen Topics aus den Kontrollmodellen

Anders als bei Goethe dreht sich die Wette in Klingers Faust-Roman darum, ob es Faust gelingt, den Teufel zu „zwingen, an die Tugend der Menschen zu glauben" (Klinger 1964, S. 39–40). Was beide auf ihrer gemeinsamen Reise durch Europa vorfinden, ist indes nichts als Bosheit, eitle Machtgier und Verrat unter den Menschen, sodass sich Fausts Menschenbild ganz und gar verdüstert. Am Ende zerreißt ihn der Teufel in einer von vielen wilddunklen Szenen und fährt mit seiner Seele zur Hölle. Dort gibt es schon zu Anfang eine allegorische Szene, die die Negativierung des Tugendthemas grell ausleuchtet und dabei im Kontext unserer Gender-Perspektive höchst aufschlussreich erscheint. Satan veranstaltet ein großes Freudenfest in der Hölle für alle gefallenen Geister der Ober- und Unterwelt, denen er zu Beginn den Grund der Zusammenkunft erläutert: Faust hat den Buchdruck erfunden und damit ein Mittel zur Vervielfältigung, das die gedankliche Zwietracht, den Hass und die Rachsucht vor allem auf dem Gebiet der Religion wie nie zuvor anstacheln und blutige Realität werden lassen wird. „Greuel werden Europa verwüsten, die allen Wahnsinn übertreffen, den die Menschen von ihrem Beginnen gerast haben" (ibid., S. 20–21). Nachdem sich der religiöse Gewaltexzess gelegt haben wird, so malt Satan weiter aus, wird die säkulare Nutzung des neuen Massenmediums kaum weniger im Sinne der Hölle sein.

> Ihre Einbildungskraft wird sich entflammen und tausend neue Bedürfnisse erschaffen. Wahrheit, Einfalt und Religion werden sie mit Füßen treten, um ein Buch zu schreiben, das einen Namen mache und Gold einbringe. Ja so weit wird dieses aufgeblasene Geschlecht hierinnen den Wahnsinn treiben, daß sogar ihre Weiber – hört es alle, ihr Kräfte und Geister der Hölle! – daß sogar ihre Weiber Bücher schreiben werden. Ihr kennt die eitlen Töchter Evas, und ich brauche euch nicht zu sagen, was dieses für verzerrte Ungeheuer aus ihnen machen muß. So wird nun das Bücherschreiben ein allgemeines Handwerk werden, wodurch Genies und Stümper Ruhm und Fortkommen suchen, unbekümmert, ob sie die Köpfe ihrer Mitbürger verwirren und die Flamme an das Herz der Unschuldigen legen. (ibid., S. 22)

Um die Tragweite dieser Schlüsselstelle zu ermessen, brauchen wir Statistik *und* Hermeneutik. Sie stammt aus demjenigen Roman, in dem das im Korpus gewichtige negative Tugendtopic seinen Spitzenwert erreicht (Abb. 6.11). In dieser Szene führt Klingers *Faust* die Tugend als allegorische Figur ein: Sie tanzt mit der Moral und dem Laster zur Musik des Wahns. Die dürre Gestalt der Metaphysik muss sich auf den Stolz stützen. Weite Pumphosen können ihre Blöße nicht verdecken. Die frühneuzeitliche Imagination projiziert den medialen Wandel der Säkularisierung in der Gutenberg-Ära auf die Situation zur Zeit von Klingers eigener Epoche, nachdem die Alphabetisierungsprogramme der Aufklärung tatsächlich einen literarischen Massenmarkt geschaffen hatten. In dem historischen Augenblick, da die eigene Identitätskarriere für jede freie Schriftstellerin und jeden freien Schriftsteller als gelingende Distinktion zur Bedingung erfolgreicher Marktteilnahme wird, entsteht zugleich der Topos, dass literarisches Schaffen als Broterwerb minderwertig ist, Fehlanreize setzt und letztlich keine Kunst darstellt. Wir haben oben gesehen, dass dieser Topos ganz wesentlich zur Selbstbeschreibung der Autonomieästhetik nach dem Sturm und Drang gehört und mit

Genderstereotypen einhergeht, nach denen die künstlerische Selbständigkeit von Frauen ein Greuel darstellt. Insofern erscheint Klingers groteske Inszenierung des literarischen Marktes als Erbsünde weiblicher Verstellung symptomatisch. Die Forschung hat sein dramatisches Werk jüngst einer Relektüre unter dem Gesichtspunkt szenischer Gender-Identität unterzogen (Wille 2020).

Ehrmanns *Amalie*

Interessant ist nun natürlich, wie sich die entsprechenden Tugendstellen bei den Autorinnen im Korpus ausnehmen. Wir wollen uns eine kleine Auswahl anschauen und beginnen mit *Amalie,* dem stark autobiographischen Roman der aufgeklärten Sturm und Drang-Autorin Marianne Ehrmann, der im Kontrollmodell zur Goethezeit Klingers *Faust* im Gewicht des negativen Tugendtopics noch übertrifft (Abb. 6.11). Im erzählerischen Werk von Ehrmann fällt auf, dass es einerseits typische Epochenmerkmale aufweist, die Kraftsprache etwa oder die besondere Aufmerksamkeit für den Topos des Kindsmords nach ungewollter Schwangerschaft. Andererseits sind die Unterschiede zu den meisten männlichen Sturm und Drang-Autoren auffällig. In ihren literarischen Darstellungen nutzte Ehrmann die Kindsmord-Tragödien, mit denen sie sozialisiert worden war, als „model" (Madland 1992, S. 412) für eine eigene Diskussion des Themas, die den moralischen Ton meidet und sich auf die praktischen Probleme alleinerziehender Mütter konzentriert (ibid., S. 408). *Amalie. Eine wahre Geschichte in Briefen* (1787) enthält viel von den schwierigen und zugleich abenteuerlichen Lebensstationen der Autorin vor ihrer erfolgreichen Existenz als Schriftstellerin und Publizistin. Die Titelheldin verliert früh beide Eltern, wird von einem Onkel als Haushälterin bei einem Geistlichen untergebracht, der ihr nachstellt. Sie geht ins Kloster, heiratet aber schließlich überstürzt einen spielsüchtigen Offizier, von dem ihr dann nur mit Mühe die Trennung gelingt. Nach einem zweiten Klosteraufenthalt schließt sie sich einer Schauspielgesellschaft an. Mit wechselndem Glück reist sie durch Europa, wobei ihr prekärer Status als Schauspielerin wiederholt als sexuelle Verfügbarkeit ausgebeutet zu werden droht.

Der Briefwechsel zwischen Amalie und ihrer Freundin Fanny bindet diesen Plot leitmotivisch an eine Diskussion um Tugend zurück, die von Beginn an primär die gesellschaftlichen Institutionen im Blick hat, durch die Vorstellungen von Tugend geprägt und gegendert werden, die gegensätzliche Erziehung von Frauen und Männern etwa, über die sich Amalie gleich zu Beginn beklagt: „Was uns zum Laster angerechnet wird, das ziert ihre Freiheit" (Ehrmann 1995, S. 22). Die beiden jungen Frauen thematisieren nicht nur offensichtliche Scheintugend etwa von lüsternen Geistlichen, vor allem Amalie schreibt offen darüber, wie schwierig es ist, ihr eigenes aufkeimendes Begehren überhaupt verstehen zu können, weil es anders als bei den Männern keine gesellschaftlich akzeptierten Gelegenheiten gibt, es auszuleben. Fanny hat Bedenken, dass Amalie sich durch die Lektüre zu vieler Liebesromane hinreißen lässt, doch die urteilt kühl über deren realitätsferne Konfliktdarstellung. Die Abwehr ungeliebter Verehrer erhalte in der Dichtung zu Unrecht breite Aufmerksamkeit. „Verachtung" und „Ekel" vor dem Verführer seien genug, um ein Mädchen widerspenstig zu machen, sodass eine abwehrende Haltung „mehr der Disharmonie der Gemüter als der Tugend zu verdanken" sei (ibid., S. 121).

Die wahren Beweggründe gefallener Mädchen werden in der fehlenden Aussicht, soziale Teilhabe anders als durch Auslieferung an einen Mann zu erlangen, ausgemacht. „Armuth ist fast immer das Grab der Unschuld, und ein armes Mädchen muß äußerst aufmerksam die lokkenden Wünsche zum Wohlleben aus ihrem Herzen zu verbannen suchen, wenn ihre Enthaltsamkeit nicht wanken soll." (ibid., S. 121–122) Selbst permanent von Männern bedrängt, sinnt Amalie im Dialog mit der Freundin viel über die Vor- und Nachteile der monastischen Lebensform nach, zu der sie selbst zweimal Zuflucht nimmt. Wiederholt verfällt sie dabei in „Schwermut" und „Melankolie" und denkt sogar an „Selbstmord", nachdem man ihre Schwester gegen beider Willen ins Kloster gebracht hat. Da fühlt sie „ein feuriges Sehnen nach Auflösung, kühne, wollüstige Reize, die nach glüklichern Gegenden verlangen" (ibid., S. 100). Die Freundin mahnt, „Deine Schwermuth ist Dir zur Wollust geworden" (ibid., S. 95), und die emotionalen Eruptionen wechseln sich ab mit einem Austausch über das ärztliche Wissen von seelischen Krankheiten, mögliche Ursachen und Kuren. Beide kommen darin überein, dass das Leben im Kloster solche Seelenleiden eher verschlimmert als lindert und auch der Tugend keineswegs förderlich ist. Abgeschiedenheit sei nur auf andere Weise schädlich als weltlicher Umgang. Anstelle von Zerstreuung würden Frauen hier aus Langeweile verführt. Die Kritik der klösterlichen Erziehung von Mädchen beschließt die Sentenz: „Die Tugend, die keinen öffentlichen Streit auszuhalten vermag, hat keinen Werth" (ibid., S. 144).

Zur Tugend als öffentlichem Konzept gehört es, die in der Öffentlichkeit verteilten Rollen als das zu bedenken, was gesellschaftliche Vorstellungen von Tugend erst erzeugt, welche daher gleichermaßen als sozial bedingt und veränderbar erscheinen. Der Roman verlegt die Operationalisierung seiner eigenen Theorie der Tugend in eine komische Szene, die sich während Amalies zweitem Klosteraufenthalt abspielt. Als eine neue Episode „meiner gewöhnlichen Schwermuth" (ibid., S. 259) droht, inszeniert sie mit den anderen Mädchen im Kloster ein Trauerspiel. „Die wohlgebautesten wählte ich zu männlichen Rollen, und die übrigen zu Nebenrollen" (ibid., S. 259). Da keine der Laien-Schauspielerinnen die mindeste Theatererfahrung besitzt, wird zunächst das bloße Memorieren des Textes, dann das Deklamieren geübt. Das größte Problem ist das richtige Verständnis: „Natürliche Anlage, den Dichter bei Lesung zu verstehen, und ihn wieder richtig auf die Welt zu schaffen, war bei keinem von diesen Mädchen zu finden" (ibid., S. 259). Amalie versucht, den hermeneutischen Zugang zu erleichtern, indem sie Textstellen durch Vergleiche mit Alltagssituationen erläutert, und lässt die Mädchen „öfters in ihren bestimmten Mannskleidern probieren, um durch die Uebung eine Gewohnheit zur Natur zu machen" (ibid., S. 260). Gerade diese Praxis wird dann beinah zum Verhängnis für die geplante Aufführung, weil zwei Betschwestern um den Ruf des Klosters fürchten und sich bei der Oberin über die in ihren Augen unkeusche Aufführung beschweren. Amalie antwortet temperamentvoll:

> Die Beinkleider können für Sie, meine Damen, keine Versuchung sein, wenn Sie noch unschuldig genug sind, ihr Herkommen nicht zu kennen! – Wer heißt Sie über die Vorzüge der Beinkleider nachdenken? – Wer nötigt Sie, den Unterschied zu bemerken, ob sie einen weiblichen oder männlichen Körper bedekken? – Ihre Tugend muß sehr schwach sein, wenn der blose Anblik von Beinkleidern Sie wanken macht. Lernen Sie erst Ihren Gedanken gebieten, wenn Sie den Willen in Ihrer Gewalt haben wollen, sonst gebe ich für ihre Enthaltsamkeit nicht einen Heller, die beim blosen Beinkleideranschauen schon lüstern wird. (ibid., S. 262)

Die Komik der Szene steigert sich, als die Oberin den Kompromissvorschlag unterbreitet, den Schauspielerinnen Schürzen vor die Hosen zu binden. Am Ende erlaubt der Bischof die Aufführung, sie wird ein Erfolg und nimmt die weltliche Berufskarriere der Titelheldin vorweg.

Fischers *Die Honigmonate*

Caroline Auguste Fischers *Die Honigmonate* (1802) wendet sich explizit gegen den Diskurs über weibliche Tugend, den Wilhelmine von Wobesers *Elisa oder das Weib wie es seyn sollte* (1795) entfacht hatte. Der ironisch verdeutschte Titel geht hart mit den Genderstereotypen ins Gericht, die Frauen auf die häusliche Rolle der duldsamen Ehefrau festlegen und allein den Männern ein mobiles und leidenschaftliches Leben in der Welt zugestehen. Die Figurenkonstellation des Briefromans stellt dazu je zwei miteinander korrespondierende Freundinnen und Freunde gegenüber, zwischen denen die alten und neuen gesellschaftlichen Identitätserwartungen für Frauen und Männer umstritten sind. Die zurückhaltende Julie sieht sich dem aggressiven Werben des Offiziers Olivier ausgesetzt, der eigentlich ihr Vormund ist. Wilhelmine, die selbst starke Gefühle für Julie hat, ist darüber empört, und auch Oliviers Freund Reinhold kritisiert, was dieser ihm über die Beweggründe der angestrebten Verbindung vertraut hat: „Das gute Schäfchen besorgt mein Hauswesen und ein paar Buben, die meinen Nahmen fortpflanzen" (C. A. Fischer 1987, S. 1–27). Während Wilhelmine fürchtet, wir haben es oben schon zitiert[7], die duldsame Freundin könnte „eine zweite Elise" werden, stört sich Olivier, der Wilhelmine mit Goethes abwertendem Ausdruck für rationale selbstbewusste Frauen eine „Amazone" (ibid., S. 29) nennt, aus ganz anderen Gründen am Tugenddiskurs des Wobeser-Bestsellers. Dass „das Elisiren ordentlich Mode" geworden sei, käme nur „von dem vermaledeiten Aufklären", dass die „Weiber" auf die Idee gebracht habe, Grundsätze haben zu müssen. „Spinnrocken und die Nähnadel" seien indes genug Beschäftigung, und an Büchern brauche es „allenfalls die Bibel und das Gesangbuch" (ibid., S. 30 f.).

Anders als in der *Elisa* dient diese holzschnittartige Gender-Konstellation in *Die Honigmonate* nur als Ausgangspunkt für einen Handlungsverlauf, in dem die Symmetrie der doppelten Zweierkonstellation formal erhalten bleibt, während sich inhaltlich die vermeintlich klaren Machtverhältnisse umkehren. Zwar erreicht Olivier am Ende des ersten Teils sein Ziel und heiratet Julie. Dies geht einher mit

---

[7] Kap. 5, S. 77.

einer vermeintlichen Läuterung und leidenschaftlichen Verehrung für die Frau, die nun seinen Namen trägt. Doch das Glücksempfinden darüber hat sichtbar überspannte Züge und weicht rasch der Ernüchterung, weil die Angebetete den emotionalen Überschwang nicht erwidert. Wie um die Gefühlsintensität aufrechtzuerhalten, steigert sich Oliviers starke Eifersucht zum Verfolgungswahn, und als ihm in Gestalt des Sohnes eines gefallenen Kameraden, dem gegenüber er eine Vaterrolle innehat, tatsächlich ein Rivale um die Gunst Julies erwächst, weiß er sich nicht anders zu helfen, als seine Ehefrau einzusperren und den jungen Mann schließlich zu töten. Am Ende sucht und findet er selbst den Tod in der Schlacht.

Olivier zeigt alle Symptome einer krisenhaften Männlichkeit, die einzig im Soldatsein eine stabile Identität findet. Sein aufgesetzter Androzentrismus zu Beginn, die übersteigerte Liebeseuphorie und der rastlose Liebeswahn sind als Fallgeschichte einer pathologischen Ich-Schwäche angelegt, die der Roman als Kippfigur zwischen Selbstüberhöhung und Selbstauslöschung beschreibt. Nach der Eroberung Julies verkündet der Offizier: „[I]ch bin ein Gott; ich kann alles was ich will" (C. A. Fischer 1987, S. 2–4), im letzten Brief an Reinhold bleibt nur der Hilferuf: „Ich kann das Leben nicht tragen. Komm schnell" (ibid., S. 198). Demgegenüber erscheinen die drei anderen Figuren bei aller Unterschiedlichkeit in den Temperamenten von Julie und Wilhelmine als reflektiert und ihrer selbst bewusst. Reinhold ist der Vertreter einer neuen Männlichkeit, die ihre Identität nicht durch die Abwertung von Frauen stützen muss. Seine Verbindung mit Wilhelmine bildet am Schluss die Zukunft der erzählten Zeit.

Die Freundinnen Julie und Wilhelmine unterscheiden sich gleichermaßen durch den Stil ihrer Briefe und die Positionen, die sie zum Verhältnis der Geschlechter vertreten. Julie entspricht als ‚schöne Seele' mit resignativ-religiösen Zügen dem Bild, das Goethe für diesen Typus geprägt hat. Sie erscheint noch zurückgezogener als Sophie La Roches *Fräulein von Sternheim* mit dem Konzept der „übenden Tugend" (La Roche 1997, S. 133) und tendiert wie ihr Namensvorbild in Rousseaus *Neuer Heloise* zur Opferrolle.[8] Wilhelmine schlägt dagegen aufbegehrend Töne an, die Julies Briefen fremd sind. Sie äußert sich vehement, aber auch ironisch und gebraucht damit ein rhetorisches Mittel, das Olivier vergeblich zur Selbstdistanz einzusetzen sucht. So berichtet sie Reinhold anlässlich des Besuchs der Oper *Cäsar auf Farmakusa,* wie sie sich den Inbegriff des Herrschers vorher ausgemalt habe – „ein langer stattlicher Mann, mit großem brennenden Auge und milder Hoheit auf der Stirn" –, nur um dann auf der Bühne einen kleinen dicken Mann zu erleben, „der sich alle Mühe gab, sich noch ein wenig dicker zu machen", um ihr zu verstehen zu geben, „daß ich es mit dem unüberwindlichen Cäsar selbst zu thun habe" (C. A. Fischer 1987, S. 1–222 f.).

---

[8] Friederike Helene Ungers *Julchen Grüntal* schildert ausführlich, wie das passive Weiblichkeitsideal Rousseaus zum Bildungskanon junger Frauen um 1800 gehörte. Dabei werden auch Stimmen gegen den Trend dieses Jahrhundertromans laut. ‚Julchen' erhält das Buch von ihrer Freundin Mariane mit den Worten zurück: „Deine Heloise ist unleidlich. Tugend und Liebe, und Liebe und Tugend, das einem die Ohren weh tun! Hier ist sie zurück." (Unger 1991b, S. 1–318).

Wilhelmine ist es auch, die die Schlüsselstelle prägt, mit der die *Honigmonate* ihren Beitrag zum negativ akzentuierten Tugenddiskurs leisten, dessen relative Stabilität wir im Topic Modeling der Romankorpora zum 18. Jahrhundert und zur Goethezeit beobachten konnten. Die Passage findet sich an dem für den Plot entscheidenden Umbruch zu Beginn des zweiten Teils, nachdem Olivier Julie geehelicht hat. Im ersten Brief an ihre Freundin gesteht Wilhelmine, dass ihre eigenen Hoffnungen nun zerstört seien, was irritierte Fragen Julies im Rekurs auf die Natur der Geschlechterordnung zur Folge hat. „Glaubst Du, diese Hoffnungen würden jemals erfüllt worden sein? – Glaubst Du, die Natur würde sich nicht rächen? Hat sie zwey Weiber geschaffen sich alles zu werden, und ihre unwandelbaren Gesetze zu verspotten?" (C. A. Fischer 1987, 2–10 f.). Wilhelmine antwortet mit weiterreichenden Fragen, aus denen die zerstörerische Dynamik spricht, die die unterschiedlichen gesellschaftlichen Tugendansprüche an Männer und Frauen notwendig entfalten.

> Zwei Weiber können sich nicht alles sein? – Schlimm genug? schlimm genug, daß die Geschöpfe welche den Weibern dieses sogenannte Alles sein sollen, dieses Alles so elend repräsentiren.
>
> Im ausschließenden Besitze dessen, was den Geist erheben, ihn zur Selbstüberwindung, zur Tugend entflammen kann, glauben sie sich zu den ausschweifendsten Leidenschaften berechtigt. Nenne mir ein Laster, was sie nicht an uns abscheulich, und an sich erträglich fänden? [sic] Nenne mir eine Tugend, die sie nicht von uns foderten, um sie nach Wohlgefallen zu zerstören.
>
> Und die Natur sollte mich strafen; wenn ich mich nicht vor einem dieser Sultane niederwürfe, überglücklich, daß er mir die Gnade erzeigte, seinen Fuß auf meinen Nacken zu setzen? –
>
> Nein! nein! noch haben wir unsre fünf Sinne! und was die Natur auch versuchen mag sie zu empören, sie sind der Fesseln gewohnt, und ohnehin, unter allen Umständen, zu einer ewigen Sclaverei verdammt. (ibid., S. 15 f.)

Wie bei Ehrmann bricht sich, was wir aus unseren Modellen heraus negativer Tugenddiskurs genannt haben, als die ernüchternde Einsicht Bahn, dass Tugend ein gegendertes Disziplinarregime zuungunsten nur der Frauen darstellt. Fischers *Honigmonate* fügen dem die Beziehung zwischen zwei Frauen als denkbare, aber kulturell unmögliche Alternative hinzu, wobei die Diskussion dieses sozialen Verhältnisses ‚gegen die Natur' die Natur/Kultur-Grenze selbst als etwas erscheinen lässt, das nicht symmetrisch ist, weil diese Grenze durch kulturelle Prozesse gezogen wird (Koschorke 2009). Das wird deutlich, wenn Wilhelmine ihre Indifferenz gegenüber der sich vermeintlich gegen Frauenbeziehungen empörenden Natur mit der ohnehin umfassenden Regulierung der Sinne begründet, die die Gesellschaft ebenfalls nur den Frauen abverlangt.

Hier schließt sich die zweite Beobachtung an, die wir in den Topics gemacht haben und ebenfalls bereits bei Ehrmann im Text nachvollziehen konnten. Die Erfahrung mangelnder Entfaltungsmöglichkeiten auf fast allen Ebenen geht bei den weiblichen Charakteren, die Autorinnen entwerfen, häufig einher mit ambivalenten psychischen Stimmungen und negativen Gefühlszuständen. In Ehrmanns *Amalie* betrifft das, wie wir gesehen haben, die zur Schwermut neigende

Titelfigur. In Fischers *Honigmonaten* kann Julie solche Zustände weitgehend religiös sublimieren, gegenüber der ‚Borderline'-Figur Olivier wirken hier alle anderen Figuren vergleichsweise gefasst.

Nochmals die gegen Goethe gerichteten *Bekenntnisse*

Auch in unserer letzten Stellenlektüre ist die weibliche Hauptfigur und Ich-Erzählerin psychisch robust und dadurch in der Lage, Fragen der Gemütsverfassung als gesellschaftliche Geschlechterproblematik zu reflektieren. Die Rede ist von Mirabella aus den *Bekenntnissen einer schönen Seele. Von ihr selbst geschrieben,* deren Beziehung zur Lebenspartnerin Eugenie Goethe in seiner Rezension angestrengt ignoriert, um stattdessen lieber den intellektuell anspruchslosen Amazonendiskurs zu pflegen. Ohne Goethes Agenda zu teilen, haben unsere Klassifikationsexperimente eine starke Evidenz dafür erbracht, dass Friederike Helene Ungers zeitweiliger Verlagsmitarbeiter Friedrich Buchholz an diesem Roman zumindest mitgearbeitet und den Text mit seinem Stil geprägt hat. Das macht diesen Bildungsroman für die Debatte, die wir verfolgen, besonders interessant, auch und gerade im Vergleich zum hyperkanonischen Bildungsroman *Wilhelm Meister Lehrjahre,* gegen dessen ‚Bekenntnisse einer schönen Seele' (6. Buch) die weibliche Perspektive der *Bekenntnisse* von Unger/Buchholz gerichtet ist. Wir haben im Rahmen von Experiment 5 die Handlung des Romans und die historische Diskussion um seine Autorschaft bereits ausführlich dargestellt,[9] sodass wir jetzt direkt die Schlüsselstelle über Tugend und Gemüt ansteuern können, um die es uns geht. Sie liegt wiederum an einem neuralgischen Punkt im zweiten der drei Bücher des Romans, das Mirabellas Zeit als Hofdame behandelt. Wir haben den Vorlauf der Stelle bereits gelesen, in dem Mirabella als Gesellschafterin der Prinzessin mit dem Kammerherrn des Prinzen zusammenzuarbeiten versucht, um die Versöhnung des Fürstenpaares zu bewirken. Der Versuch schlägt fehl, was die weibliche Ich-Erzählerin auf die Feigheit und das mangelnde Genie ihres männlichen Gegenübers zurückführt, für sich selbst die Position der genial Entschlossenen reklamierend. Goethes Rezension versucht, diese angesichts des im Roman wichtigen Kunst- und Künsterdiskurses umso unerhörtere Verkehrung hergebrachter Handlungsverhältnisse bei der Wiedergabe der Stelle zurückzubiegen. Im weiteren Verlauf des Romans erfährt Mirabella unmittelbar, dass ihr individueller Mut und ihre Fähigkeiten mit den beschränkten gesellschaftlichen Handlungsoptionen einer Frau auf eklatante Weise unverträglich sind. Nachdem die Konspiration am Unvermögen des Kammerherrn scheitert, ist sie es, die die Schuld auf sich nehmen und ihre Gefühle unterdrücken muss. Sie nimmt das als typische Situation wahr.

> In der That, mein Geschlecht ist in jeder Hinsicht sehr übel daran. Werden die Plane eines Biedermannes vereitelt, so darf er sich deshalb rechtfertigen, und je kräftiger er die Wahrheit sagt, desto mehr ehrt man seine Tugend. Ein edles Weib hingegen kann die

---

[9] Cf. Kap. 5, S. 98–106.

allertriftigsten Gründe der Rechtfertigung haben; sie darf davon immer nur innerhalb der Schranken der Weiblichkeit Gebrauch machen, wenn sie nicht alles verlieren will. Wie viele weibliche Thränen würden unvergossen bleiben, wenn dem weiblichen Geschlecht die Sprache des Gemüths gestattet wäre! (Unger 1991a, S. 228 f.)

Über den Erwartungshorizont der Tugend werden mit den geschlechtsspezifischen Verhaltensweisen auch die Ausdrucksmöglichkeiten reguliert und zwar gerade hinsichtlich des individuellen Ausdrucks, der für die gesellschaftliche Anerkennung selbstbewusster Subjektivität wie für die Literarisierung derselben nach dem Epochenbruch der Autonomieästhetik die Möglichkeitsbedingung schlechthin darstellt. Wir verstehen im Schlaglicht dieser Stelle noch einmal ganz konkret, dass die neuen Werte der an individuellen Identitätskarrieren orientierten bürgerlichen Gesellschaft für Männer und Frauen nicht gleichermaßen galten. Wir verstehen, was es heißt, dass mit und nach dem Sturm und Drang, der das Gemüt des einzelnen als Wertmaßstab nicht nur der Kunst radikalisierte, eine Generation von Autorinnen zum Verstummen gebracht wurde.

Ergebnisse

Das Schaffen von Autorinnen und Autoren wie Marianne Ehrmann, Caroline Fischer, Friederike Unger und Friedrich Buchholz ist indes auch Beleg dafür, dass dieser im Vergleich zur Aufklärung zu verzeichnende Rückschlag nicht nachhaltig gewirkt hat. Wir finden in unseren beiden Untersuchungskorpora Anzeichen für eine literarische Gegenbewegung. In unseren Topic-Modellen haben die Topics zum negativ akzentuierten Tugenddiskurs bei Autorinnen und Autoren in etwa das gleiche Gewicht. Das gilt auch für die Kontrollmodelle (Abb. 6.9–6.11). So, wie wir das in der Lektüre ausgewählter Stellen kontextualisiert haben, führte die Spur (von Buchholz abgesehen) zu Texten von Autorinnen, die sich dezidiert kritisch mit dem gegenderten Tugendkonzept ihrer Zeit auseinandersetzen. Diese Eindeutigkeit sollte man aber auf der Basis von drei Schlüsselstellen nicht überbewerten. Sie müsste durch weitere Lektüren konsolidiert werden.

Relativ sicher können wir uns dagegen mit der in den Modellen gemachten Beobachtung sein, dass die Empfindsamkeitstopics bei den Autorinnen ambivalenter sind und negative Gefühle stärker abbilden. Dies wurde sowohl im diachronen Vergleich zwischen den Topic-Modellen zu den Romankorpora 18. Jahrhundert und Goethezeit als auch synchron mit den jeweiligen Kontrollmodellen bestätigt. Ähnliches gilt für die gut zu unserer letzten Stellenlektüre passende Feststellung, dass das im Modell zum Goethezeit-Korpus neu gebildete, fünfte Empfindsamkeitstopic N. 59 (Abb. 6.8), bei dem ‚Gemüt' von größtem Gewicht ist, einen deutlich stärkeren Anteil bei den Autorinnen hat. Dieses Topic konnten wir zunächst nicht stabilisieren. Das Topic, das im Kontrollmodell die meisten Wortübereinstimmungen mit Topic N. 59 aufwies, hatte inhaltlich kaum Ähnlichkeiten. In zwei weiteren Kontrollmodellen ließ sich dagegen das Topic deutlich reproduzieren, sodass es wenig wahrscheinlich ist, dass wir einem Zufallsfund Erklärungslasten aufgebürdet haben.

Ich möchte die Ausführungen zum Topic Modeling als Reading at Scale mit einer Grafik beschließen, die im Verhältnis von Einzeltext und Korpus eine mittlere Stellung einnimmt. Ich verwende dafür eine bereits bekannte Visualisierung. Wir haben uns in Abb. 6.3 anhand von zwei Vergleichskurven vor Augen geführt, wie sich die Gewichte der einzelnen Topics bei männlichen und weiblichen Autoren unterscheiden. Solche Vergleichskurven können wir natürlich nicht nur für nach Variablen wie Gender gebildete Subsets unserer semantischen Daten, sondern auch für die Gegenüberstellung von Einzeltexten einsetzen, deren semantische Profile uns besonders interessieren (Abb. 6.12).

Wir sehen hier insgesamt vier Kurven, weil wir als Hintergrund für den Vergleich zwischen Goethes *Wilhelm Meisters Lehrjahre* (blau) und Unger/Buchholz' *Bekenntnisse einer schönen Seele. Von ihr selbst geschrieben* (rot) noch die Durchschnittswerte der Topic-Gewichte für Autorinnen (transparent rot) und Autoren (transparent blau) eingezeichnet haben. Die Verlaufskurve der Topic-Gewichte zeigt uns, welche Topics in den beiden Bildungsromanen besonders oder auffallend wenig präsent sind. Dies als das semantische Profil der literarischen Werke zu verstehen, erscheint uns sinnvoll. Wir sehen beispielsweise, dass Topic

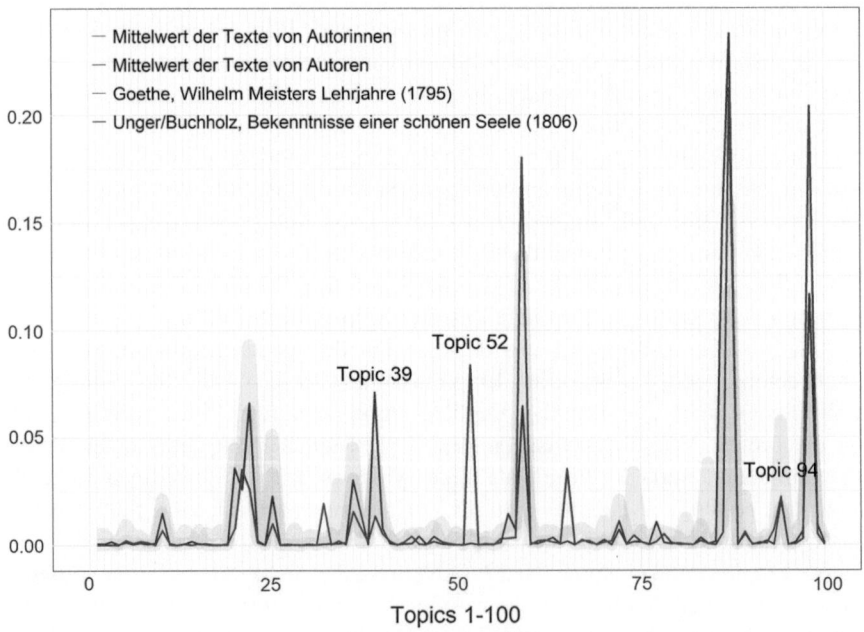

Abb. 6.12 Vergleich der Topic-Gewichte in Goethes *Wilhelm Meisters Lehrjahre* und Unger/Buchholz' *Bekenntnisse einer schönen Seele. Von ihr selbst geschrieben*. Zum Vergleich die durchschnittlichen Topic-Gewichte der Subsets male/female. Grundlage ist das Topic-Modell zum Romankorpus Goethezeit

N. 39 gegen den Korpustrend sehr distinktiv ist und der Wert der *Lehrjahre* deutlich über, der der *Bekenntnisse* deutlich unter dem Durchschnitt liegt. Umgekehrt verhält sich Topic N. 52, das bei Unger/Buchholz ein hohes, bei Goethe fast kein Gewicht hat. Im ersten Fall handelt es sich um ein semantisches Feld, das mit dem Auftritt in Gesellschaft zu tun zu haben scheint, im zweiten um ein Topic, das an die zeitgenössische Subjektphilosophie denken lässt (Abb. 6.13).

Es gibt aber auch Topics, wo sich die Autorinnen und Autoren im Korpus deutlich voneinander abheben, während sich die Werte unserer beiden Bildungsromane gleichen. Das gilt interessanterweise für Topic N. 94, mit dem sich im Goethezeit-Korpus die psychische Ambivalenz der Empfindsamkeit reproduziert. Hier liegen die *Lehrjahre* gleichauf mit den goethekritischen, aus weiblicher Perspektive verfassten *Bekenntnissen einer schönen Seele. Von ihr selbst geschrieben*. Und beide gemeinsam bleiben deutlich unter dem Durchschnitt der weiblichen Autoren.

Siebentes Experiment: Semantische Netzwerkmodelle

Ein gutes Modell zeichnet sich dadurch aus, dass man an ihm etwas sehen kann, was bei der Betrachtung der modellierten Gegenstände unsichtbar bleibt (Barthes 2003). Die ersten Anwendungen von Netzwerkmodellen in der Digitalen Literaturwissenschaft haben versucht, diesen notwendigen Mehrwert hinsichtlich der Beziehungen zu erzielen, die in Dramentexten zwischen den Figuren bestehen, und daher die Knoten als Repräsentation der *dramatis personae* und die Kanten zur Darstellung der Beziehungen zwischen ihnen verwendet (Moretti 2011; Trilcke 2013). Mit der Kopräsenz von Figuren auf der Bühne als Bedingung für eine Verbindung bzw. als Kantenwert ließ sich die Systematik der Sozialen Netzwerkanalyse, die Interaktionen zwischen Individuen modelliert, intuitiv auf die Literaturwissenschaft übertragen und zugleich an traditionelle Analysekategorien wie Konstellation und Konfiguration von Figuren anknüpfen. In jüngeren Arbeiten dieser Richtung treten die Netzwerke selbst häufig in den Hintergrund, während die in ihnen ablesbare Zentralität von Figuren gemeinsam mit Redeanteilen, Auftrittsfrequenzen und anderen Werten zur Klassifikation von Charakteren und für gattungspoetologische Fragestellungen verwendet wird (F. Fischer et al. 2017; Masías et al. 2017; Krautter et al. 2018).

Die in den ersten Kapiteln dieses Buches diskutierten Netzwerkmodelle haben anstelle von Figurenbeziehungen die Relation zwischen Texten zur Grundlage. In dieser Forschungsrichtung ist in der letzten Zeit versucht worden, die durch Topic Modeling gewonnenen Daten für die Erstellung von Netzwerken zu verwenden, die Textgruppen auf der Basis semantischer Ähnlichkeiten sichtbar machen sollen (Erlin 2014; Piper 2018). Im letzten Experiment dieses Buches werden wir solche semantischen Netzwerkmodelle erstellen, womit sich der Bogen zurück zum Anfang unserer Analysen spannt, an dem Netzwerke standen, deren Basis stilometrische Daten waren.

Alles, was wir für unsere neuen Modelle brauchen, haben wir bereits. Dank der Berechnung der Topic Models für unsere beiden Untersuchungskorpora zum

Abb. 6.13 Zum Textvergleich *Lehrjahre* (Goethe) / *Bekenntnisse* (Unger/Buchholz) ausgewählte Topics (N. 39, N. 52, N. 94) aus dem Topic-Modell zum Romankorpus Goethezeit

18. Jahrhundert und zur Goethezeit können wir für jeden einzelnen Text sehen, welches Gewicht jedes der insgesamt 100 Topics in ihm hat. Die Matrizen mit dieser Information sind die Grundlage für die Erstellung der Netzwerke, für die wir wiederum „Visone" verwenden. Wenn wir wissen, zu welchem Grad die Topics in jedem Text präsent sind, dann sind wir auch in der Lage, diejenigen Texte zu identifizieren, in denen sich bestimmte Topics besonders stark ausprägen. Diese Topics haben in den betreffenden Texten jeweils ein hohes Gewicht, und nach diesem „semantic overlap" (Erlin 2014, S. 65) können wir die vollständige Matrix so filtern, dass nur die stärksten Gemeinsamkeiten in den Topic-Gewichten übrig bleiben. Die vorliegenden Studien haben dafür einen festen Schwellenwert festgelegt und im Netzwerk nur dann eine Verbindung zugelassen, wenn ein Topic in zwei Texten jeweils ein Gewicht von 20 % aufweist (Erlin 2014, S. 65; Piper 2018, S. 84). Schaut man sich die Histogramme an, die zeigen, wie sich Topic-Gewichte in einem Korpus verteilen (z. B. oben in Abb. 6.5), wird klar, dass das ein anspruchsvoller Schwellenwert ist, der nur sehr wenige Topics berücksichtigt. Das muss so sein, wenn die Struktur des Netzwerks klar und nicht durch zu viele Verbindungen *hairball*-artig (Abb. 2.2) sein soll. Andererseits haben wir bei der Auswertung unserer Topic Models auch gesehen, dass die Interpretation nicht nur an den Spitzenwerten Interesse haben kann, die einzelne Autorinnen und Autoren bei bestimmten Topics erreichen (wie Ehrmann, La Roche und Naubert in Abb. 6.5), sondern vor allem an Diskurstopics interessiert sein muss, die im Korpus breit verteilt sind, aber nur bei relativ wenigen Texten ganz hohe Werte erzielen (wie Topic N. 42 in Abb. 6.5). Wir haben uns schließlich dagegen entschieden, ein fixes Topic-Gewicht als Schwellenwert festzulegen und stattdessen einen adaptiven Schwellenwert definiert, der einen bestimmten Prozentsatz der höchsten Topic-Gewichte berücksichtigt.[10] Wir glauben damit gerade beim Vergleich verschiedener Korpora besser auf die je charakteristischen Verteilungen von Topic-Gewichten reagieren zu können und zudem unterschiedliche Modelle mit verschiedenen Parametereinstellungen, wie man sie beim Topic Modeling fast immer berechnet, besser vergleichen zu können. So werden in einem Topic Model mit nur 20 Topics mehr Topic-Gewichte von über 20 % erreicht als bei einem Modell mit 100 Topics. Wenn 1 % der jeweils höchsten Werte berücksichtigt werden, sind die Ergebnisse dennoch vergleichbar.

Abb. 6.14 und 6.15 zeigen die Ergebnisse für unsere beiden Untersuchungskorpora, nachdem einzelne Texte und Textpaare (*isolates*) aus den Modellen entfernt worden sind. Das war in diesem Fall nötig, weil unser adaptiver Schwellenwert sehr hoch eingestellt ist, sodass relativ viele Texte überhaupt kein so starkes Topic mit anderen Texten gemeinsam haben. Wenn wir nur die Top 1 % der Topic-Gewichte berücksichtigen, liegt auf den verbleibenden Kanten im Netzwerk fast immer der Wert 1, und mehr als zwei solcher gewichtigen Topics hat kein Text mit einem anderen gemein. Beziehen wir dagegen 10 % der höchsten

---

[10] Die Idee wurde von Anastasia Glawion entwickelt und umgesetzt.

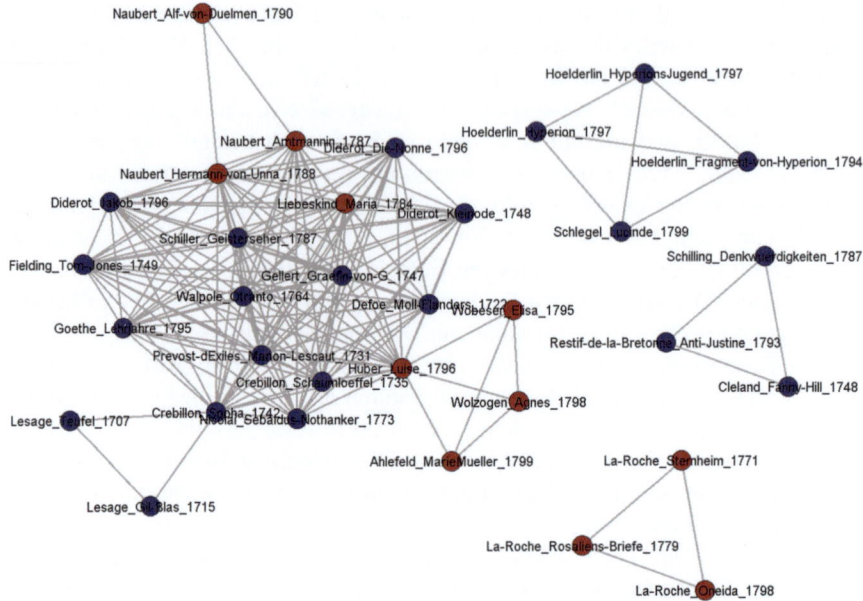

Abb. 6.14 Netzwerkmodell auf Basis der Topic-Gewichte in den 86 Texten des Romankorpus 18. Jahrhundert. Schwellenwert: 1 % der höchsten Topic-Gewichte. *Isolates* wurden gelöscht. Färbung der Knoten nach Gender

Topic-Gewichte in unser Modell ein, geht eine Verbindung zwischen zwei Texten auf bis zu 12 gemeinsame Topics zurück. Dieser Gewinn an semantischer Vielfalt wird jedoch mit einem Strukturverlust bezahlt, der den Sinn des ganzen Unternehmens, klare Gruppen herauszuarbeiten, untergräbt. Es sind dann so viele Texte miteinander verbunden, dass wir wieder den unerwünschten *hairball* vor uns haben. Natürlich können wir das unanschauliche Knäuel leicht durch händisches Nachfiltern auflösen, indem wir z. B. nur diejenigen Verbindungen zwischen Texten beibehalten, die mindestens 10 Topics teilen. Das hat sich in unseren Versuchen als ein Wert herauskristallisiert, der dann wieder ein klares, sparsames Netzwerk ergibt. Lange schien es uns, dass wir damit ein ideales Modell gefunden hatten, das trotz sparsamer Struktur (wenige Kanten) semantische Breite (Verbindungen aufgrund vieler gemeinsamer Topics) abbilden kann.

Dass wir uns am Ende dennoch gegen dieses Modell entschieden haben, hat mit der Datengrundlage unserer semantischen Netzwerke zu tun, die aus dem Topic Modeling stammt. Topics und ihre Gewichte sind, wir haben das diskutiert, nicht stabil genug, um ein Topic Model zu einem Korpus einfach als Ergebnis zu präsentieren. Das müssen wir auch bei der Weiterverarbeitung der Daten beachten. Wir haben daher sowohl für unsere Untersuchungskorpora als auch für deren Kontrollmodelle Netzwerke erstellt, wobei sich gezeigt hat, dass die nachgefilterten Netzwerke mit den Top 10 % der Topic-Gewichte das Stabilitätsproblem potenzieren. Durch das manuelle Nachfiltern werden, das ist der Sinn

Siebentes Experiment: Semantische Netzwerkmodelle

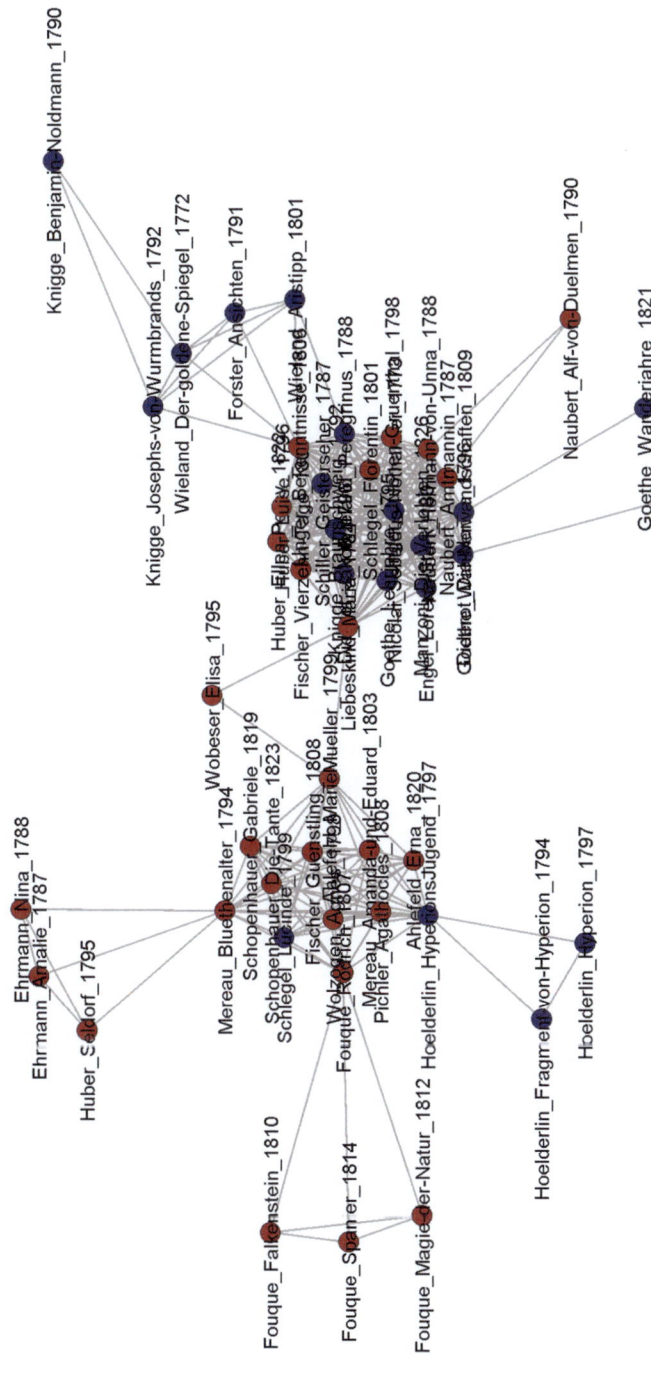

Abb. 6.15 Netzwerkmodell auf Basis der Topic-Gewichte in 121 Texten des Romankorpus Goethezeit. Schwellenwert: 1 % der höchsten Topic-Gewichte. *Isolates* wurden gelöscht. Färbung der Knoten nach Gender

des Filterns, sehr viele Verbindungen aussortiert. Weil aber Topics und Topic-Gewichte zwischen Untersuchungs- und Kontrollmodell variieren, stimmen die verbleibenden Verbindungen am Ende so wenig überein, dass die Netzwerke unvergleichbar werden. Mit dem 1 %-Schwellenwert, der nicht nachgefiltert werden muss, konnten wir dagegen unseren Stabilitätsstandard aus dem Topic Modeling halten. Die Netzwerke gleichen einander stark und weisen die Übereinstimmungen auf, die wir zwischen Untersuchungs- und Kontrollmodellen festgestellt hatten.

Die beiden semantischen Netzwerkmodelle in Abb. 6.14 und 6.15 zeigen für das 86 Romane umfassende 18. Jahrhundert-Korpus ein nur noch aus 23 Knoten bestehendes Gesamtnetzwerk, das wie eine dichte große Gruppe erscheint, und daneben drei kleine Komponenten. Für die Goethezeit bleibt ein ähnlich großer Anteil von Texten im Modell, wenn wir den semantischen Zusammenhang auf die Topics beschränken, deren Gewicht zu den höchsten 1 % im Korpus gehört (48 von 121). Das Netzwerk besteht aus zwei Gruppen mit unterschiedlicher Dichte, wobei in der weniger dichten Gruppe die Autorinnen sehr deutlich dominieren, während die dichte Gruppe, wenn wir auf die Färbung der Knoten nach Gender schauen, gemischt ist.

Auf den ersten Blick sehen diese semantischen Netzwerke genauso aus wie die stilometrischen Netzwerke. Gerade deshalb ist es wichtig, dass wir uns die Unterschiede bewusst machen. Dass wir hier keinen Wert, sondern nur das Label mit dem Kurztitel auf die Knoten geschrieben haben, wirkt sich nicht auf die Struktur des Netzwerks aus, die allein über die Kantenwerte zustande kommt. Deren unterschiedliches Filtering hat allerdings systematische Konsequenzen, die wir beachten müssen. Bei den stilometrischen Netzwerken liegt auf den Kanten ein Distanzmaß, das die Texte vor und nach dem Filtering auf Basis der gleichen, vollständigen Information in Beziehung setzt, nämlich über die Wortliste, aus der die Distanz berechnet wird. Die Topic-Gewichte funktionieren als Kantenwert anders. Aus ihnen ergeben sich die Kanten indirekt, indem zunächst für die vollständige Matrix mit den Gewichten aller 100 Topics in allen Korpustexten diejenigen Werte herausgesucht werden, die über dem Schwellenwert liegen, in unserem Fall also zum einen Prozent der höchsten Werte gehören. Dann wird geschaut, welche Texte solche starken Topics gemeinsam haben, woraufhin sie im Modell durch eine Kante verbunden werden, auf der als Wert dann die Anzahl der gemeinsamen Topics liegt.

Da das bei einem 1 %-Schwellenwert in der Regel nur ein Topic ist, sollten wir mit unseren neuen Netzwerkmodellen nicht so umgehen, als könnten wir nun stilometrische und semantische Ähnlichkeit eins zu eins vergleichen. Die semantischen Netzwerke zeigen semantische Zusammenhänge nur ausschnitthaft, dafür aber dort, wo sie am stärksten sind. Um sie interpretieren zu können, brauchen wir daher in unseren Modellen eine weitere Ebene, die uns auch die Topics zeigt, die gruppenbildend wirken. Die Netzwerkmodelle, die wir bisher erstellt haben, nennt die Fachwissenschaft *unimodal* („one-mode" (Wasserman und Faust 1994, S. 36)), weil sie Relationen zwischen Akteuren (in unserem Fall: zwischen Texten) hinsichtlich einer bestimmten Eigenschaft auf einer Ebene abbildet. So haben wir unsere Korpustexte nach ihrem stilometrischen Delta (Abb. 3.1, 3.2, 4.3, 4.4 und 4.9) und nach ihren Topic-Übereinstimmungen

(Abb. 6.14 und 6.15) in Beziehung gesetzt. Was wir jetzt brauchen ist ein *bimodales* („two-mode", ibid., S. 39) Netzwerk, das uns die Topic-Übereinstimmungen als Zugehörigkeit der Texte zu den ihnen gemeinsamen Topics zeigt und die Topic-Ebene mitdarstellt (Abb. 6.16 und 6.17).

In der bimodalen Darstellung können wir sofort erkennen, welche Topics die Gruppen bilden, die wir in Abb. 6.14 und 6.15 beobachtet haben, ohne dass wir sie hätten interpretieren können. Die dichte gemischte Gruppe im Modell zum 18. Jahrhundert geht auf Topic N. 63 zurück, eines jener Topics, die im Korpus mit starken Werten breit verteilt sind, ohne auslegbaren Sinn zu ergeben. Die zehn gewichtigsten Wörter dieses Topics sind:

> wünschte–manne–übel–verlegenheit–liebte–unserm–erstaunen–augenblicke–bedienten–bekanntschaft.

Schaut man in die Konkordanzen dieser Wörter, dann steht ‚manne' immer für eine männliche Handlungsinstanz. Zugleich beobachteten wir bei der Überprüfung der Fundstellen für ‚wünschte' im Korpus, dass rund sieben Prozent der Stellen eine syntaktische Gegensatzkonstruktion mit ‚aber' aufweisen, es also um Wünsche geht, denen etwas entgegensteht. Der Roman mit dem Spitzenwert für dieses Topic ist Therese Hubers *Luise. Ein Beitrag zur Geschichte der Konvenienz* (1796), eine psychologische Fallstudie über das individuelle Unglück der Ehe aus gesellschaftlich-familiärer Rücksicht. Diese Beobachtungen und die Reproduzierbarkeit des Topics auch im Goethezeit-Korpus, wo es ebenfalls das Zentrum einer großen gemischten Gruppe darstellt (Topic N. 87), können leicht dazu verleiten, hier einen semantischen Zusammenhang zum Thema Gender zu diagnostizieren, womit wir unserer Analyse allerdings keinen Gefallen täten. Das Topic ist statistisch stark, aber ihm fehlt die semantische Kohärenz, was sich nicht durch statistische Einzelbeobachtungen auf Korpusebene oder durch Stellenlektüren ausgleichen lässt. Nicht jeder statistisch starke Befund ist hermeneutisch verwertbar, und wo das so ist, sollten wir nicht versuchen, heterogene Evidenzen narrativ zu homogenisieren.

Glücklicherweise brauchen wir das auch nicht, denn die semantischen Netzwerkmodelle enthalten genügend belastbare Ergebnisse. Im Modell zum Untersuchungskorpus 18. Jahrhundert fällt am linken Rand Topic N. 42 auf, das vier Autorinnen verbindet. Dieses Topic ist uns gut bekannt. Es handelt sich um dasjenige Empfindsamkeitstopic, über das wir auf die im Vergleich zu den männlichen Autoren ambivalentere Semantik der Empfindsamkeit bei Autorinnen aufmerksam geworden sind (Abb. 6.7). Bei diesem Topic, so hatten wir gesehen, haben Frauen gegenüber Männern das größte Übergewicht (Abb. 6.3). Wir realisieren jetzt, dass dieses Topic dabei zu den Top 1 % der Topic-Gewichte im Korpus gehört. Des Schwellenwertes wegen sehen wir im Modell mit den vier dadurch verbundenen Texten nur die Spitze des Eisbergs. Ein Blick zurück in das Histogramm von Abb. 6.7 gibt uns das komplette Bild, in dem alle 16 Romane von Frauen von denen der Männer farblich abgesetzt sind. Wir haben dort zum Vergleich die Verteilung der Gewichte von Topic N. 55 dargestellt, das inhaltlich als harmonische

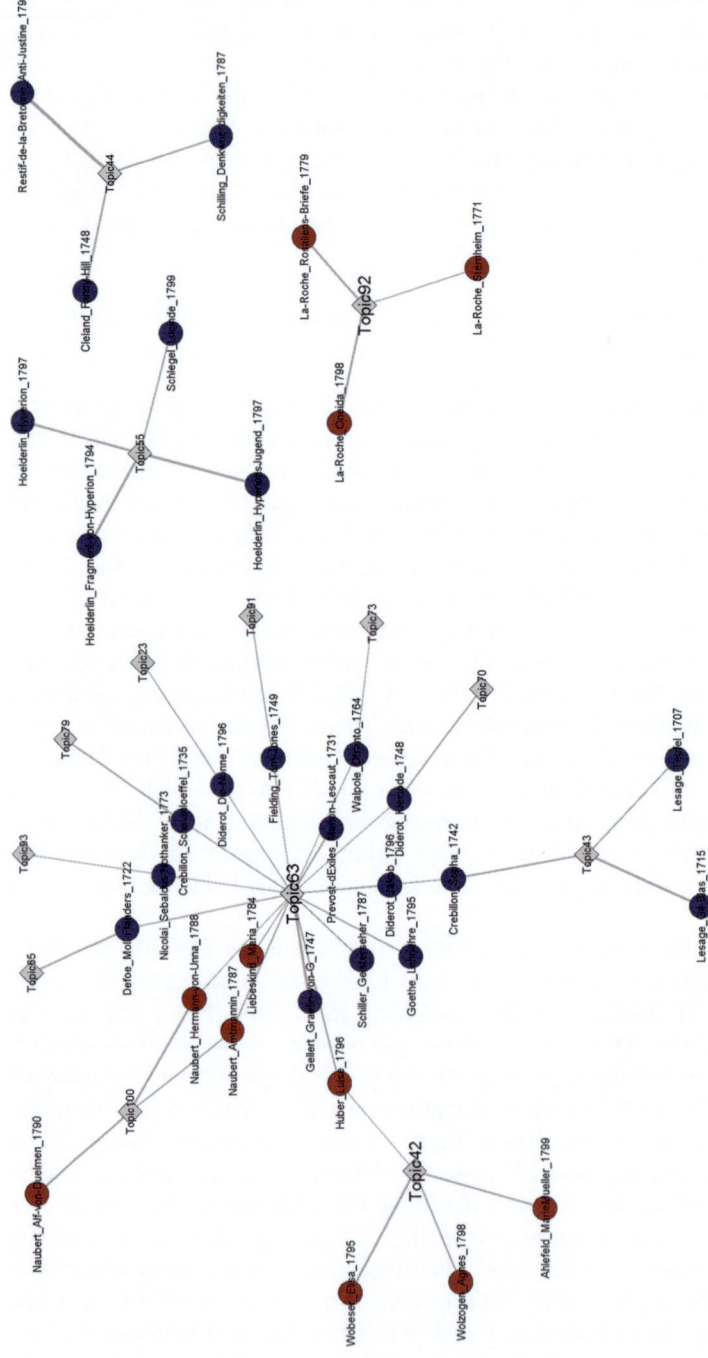

Abb. 6.16 Netzwerkmodell aus Abb. 6.14 in bimodaler Darstellung. Die Label der Topics 42, 63 und 92 wurden händisch vergrößert

Siebentes Experiment: Semantische Netzwerkmodelle 153

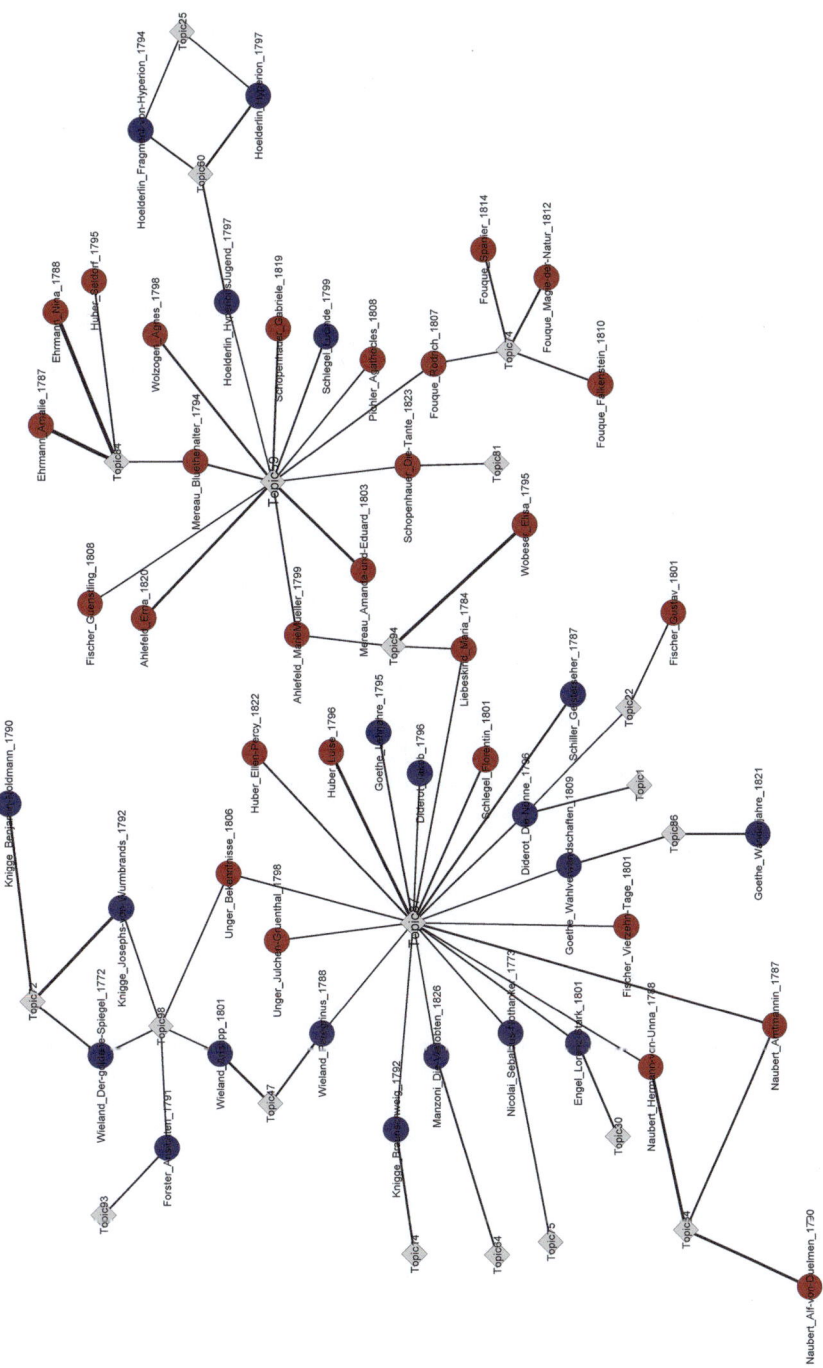

Abb. 6.17 Netzwerkmodell aus Abb. 6.15 in bimodaler Darstellung. Die Label der Topics 59 und 87 wurden händisch vergrößert

Empfindsamkeitswonne auf keinerlei negative psychische Disposition schließen lässt. Wenngleich dieses Topic im Schnitt bei Autorinnen und Autoren in etwa den gleichen Anteil hat (Abb. 6.3), zeigt uns das Histogramm (Abb. 6.7) vier männliche Spitzen, die ebenfalls den Schwellenwert überschreiten und daher in unserem semantischen Netzwerkmodell auftauchen: Hölderlins *Hyperion*-Texte und F. Schlegels *Lucinde*. Schließlich kennen wir aus unseren Analysen auch Topic N. 92, das rechts eine Komponente mit den drei Texten von Sophie La Roche bildet. Mit diesem autorenspezifischen Tugend-Topic der ‚schönen Seele' (Abb. 6.2) haben wir die Auswertung unserer Topic Modelle begonnen.

Schauen wir im diachronen Vergleich auf das semantische Netzwerkmodell zum Goethezeit-Korpus, geht die dichtere der beiden Gruppen, vom Layout auf der linken Seite platziert, auf ein Topic zurück (N. 87), das das breit verteilte, aber letztlich nicht interpretierbare ‚wünschte–manne…'-Topic reproduziert. Die andere Gruppe wird dagegen durch ein hermeneutisch klares Topic begründet, das nach der Variable Gender für eine ebenso klare statistische Differenz im Korpus steht. Es handelt sich um das Empfindsamkeitstopic N. 59, das sich erst im Vergleichszusammenhang Goethezeit konstituiert und in unserem Modell ‚gemüt' als Wort mit dem größten Gewicht ausweist. 17 von 100 Wörtern dieses Topics sind negativ konnotiert, und die Gender-Differenz bei der Verteilung seines Gewichts ist eklatant (Abb. 6.8). Dem entsprechend besteht die Gruppe, für die es zentral ist, fast ausschließlich aus Autorinnen. Nur die *Lucinde* und *Hyperions Jugend* clustern mit den Frauen, für die beiden anderen *Hyperion*-Texte ist das Topic, das die Empfindsamkeitswonne aus dem Modell zum 18. Jahrhundert reproduziert (N. 25), von hohem Gewicht. In Margarethe Liebeskinds *Maria*, Wilhelmine von Wobesers *Elisa* und Charlotte Ahlefelds *Maria Müller* wiederum ist Topic N. 94 (Modellmitte) besonders wichtig, welches die Goethezeit-Variante des negativen Empfindsamkeitstopics N. 42 im Modell zum Korpus 18. Jahrhundert darstellt.

Ergebnisse

Die semantischen Netzwerkmodelle zeigen mit dem von uns gewählten Schwellenwert die stärksten semantischen Zusammenhänge als Gruppierungseffekt. Obwohl der Anteil von Autorinnen im Korpus wesentlich geringer ist, bilden sie in den hermeneutisch relevanten Bereichen der Modelle stärkere Gruppen aus. Das gilt in steigendem Maße für den Vergleichszusammenhang Goethezeit, wo zwar auch der Frauen-Anteil gegenüber dem 18. Jahrhundert-Korpus höher ist (31 statt 19 %), die Texte von männlichen Autoren aber gleichwohl als deutliche Mehrheit die besseren Gruppierungschancen besitzen. Die Zusammenhänge, die auf diese Weise sichtbar werden, konsolidieren den Trend, den wir bei der Auswertung des Topic Modelings herausgearbeitet haben: Es ist die ambivalent akzentuierte Empfindsamkeit, die bei den Autorinnen ein herausragendes Gewicht hat. Frauen schreiben diesen Befunden nach nicht einfach emotionalere Texte als Männer, sie verfügen über eine größere Bandbreite in der Disposition von Gefühlen.

Wenn wir versuchen, diese Ergebnisse mit den stilometrischen Netzwerken der Kap. 3 und 4 argumentativ zu verbinden, sollten wir uns vor narrativen Verschleifungen hüten. Im Vergleich der stilometrischen Netzwerke unserer Untersuchungskorpora auf der Basis von Burrows' Delta konnten wir beobachten, wie eine im 18. Jahrhundert sämtliche Autorinnen umfassende Gruppe (Modell 2 in Abb. 3.1) sich mit der Goethezeit in zwei Gruppen teilt (Modell 3 in Abb. 3.2), von denen eine als romantisch zu interpretieren war. Es wäre jetzt ein phantastischer Befund, wenn wir mit Blick auf die semantischen Netzwerke, die in umgekehrter zeitlicher Richtung eine verstärkte Gruppenbildung der Autorinnen zeigen, eine Schlussfolgerung der Art ziehen könnten, dass die Autorinnen nach der Aufklärung Gemeinsamkeiten im Stil kultivieren und mit der Goethezeit zu einem großen verbindenden Themenbereich finden. – Das ist sicher kein unmöglicher Schluss, aber unsere Ergebnisse geben ihn nicht her. Mit Cosine Delta als Distanzmaß ließ sich die Gruppenaufteilung in der Goethezeit nicht reproduzieren (Modell 6 in Abb. 4.9). Andererseits spricht die Tatsache, dass wir auch in dem strukturell ansonsten stark vom Burrows' Delta-Modell abweichenden Netzwerk auf der Basis von Cosine Delta einen deutlichen Gruppierungseffekt bei den Autorinnen beobachten konnten, sehr dafür, dass es stilometrische Gemeinsamkeiten zwischen ihnen gibt. Über den Zwischenschritt der Zeta-Kontrastanalyse haben wir mit einer weiteren, nicht worthäufigkeitsbasierten Methode ermitteln können, wie die Unterschiede im Wortgebrauch von Autorinnen und Autoren tatsächlich aussehen (Abb. 6.1, Tab. 6.1 und 6.2). In beiden dazu durchgeführten Experimenten ist uns aufgefallen, dass schreibende Frauen Emotionswörter deutlich kontinuierlicher verwenden als Männer. Im zweiten, robusteren Modell lassen sich von den 140 Wörtern, die Autorinnen bevorzugen, knapp 50 als Emotionswörter verstehen, mehr als ein Viertel davon sind negativ (Tab. 6.2). Wir haben das Ergebnis zu Beginn dieses Kapitels eher zögerlich interpretiert. Die semantischen Netzwerkmodelle liefern jetzt eine Bestätigung. Gegenüber der mit dem Gesamtkorpus (18. Jahrhundert und Goethezeit) durchgeführten Zeta-Kontrastanalyse erlauben uns die Netzwerke im diachronen Vergleich die Annahme, dass sich der bei den Autorinnen festgestellte semantische Zusammenhang emotionaler Ambivalenz in der Goethezeit verstärkt.

Bibliografie

Primärliteratur

Ehrmann, Marianne (1995). *Amalie: eine wahre Geschichte in Briefen.* Herausgegeben von Maya Widmer und Doris Stump. Nachdr. der Ausg. Bern, Hortin, 1788. Bern: Haupt.
Fischer, Caroline Auguste (1987). *Die Honigmonate.* Herausgegeben von Anita Runge. Frühe Frauenliteratur in Deutschland. Hildesheim: Olms.
Fontane, Theodor, und Paul Heyse (1972). *Der Briefwechsel zwischen Theodor Fontane und Paul Heyse.* Herausgegeben von Gotthard Erler. Berlin; Weimar: Aufbau.
Goethe, Johann Wolfgang von (1806). „Schöne Künste". *Jenaische Allgemeine Literatur-Zeitung* 3 (167): 105–12.
Goethe, Johann Wolfgang von (1816). *Über Kunst und Alterthum in den Rhein- und Mayn-Gegenden.* Bd. 4. Heft 1. Stuttgart: Cotta.
Goethe, Johann Wolfgang von (1968). *Goethes Briefe. Hamburger Ausgabe in 4 Bänden.* Herausgegeben von Karl Robert Mandelkow. Hamburg: Wegner.
Goethe, Johann Wolfgang von (2000). „Wilhelm Meisters Lehrjahre". In *Werke. Hamburger Ausgabe in 14 Bänden.* Bd. 7. München: Deutscher Taschenbuch-Verlag.
Herder, Johann Gottfried von, und Caroline Flachsland (1928). *Herders Briefwechsel mit Caroline Flachsland. Band 2: Januar 1772–April 1773.* Herausgegeben von Hans Schauer. Weimar: Verlag der Goethe-Gesellschaft.
Heyse, Paul, und Hermann Kurz (1871a). *Deutscher Novellenschatz Bd. 1.* München: R. Oldenbourg.
Heyse, Paul, und Hermann Kurz (1871b). *Deutscher Novellenschatz Bd. 2.* München: R. Oldenbourg.
Heyse, Paul, und Hermann Kurz (1871c). *Deutscher Novellenschatz Bd. 3.* München: R. Oldenbourg.
Heyse, Paul, und Hermann Kurz (1871d). *Deutscher Novellenschatz Bd. 4.* München: R. Oldenbourg.
Heyse, Paul, und Hermann Kurz (1871e). „Einleitung". In *Deutscher Novellenschatz.* Bd. 1. München: R. Oldenbourg.
Heyse, Paul, und Hermann Kurz (1874). *Deutscher Novellenschatz Bd. 15.* München: R. Oldenbourg.
Klinger, Friedrich Maximilian von (1964). *Fausts Leben, Taten und Höllenfahrt.* Frankfurt a. M.: Insel-Verlag.
La Roche, Sophie von (1997). *Geschichte des Fräuleins von Sternheim: von einer Freundin derselben aus Original-Papieren und andern zuverlässigen Quellen gezogen.* Herausgegeben von Barbara Becker-Cantarino. Stuttgart: Reclam.

Schopenhauer, Johanna (1986). *Im Wechsel der Zeiten, im Gedränge der Welt: Jugenderinnerungen, Tagebücher, Briefe*. Herausgegeben von Rolf Weber. München: Winkler.
Unger, Friederike Helene (1991a). *Bekenntnisse einer schönen Seele: von ihr selbst geschrieben*. Herausgegeben von Susanne Zantop. Nachdr. der Ausg. Berlin, Unger, 1806. Frühe Frauenliteratur in Deutschland. Hildesheim: Olms.
Unger, Friederike Helene (1991b). *Julchen Grünthal*. Herausgegeben von Susanne Zantop. Nachdr. der 3. Aufl., Berlin, Unger, 1798. Frühe Frauenliteratur in Deutschland. Hildesheim: Olms.
Wobeser, Wilhelmine Karoline von (2015). *Elisa oder das Weib wie es seyn sollte*. Berlin: Holzinger.

Sekundärliteratur

Alberti, Conrad (1889). „Paul Heyse als Novellist". *Die Gesellschaft* 5: 967–984.
Algee-Hewitt, Mark, und Mark McGurl (2015). „Between canon and corpus: six perspectives on 20th-century novels". *Pamphlets of the Stanford Literary Lab*, Nr. 8: 1–27.
Archer, Jodie, und Matthew Lee Jockers (2016). *The bestseller code: anatomy of the blockbuster novel*. New York, NY: St. Martin's Press.
Assmann, Jan (2005). *Das kulturelle Gedächtnis: Schrift, Erinnerung und politische Identität in frühen Hochkulturen*. München: Beck.
Baker, Mona (2000). „Towards a Methodology for Investigating the Style of a Literary Translator". *Target* 12 (2): 241–66.
Barthes, Roland (2003). „Die strukturalistische Tätigkeit". In *Texte zur Literaturtheorie der Gegenwart*, herausgegeben von Dorothee Kimmich, Rolf Renner und Bernd Stiegler, 215–23. Stuttgart: Reclam.
Bartsch, Sabine (2004). *Structural and Functional Properties of Collocations in English: A Corpus Study of Lexical and Pragmatic Constraints on Lexical Co-Occurrence*. Tübingen: Narr.
Becker-Cantarino, Barbara (1997). „Nachwort". In *Geschichte des Fräuleins von Sternheim: von einer Freundin derselben aus Original-Papieren und andern zuverlässigen Quellen gezogen*, herausgegeben von ders., 381–415. Stuttgart: Reclam.
Becker-Cantarino, Barbara (2008). *Meine Liebe zu Büchern: Sophie von La Roche als professionelle Schriftstellerin*. Heidelberg: Winter.
Benjamin, Ruha (2019). „Assessing Risk, Automating Racism". *Science* 366 (6464): 421–22.
Blakey, Dorothy (1939). *The Minerva Press 1790-1820*. London: Bibliographical Society.
Blei, David M. (2012). „Probabilistic Topic Models". *Communications of the ACM* 55 (4): 77–84.
Blei, David, Andrew Ng, und Michael Jordan (2003). „Latent Dirichlet Allocation". *Journal of Machine Learning Research* 3: 993–1022.
Bossinade, Johanna (2005). „Die religiöse Sprache Friedrich Schlegels im Kontext seiner Poetologie". In *Romantische Religiosität*, herausgegeben von Alexander von Bormann, 67–88. Würzburg: Königshausen & Neumann.
Brandes, Ulrik, und Dorothea Wagner (2004). „Visone – Analysis and Visualization of Social Networks". In *Graph Drawing Software*, herausgegeben von Michael Jünger und Petra Mutzel, 321–40. Berlin: Springer.
Brottrager, Judith (2020). *The Signal and the Noise. Differentiating Stylometric Signals in the Analysis of Literary Texts*. Digital Philology | Evolving Scholarship 1. Darmstadt: TUPrints.
Burckhardt, Jacob (1978). *Weltgeschichtliche Betrachtungen: über geschichtliches Studium*. München: Deutscher Taschenbuch-Verlag.
Burrows, John (2002a). „The Englishing of Juvenal: Computational Stylistics and Translated Texts". *Style* 36 (4): 677–98.
Burrows, John (2002b). „,Delta': A Measure of Stylistic Difference and a Guide to Likely Authorship". *Literary and Linguistic Computing* 17 (3): 267–87.
Cahill, Ann J. (2008). *French Feminists, Vol. 2 : Hélène Cixous*. London: Routledge.

Collins, Jeff, David Kaufer, Pantelis Vlachos, Brian Butler, und Suguru Ishizaki (2004). „Detecting Collaborations in Text: Comparing the Authors' Rhetorical Language Choices in the Federalist Papers". *Computers and the Humanities* 38 (1): 15–36.
Da, Nan Z. (2019). „The Computational Case against Computational Literary Studies". *Critical Inquiry* 45 (3): 601–39.
Dalen-Oskam, Karina van, und Joris van Zundert (2007). „Delta for Middle Dutch – Author and Copyist Distinction in Walewein". *Literary and Linguistic Computing* 22 (3): 345–62.
Danneberg, Lutz, und Hans-Harald Müller (1984). „Wissenschaftstheorie, Hermeneutik, Literaturwissenschaft. Anmerkungen zu einem unterbliebenen und Beiträge zu einem künftigen Dialog über die Methodologie des Verstehens". *Deutsche Vierteljahrsschrift für Literaturwissenschaft und Geistesgeschichte* 58 (2): 177–237.
Dehrmann, Mark-Georg (2008). *Das „Orakel der Deisten": Shaftesbury und die deutsche Aufklärung*. Göttingen: Wallstein.
Dembeck, Till (2007). *Texte rahmen: Grenzregionen literarischer Werke im 18. Jahrhundert (Gottsched, Wieland, Moritz, Jean Paul)*. Berlin; Boston, MA: De Gruyter.
Dolamic, Ljiljana, und Jacques Savoy (2010). „When stopword lists make the difference". *Journal of the American Society for Information Science and Technology* 61 (1): 200–3.
Eckart de Castilho, Richard, Chris Biemann, Irina Gurevych, und Seid Muhie Yimam (2014). „WebAnno: a flexible, web-based annotation tool for CLARIN". In *Proceedings of the CLARIN Annual Conference (CAC)*, 1–6. Soesterberg, Netherlands.
Eder, Maciej (2013). „Mind your corpus: systematic errors in authorship attribution". *Literary and Linguistic Computing* 28 (4): 603–14.
Eder, Maciej (2016). „Rolling Stylometry". *Digital Scholarship in the Humanities* 31 (3): 457–69.
Eder, Maciej (2017). „Visualization in Stylometry: Cluster Analysis Using Networks". *Digital Scholarship in the Humanities* 32 (1): 50–64.
Eder, Maciej, Jan Rybicki, und Mike Kestemont (2016). „Stylometry with R: A Package for Computational Text Analysis". *The R Journal* 8 (1): 107–21.
Eder, Maciej, Jan Rybicki, Mike Kestemont, und Steffen Pielström (2019). „Package ‚stylo'". *CRAN*.
Engbers, Jan (2001). *Der „Moral-Sense" bei Gellert, Lessing und Wieland: zur Rezeption von Shaftesbury und Hutcheson in Deutschland*. Heidelberg: Winter.
Engel, Manfred (2011). „Frühe Romane: William Lovell und Franz Sternbalds Wanderungen". In *Ludwig Tieck*, herausgegeben von Claudia Stockinger und Stefan Scherer, 515–32. Berlin; Boston, MA: De Gruyter.
Erlin, Matt (2014). „The Location of Literary History: Topic Modeling, Network Analysis, and the German Novel, 1731–1864". In *Distant readings: Topologies of German culture in the long nineteenth century*, herausgegeben von Matt Erlin und Lynne Tatlock, 55–90. Rochester, NY: Camden House.
Erlin, Matt (2017). „Topic Modeling, Epistemology, and the English and German Novel". *Journal of Cultural Analytics*, 1. Mai 2017.
Esselborn, Hans (2004). „Jean Pauls Verhältnis zur romantischen Naturforschung und Naturphilosophie". *Aurora Jahrbuch der Eichendorff-Gesellschaft. Naturwissen und Poesie in der Romantik*, herausgegeben von Jürgen Daiber, Eckhard Grunewald, Gunnar Och, und Ursula Regener, 21–40. Tübingen: Niemeyer.
Evert, Stefan, Thomas Proisl, Thorsten Vitt, Christof Schöch, Fotis Jannidis, und Steffen Pielström (2015). „Towards a better understanding of Burrows's Delta in literary authorship attribution". In *Proceedings of the Fourth Workshop on Computational Linguistics for Literature*, herausgegeben von Anna Feldman, Anna Kazantseva, Stan Szpakowicz, und Corina Koolen, 79–88. Association for Computational Linguistics.
Fellbaum, Christiane, Hrsg. (1998). *WordNet: an electronic lexical database*. Cambridge, MA: MIT Press.
Finckh, Ruth, Roswitha Benedix, Petra Mielcke, Ortrud Schaffer-Ottermann, und Dagmar Winterfeld, Hrsg. (2015). *Das Universitätsmamsellen-Lesebuch: fünf gelehrte Frauenzimmer, vorgestellt in eigenen Werken*. Göttingen: Universitätsverlag Göttingen.
Firth, John Rupert (1957). *Papers in linguistics, 1934-1951*. Oxford: Oxford University Press.

Fischer, Frank, Mathias Göbel, Dario Kampkaspar, Christopher Kittel, und Peer Trilcke (2017). „Network Dynamics, Plot Analysis: Approaching the Progressive Structuration of Literary Texts". In *DH 2017. Conference Abstracts,* 437–41. McGill University & Université de Montréal.

Fobbe, Eilika (2011). *Forensische Linguistik: eine Einführung.* Narr-Studienbücher. Tübingen: Narr.

Friederici, Angela D. (1996). „The Temporal Organization of Language: Developmental and Neuropsychological Aspects". In *Communicating Meaning: The Evolution and Development of Language,* herausgegeben von Boris M. Velichkovsky und Duane M. Rumbaugh, 173–86. Hillsdale, NJ: Lawrence Erlbaum.

Garber, Jörn (2006). „Von der naturalistischen Menschheitsgeschichte (Georg Forster) zum gesellschaftlichen Positivismus (Friedrich Buchholz)". In *Natur, Mensch, Kultur: Georg Forster im Wissenschaftsfeld seiner Zeit,* herausgegeben von Jörn Garber und Tanja van Hoorn, 53–78. Hannover-Laatzen: Wehrhahn.

Gebert, Bent (2017). „Versunken in den Stürmen der Zeit? Mären- und Novellenschätze im 19. Jahrhundert". *Zeitschrift für Literaturwissenschaft und Linguistik* 47 (1): 67–85.

Ghosh, Kripabandhu, und Arnab Bhattacharya (2017). „Stopword Removal: Why Bother? A Case Study on Verbose Queries". In *The 10th Annual ACM India Compute Conference,* 99–102. ACM Press.

Gilbert, Daniel T., Gary King, Stephen Pettigrew, und Timothy D. Wilson (2016). „Comment on ‚Estimating the Reproducibility of Psychological Science'". *Science* 351 (6277): 1037.

Goldfriedrich, Johann (1909). *Geschichte des Deutschen Buchhandels: Geschichte des Deutschen Buchhandels vom Beginn der klassischen Litteraturperiode bis zum Beginn der Fremdherrschaft (1740-1804).* Leipzig: Verlag des Börsenvereins der Deutschen Buchhändler.

He, Haibo, und Yunqian Ma, Hrsg. (2013). *Imbalanced learning: foundations, algorithms, and applications.* Hoboken, NJ: John Wiley & Sons.

Henn, Marianne, Irmela von der Lühe, und Anita Runge, Hrsg. (2005). *Geschichte(n)-erzählen: Konstruktionen von Vergangenheit in literarischen Werken deutschsprachiger Autorinnen seit dem 18. Jahrhundert.* Göttingen: Wallstein.

Heuser, Magdalene (1986). „‚Spuren trauriger Selbstvergessenheit'. Möglichkeiten eines weiblichen Bildungsromans um 1800". In *Frauensprache – Frauenliteratur? Für und Wider einer Psychoanalyse literarischer Werke,* herausgegeben von Inge Stephan und Carl Pietzcker, 30–42. Tübingen: Niemeyer.

Heydebrand, Renate von, und Simone Winko (1995). „Arbeit am Kanon: Geschlechterdifferenz in Rezeption und Wertung von Literatur". In *Genus: zur Geschlechterdifferenz in den Kulturwissenschaften,* herausgegeben von Hadumod Bußmann und Renate Hof, 206–61. Stuttgart: Kröner.

Heydebrand, Renate von, und Simone Winko (1996). *Einführung in die Wertung von Literatur: Systematik – Geschichte – Legitimation.* Paderborn: Schöningh.

Heyer, Gerhard, Gregor Wiedemann, und Andreas Niekler (2018). „Topic-Modelle und ihr Potenzial für die philologische Forschung". In *Digitale Infrastrukturen für die germanistische Forschung,* herausgegeben von Henning Lobin, Roman Schneider und Andreas Witt, 351–68. Berlin; Boston, MA: De Gruyter.

Hoover, David L. (2001). „Statistical Stylistics and Authorship Attribution: An Empirical Investigation". *Literary and Linguistic Computing* 16 (4): 421–44.

Hutfless, Esther, Gertrude Postl, und Elisabeth Schäfer, Hrsg. (2013). Hélène Cixous: *‚Das Lachen der Medusa' zusammen mit aktuellen Beiträgen.* Wien: Passagen.

Jannidis, Fotis (2017). „Perspektiven quantitativer Untersuchungen des Novellenschatzes". *Zeitschrift für Literaturwissenschaft und Linguistik* 47 (1): 7–27.

Jannidis, Fotis, Hubertus Kohle, und Malte Rehbein, Hrsg. (2017). *Digital Humanities. Eine Einführung.* Stuttgart: Metzler.

Jannidis, Fotis, Thomas Proisl, Leonard Konle, und Stefan Evert (2019). „Dependenzbasierte syntaktische Komplexitätsmaße". In *DHd 2019. Digital Humanities: multimedial & multimodal. Konferenzabstracts*, 270–73.
Jockers, Matthew Lee (2013). *Macroanalysis: digital methods and literary history*. Urbana, IL: University of Illinois Press.
Jockers, Matthew Lee (2014). *Text Analysis with R for Students of Literature*. Cham: Springer.
Kahneman, Daniel (2012). *Thinking, Fast and Slow*. London: Penguin Books.
Kherwa, Pooja, und Poonam Bansal (2019). „Topic Modeling: A Comprehensive Review". *EAI Endorsed Transactions on Scalable Information Systems* 7 (24): 1–16.
Kleßmann, Eckart (2008). *Universitätsmamsellen: fünf aufgeklärte Frauen zwischen Rokoko, Revolution und Romantik*. Frankfurt a. M.: Eichborn.
Koschorke, Albrecht (2009). „Zur Epistemologie der Natur/Kultur-Grenze und zu ihren disziplinären Folgen". *Deutsche Vierteljahrsschrift für Literaturwissenschaft und Geistesgeschichte* 83 (1): 9–25.
Krautter, Benjamin, Janis Pagel, Nils Reiter, und Marcus Willand (2018). „Titelhelden und Protagonisten – Interpretierbare Figurenklassifikation in deutschsprachigen Dramen". *LitLab Pamphlet* 7: 1–56.
Krug, Michaela (2004). *Auf der Suche nach dem eigenen Raum: Topographien des Weiblichen im Roman von Autorinnen um 1800*. Würzburg: Königshausen & Neumann.
Lamprecht, Karl (1974). *Ausgewählte Schriften zur Wirtschafts- und Kulturgeschichte und zur Theorie der Geschichtswissenschaft*. Aalen: Scientia.
Lauer, Gerhard (2018). „Kulturelle Evolution. Zur Kritik der literaturhistorischen Methode". *Konferenzabstracts DHd 2018: Kritik der digitalen Vernunft*, 254–57.
Lauer, Gerhard, und Fotis Jannidis (2014). „Burrows's Delta and Its Use in German Literary History". In *Distant readings: Topologies of German culture in the long nineteenth century*, herausgegeben von Matt Erlin und Lynne Tatlock, 29–54. Rochester, NY: Camden House.
Ledford, Heidi (2019). „Millions of Black People Affected by Racial Bias in Health-Care Algorithms". *Nature* 574 (7780): 608–9.
Leipziger Literaturzeitung (1821). „Gabriele. Ein Roman von Johanna Schopenhauer", 4. Oktober 1821, Abschn. Roman/Romane.
Leuschner, Ulrike (2010). „Die Briefwechsel zwischen Sophie von La Roche und Johann Heinrich Merck". In *Ach, wie wünschte ich mir Geld genug, um eine Professur zu stiften. Sophie von La Roche im literarischen und kulturpolitischen Feld von Aufklärung und Empfindsamkeit*, herausgegeben von Gudrun Loster-Schneider, 251–66. Tübingen: Francke.
Liebrecht, Felix (1856). „Beiträge zur Novellenkunde mit besonderem Bezug auf die Ältere deutsche Literatur." *Germania* 1: 257–72.
Luhmann, Niklas (1999). „Kultur als historischer Begriff". In *Gesellschaftsstruktur und Semantik. Studien zur Wissenssoziologie der modernen Gesellschaft*, 31–45. Frankfurt a.M.: Suhrkamp.
Luong, Thang, Richard Socher, und Christopher D. Manning (2013). „Better Word Representations with Recursive Neural Networks for Morphology". In *Proceedings of the Seventeenth Conference on Computational Natural Language Learning*, 104–13. Association for Computational Linguistics.
Madland, Helga Stipa (1992). „Gender and the German Literary Canon: Marianne Ehrmann's Infanticide Fiction". *Monatshefte* 84 (4): 405–16.
Manning, Christopher D., Prabhakar Raghavan, und Hinrich Schütze (2008). *Introduction to information retrieval*. New York, NY: Cambridge University Press.
Masías, Víctor Hugo, Paula Baldwin, Sigifredo Laengle, Augusto Vargas, und Fernando A. Crespo (2017). „Exploring the prominence of Romeo and Juliet's characters using weighted centrality measures". *Digital Scholarship in the Humanities* 32 (4): 837–58.
Meister, Jan Christoph, Marco Petris, Evelyn Gius, und Janina Jacke (2019). *CATMA 5.0*.
Menzel, Wolfgang (1836). *Die deutsche Literatur*. Stuttgart: Hallberger.

Minden, Michael (2007). „Elisa oder das Weib wie es sein sollte: two kinds of reading pleasure in the consumption of the eighteenth-century German novel". In *Remapping the rise of the European novel*, herausgegeben von Jenny Mander, 293–301. Oxford: Voltaire Foundation.
Moretti, Franco (2000a). „Conjectures on World Literature". *New Left Review* 1: 54–68.
Moretti, Franco (2000b). „The Slaughterhouse of Literature". *Modern Language Quarterly* 61 (1): 207–28.
Moretti, Franco (2011). „Network Theory, Plot Analysis". *Pamphlets of the Stanford Literary Lab*, Nr. 2: 1–42.
Moretti, Franco (2013a). *Distant reading*. London; New York, NY: Verso.
Moretti, Franco (2013b). „Operationalizing: or, the Function of Measurement in Modern Literary Theory". *Pamphlets of the Stanford Literary Lab*, Nr. 6: 1–13.
Mosteller, Frederick, und David L. Wallace (1963). „Inference in an Authorship Problem". *Journal of the American Statistical Association* 58 (302): 275.
Müller, Götz (1983). *Jean Pauls Ästhetik und Naturphilosophie*. Tübingen: Niemeyer.
Nick, Bobo, Conrad Lee, Pádraig Cunningham, und Ulrik Brandes (2013). „Simmelian Backbones: Amplifying Hidden Homophily in Facebook Networks". In *Proceedings of the 2013 IEEE/ACM International Conference on Advances in Social Networks Analysis and Mining*, 525–532. ASONAM '13. New York, NY: ACM.
Nouvel, Damien, Maud Ehrmann, und Sophie Rosset (2016). *Named entities for computational linguistics*. London; Hoboken, NJ: Wiley.
Open Science Collaboration (2015). „Estimating the Reproducibility of Psychological Science". *Science* 349 (6251): 4716.
Päpcke, Simon, Thomas Weitin, Katharina Herget, Anastasia Glawion, und Ulrik Brandes (forthcoming). „Measuring Text Similarity in Literary Corpora: Non-Authorship Clustering and *Deutscher Novellenschatz*".
Pennebaker, James W. (2013). *The Secret Life of Pronouns: What Our Words Say about Us*. New York, NY: Bloomsbury.
Piper, Andrew (2018). *Enumerations: data and literary study*. Chicago, IL; London: The University of Chicago Press.
Piper, Andrew, und Mark Algee-Hewitt (2014). „The Werther Effect I. Goethe, Objecthood, and the Handling of Knowledge". In *Distant readings: Topologies of German culture in the long nineteenth century*, herausgegeben von Matt Erlin und Lynne Tatlock, 155–84. Rochester, NY: Camden House.
Prokop, Ulrike (1988). „Die Einsamkeit der Imagination. Geschlechterkonflikt und literarische Produktion um 1770". In *Deutsche Literatur von Frauen, 1. Band: Vom Mittelalter bis zum Ende des 18. Jahrhunderts*, herausgegeben von Gisela Brinker-Gabler, 323–65. München: Beck.
R Consortium (2020). *R-Studio*.
Richter, Sandra (2017). *Eine Weltgeschichte der deutschsprachigen Literatur*. München: C. Bertelsmann.
Rybicki, Jan, David L. Hoover, und Mike Kestemont (2014). „Collaborative Authorship: Conrad, Ford and Rolling Delta". *Literary and Linguistic Computing* 29 (3): 422–31.
Rybicki, Jan (2012). „The Great Mystery of the (Almost) Invisible Translator: Stylometry in Translation". In *Studies in Corpus Linguistics*, herausgegeben von Michael P. Oakes und Meng Ji, 51: 231–48. Amsterdam: John Benjamins.
Schäfer, Rütger (1972). *Friedrich Buchholz – ein vergessener Vorläufer der Soziologie : eine historische und bibliographische Untersuchung über den ersten Vertreter des Positivismus und des Saint-Simonismus in Deutschland. Bd. 1*. Göppingen: Kümmerle.
Scherer, Wilhelm, und Oskar Walzel (1921). *Geschichte der deutschen Literatur*. Berlin: Askanischer Verlag.
Schieth, Lydia (1990). „, Elisa oder das Weib wie es seyn sollte:' Zur Analyse eines Frauen-Romanbestsellers." In *Untersuchungen zum Roman von Frauen um 1800*, herausgegeben von Helga Gallas, 114–31. Tübingen: Niemeyer.

Schmidt, Erich (1886). *Charakteristiken*. Berlin: Weidmann.
Schöch, Christof (2013). „Big? Smart? Clean? Messy? Data in the Humanities". *Journal of Digital Humanities* 2: 1–12.
Schöch, Christof (2014). „Corneille, Molière et les autres. Stilometrische Analysen zu Autorschaft und Gattungszugehörigkeit im französischen Theater der Klassik". In *Literaturwissenschaft im digitalen Medienwandel, PhiN-Beiheft 7* , herausgegeben von Christof Schöch und Lars Schneider, 130–57.
Schöch, Christof (2016). „Ein digitales Textformat für die Literaturwissenschaften: die Richtlinien der Text Encoding Initiative und ihr Nutzen für Textedition und Textanalyse". *Romanistische Studien* 4: 325–64.
Schöch, Christof (2018). „Zeta für die kontrastive Analyse literarischer Texte Theorie, Implementierung, Fallstudie". In *Quantitative Ansätze in den Literatur- und Geisteswissenschaften*, herausgegeben von Toni Bernhart, Marcus Willand, Sandra Richter, und Andrea Albrecht, 77–94. Berlin; Boston, MA: De Gruyter.
Shung, Koo Ping (2020). „Model Selection: Accuracy, Precision, Recall or F1?" *Building Intelligence Together* (blog). 22. Januar 2020. https://koopingshung.com/blog/machine-learning-model-selection-accuracy-precision-recall-f1/, letzter Zugriff am 12. August 2021.
Slunitschek, Matthias (2018). *Hermann Kurz und die „Poesie der Wirklichkeit": Studien zum Frühwerk, Texte aus dem Nachlass*. Berlin; Boston, MA: De Gruyter.
Stephan, Inge (2004). *Inszenierte Weiblichkeit: Codierung der Geschlechter in der Literatur des 18. Jahrhunderts*. Köln; Weimar; Wien: Böhlau.
Tebben, Karin (1998). „Soziokulturelle Bedingungen weiblicher Schriftkultur im 18. und 19. Jahrhundert". In *Beruf: Schriftstellerin. Schreibende Frauen im 18. und 19. Jahrhundert*, herausgegeben von Karin Tebben, 10–46. Göttingen: Vandenhoeck & Ruprecht.
The Economist (2013). „Trouble at the lab", 18. Oktober 2013. https://www.economist.com/briefing/2013/10/18/trouble-at-the-lab, letzter Zugriff am 12. August 2021.
The Economist. (2016). „Computer says: oops", 16. Juli 2016. https://www.economist.com/science-and-technology/2016/07/16/computer-says-oops, letzter Zugriff am 12. August 2021.
The R Foundation (2020). *R*.
Touaillon, Christine (1919). *Der deutsche Frauenroman des 18. Jahrhunderts*. Wien; Leipzig: Braumüller.
Trilcke, Peer (2013). „Social Network Analysis (SNA) als Methode einer textempirischen Literaturwissenschaft". In *Empirie in der Literaturwissenschaft*, herausgegeben von Christoph Rauen, Katja Mellmann, und Philip Ajouri, 201–47. Münster: Mentis.
Turney, Peter, und Patrick Pantel (2010). „From Frequency to Meaning: Vector Space Models of Semantics". *Journal of Artificial Intelligence Research* 37: 141–88.
Underwood, Ted (2019). *Distant horizons: digital evidence and literary change*. Chicago, IL: The University of Chicago Press.
University of Sheffield (2020). *Gate*.
„Urania" (1838). *Blätter für literarische Unterhaltung* 2 (293): 1189–92.
Walkhoff, Monika (1967). *Der Briefwechsel zwischen Paul Heyse und Hermann Kurz in den Jahren 1869–1873 aus Anlass der Herausgabe des Deutschen Novellenschatzes [Mit Faks.]*. München: Foto-Druck Frank.
Walzel, Oskar (1919). *Die deutsche Dichtung seit Goethes Tod*. Berlin: Askanischer Verlag.
Walzel, Oskar (1929). *Gehalt und Gestalt im Kunstwerk des Dichters*. Potsdam: Akademische Verlagsgesellschaft Athenaion.
Wasserman, Stanley, und Katherine Faust (1994). *Social Network Analysis: Methods and Applications*. Cambridge; New York, NY: Cambridge University Press.
Weitin, Thomas (forthcoming). „Burrows's Delta und Z-Score-Differenz im Netzwerkvergleich. Analysen zum Deutschen Novellenschatz von Paul Heyse und Hermann Kurz (1871–1876)". In *Digitale Literaturwissenschaft. Beiträge des DFG-Symposiums*, herausgegeben von Fotis Jannidis. Stuttgart: Metzler.

Weitin, Thomas (2015). „Digitale Literaturwissenschaft". *Deutsche Vierteljahrsschrift für Literaturwissenschaft und Geistesgeschichte* 89 (4): 651–56.

Weitin, Thomas (2016). „Selektion und Distinktion. Paul Heyses und Hermann Kurz Deutscher Novellenschatz als Archiv, Literaturgeschichte und Korpus". In *Archiv/Fiktionen*, herausgegeben von Daniela Gretz und Nicolas Pethes, 385–408. Freiburg: Rombach.

Weitin, Thomas (2017). „Literarische Heuristiken: Die Novelle des Realismus". In *Komplexität und Einfachheit*, herausgegeben von Albrecht Koschorke, 422–41. Stuttgart: Metzler.

Weitin, Thomas, und Katharina Herget (2017). „Falkentopics: Über einige Probleme beim Topic Modeling literarischer Texte". *Zeitschrift für Literaturwissenschaft und Linguistik* 47 (1): 29–48.

Wille, Lisa (2020). *Zwischen Autonomie und Heteronomie: Bürgerliche Identitätsproblematik in Heinrich Leopold Wagners dramatischem Werk*. Würzburg: Königshausen & Neumann.

Yang, Yi, Shimei Pan, und Yangqiu Song (2016). „Improving Topic Model Stability for Effective Document Exploration". In *Proceedings of the Twenty-Fifth International Joint Conference on Artificial Intelligence,* 4223–7. New York, NY: AAAI Press.

Zantop, Susanne (1991). „Nachwort". In *Bekenntnisse einer schönen Seele, von ihr selbst geschrieben*, Nachdr. der Ausg. Berlin, Unger, 1806, 385–416. Hildesheim: Olms.

Personenregister

A
Ahlefeld, Charlotte von, 43, 47, 50 f, 90, 96, 103 f, 154
Alexis, Willibald, 26
Algee-Hewitt, Mark, 36 f
Andolt, Ernst, 30, 32
Archer, Jodie, 5

B
Bacon, Francis, 102
Bage, Robert, 76
Becker-Cantarino, Barbara, 95
Bourdieu, Pierre, 55
Brandes, Ulrik, 10, 27, 116
Brentano, Clemens, 30, 43, 50, 60, 65, 72
Brentano, Sophie, 94
Brinker-Gabler, Gisela, 82
Brottrager, Judith, 10, 63, 77
Brückner, Johann Jacob, 80
Buchholz, Friedrich, 96, 101 ff, 142 ff
Burckhardt, Jakob, 13
Burrows, John, 37, 47, 54, 58, 63, 90

C
Chamisso, Adalbert von, 18
Clauren, Heinrich, 88, 90
Comte, Auguste, 102

D
Darwin, Charles, 108
Diderot, Denis, 88
Doyle, Arthur Conan, 109
Droste-Hülshoff, Annette von, 30 f

E
Eder, Maciej, 30, 46, 58
Ehrmann, Marianne, 43 f, 50, 72, 122, 125, 137, 141, 143, 147
Eichendorff, Joseph von, 19 f, 22, 24, 72
Ense, Karl Vanhagen von, 30, 32

F
Fichte, Johann Gottlieb, 83
Fischer, Caroline Auguste, 50, 72, 77, 88, 90, 139, 141 ff
Fischer, Christian August, 77, 79
Flachsland, Caroline, 93
Fontane, Theodor, 15
Forster, Georg, 42
Friederici, Angela, 63
Frölich, Henriette, 50

G
Gadamer, Hans-Georg, 107
Gellert, Christian Fürchtegott, 44
Glawion, Anastasia, 10, 147
Goethe, Christiane, 84
Goethe, Johann Wolfgang von, 6 ff, 13 ff, 26 f, 29 ff, 35, 37 f, 40 ff, 46, 48, 50 f, 58, 60, 65, 72, 76, 81 ff, 88, 93 f, 96 ff, 103, 111, 136, 139 f, 142, 144 ff
Goldammer, Leo, 25
Gottsched, Luise, 82
Gräff, Heinrich, 76 ff, 83, 94
Gramlich, Ronja, 11
Grimm, Jakob, 115
Grüner, Christoph Sigmund, 79

H
Hagens, Friedrich Heinrich von der, 16
Halm, Friedrich, 30 f
Hauff, Wilhelm, 18, 20 f, 92
Häußler, Julian, 11
Heidenreich, Karl Heinrich, 80
Heine, Heinrich, 15
Herder, Johann Gottfried, 83
Herget, Katharina, 10, 18
Heyse, Paul, 15 ff, 29 ff
Hitzig, Eduard, 101
Hölderlin, Friedrich, 42 f, 48, 90, 92, 154
Hoover, David L., 63
Horner, Heinrich, 26, 30 f
Huber, Therese, 43, 47, 50, 78, 84, 151
Humboldt, Alexander von, 83
Hume, David, 102

I
Immermann, Karl, 26

J
Jannidis, Fotis, 20, 45 f, 95
Jockers, Matthew, 5, 30, 37, 58 f, 64
Jungherz, Katja, 11

K
Kahneman, Daniel, 54
Kalb, Charlotte von, 43
Kant, Immanuel, 5, 102
Keller, Adelbert, 16
Keller, Gottfried, 19 f, 22
Kinkel, Gottfried, 24, 31
Kinkel, Johanna, 24, 31
Kleist, Heinrich von, 14, 31 f
Klinger, Friedrich Maximilian von, 133, 136 f
Knigge, Adolph Freiherr von, 42 f
Kopisch, August, 29
Krause, Juliane, 11
Kurz, Hermann, 15 ff, 20 ff, 29 ff

L
La Roche, Sophie, 8, 43, 45, 47, 50, 78, 82, 88 ff, 92 ff, 97, 122, 125, 127 f, 140, 147, 154
Lamprecht, Karl, 115
Lauer, Gerhard, 45 f, 95
Lavater, Johann Caspar, 46

Lemmerich, Julian, 11
Lenz, Siegfried, 93
Liebeskind, Margarethe, 43 f, 50, 154
Liebner, Johann Adolph, 80
Liebrecht, Felix, 17
Luhmann, Niklas, 108

M
Mann, Thomas, 58
Martus, Steffen, 117
McGurl, Mark, 36
Meißner, Alfred, 26, 31
Menzel, Wolfgang, 84
Merck, Johann Heinrich, 93 f
Mereau, Sophie, 43, 47, 50 f, 60, 72, 83
Milton, John, 37
Minden, Michael, 83
Moretti, Franco, 5, 35, 108 f
Mörike, Eduard, 26
Motte-Fouqué, Caroline de la, 50, 51, 60, 72
Mügge, Theodor, 26
Müller, Johann Ernst, 79
Müller, Martin, 116
Müller, Wilhelm, 29, 31

N
Naubert, Benedikte, 43, 47, 50, 72, 125, 147
Neuber, Caroline, 82
Novalis, 72

P
Päpcke, Simon, 11
Parsons, Eilza, 77, 83
Paul, Jean, 41 ff, 46, 48, 125, 127
Penebaker, James, 58
Pichler, Caroline, 50
Pietzsch, Gottfried August, 80
Pilz, Zsofia, 11
Piper, Andrew, 37
Pölitz, Karl Heinrich Ludwig, 80
Prokop, Ulrike, 82

R
Raabe, Wilhelm, 31
Reinbold, Adelheid, 19 ff, 24, 26, 29 ff
Roquette, Otto, 26, 31
Rousseau, Jean-Jacques, 78, 140
Rybicki, Jan, 57 f

S

Saint-Simon, Henri de, 102
Schäfer, Rütger, 101, 104
Scherer, Wilhelm, 14 f
Schielke, Ikira, 11
Schieth, Lydia, 76 ff
Schiller, Friedrich, 14, 17, 32, 43, 46, 83
Schlegel Dorothea, 50 f, 60, 72
Schlegel, Friedrich, 50 f, 60, 65, 72, 83, 89 f, 154
Schlosser, Cornelia, 81 f
Schlosser, Georg, 82
Schmidt, Erich, 14, 94
Schöch, Christof, 37, 58, 90
Schopenhauer, Johanna, 50, 60, 72, 78, 84 f
Schreyvogel, Joseph, 30, 32
Schücking, Levin, 26
Scott, Walter, 19, 43
Simmel, Georg, 27, 55
Smith, Adam, 102
Staël, Germaine de, 43
Stein, Charlotte von, 43
Storm, Theodor, 22

T

Thümmel, Moritz August von, 40, 44, 92
Tieck, Ludwig, 19 f, 24 f, 44, 50, 60, 65, 72, 125, 127

U

Underwood, Ted, 114
Unger, Friederike Helene, 40, 42 f, 46, 48, 50, 60, 72, 76, 83, 88 ff, 92, 96 f, 99, 101, 103 f, 106, 140, 142 ff
Unger, Johann Friedrich, 83

V

Voigt, Friedrich, 79

W

Waldmüller, Ferdinand Georg, 29, 31
Walkhoff, Monika, 18
Walpole, Robert, 88
Walzel, Oskar, 15, 115
Wezel, Johann Karl, 40, 48, 92
Widmann, Adolf, 20, 24, 31
Wieland, Christoph Martin, 8 f, 17, 32, 42 f, 48, 50 f, 60, 72, 76, 88, 93 ff, 103 f, 125, 127
Wobeser, Wilhelmine Karoline von, 8, 46, 50, 76, 78 f, 87, 89, 92, 139, 154
Wolf, August, 26
Wollstonecraft, Mary, 77 f
Wolzogen, Charlotte von, 43, 50

Y

Yang, Yi, 132

Z

Zantop, Susanne, 96, 101, 106
Zelter, Carl Friedrich, 101
Zschokke, Heinrich, 26

Sachregister

A
Abtreibung, 102
Ähnlichkeit, 7, 19, 23, 25 f, 30 ff, 41, 46, 60, 71, 75 f, 98, 104, 125, 132, 143
  bilaterale, 46
  lokale, 29
  semantische, 10, 145, 150
  stilometrische, 48, 51, 71, 104
Ähnlichkeitskonkurrent, 132
Ähnlichkeitsberechnung, 27
Ähnlichkeitsbeziehung, 29, 51, 104
Ähnlichkeitsfavorit, 30
Ähnlichkeitsgruppen, 27, 29, 31, 40
Ähnlichkeitsmodell, 75
Akteure, 5, 22, 150
Amazonendiskurs, 50, 97, 99, 100, 139, 142
Annotation, 38, 55
Anonymität, 78
Aufklärung, 17, 44, 81 ff, 118, 136, 143, 155
Autonomieästhetik, 80 ff, 136, 143
Autorenstil, 58
Autorentopics, 121, 125, 127
Autorschaft, 7 f, 37 f, 43, 45, 47, 51, 54, 58 f, 63 ff, 72, 74 ff, 78 ff, 83, 85, 87 f, 91 f, 94 f, 98, 100 f, 103 ff, 111, 142
Autorschaftsattribution, 37 f, 47, 65, 103, 106
Autorschaftsdreieck, 48, 50, 102
Autorschaftssignal, 38, 51, 58, 62 f

B
Bag of words, 9, 55, 116
Beinamen, 21
Bestseller, 5, 8, 40, 43, 78, 99, 101, 104, 139
Bildung, 13, 80, 98, 101 f, 104, 110
Bildungseifer, 78
Bildungskanon, 140
Bildungspöbel, 15

Bildungsroman, 8, 40, 48, 50, 77, 83, 102, 104, 142, 144 f
Black box, 39, 130
Briefroman, 44, 72, 77, 97, 122, 139
Briefstil, 43 f, 47
Buchkultur, 3
Burrows' Delta s. Delta-Verfahren

C
Cherry picking of evidence, 119
Chunking, 68 f, 91, 103, 118, 120
Close reading, 53, 116
Clustering, 38, 46, 72, 76, 95, 104 ff, 110, 132, 154
Computerlinguistik, 3, 35 f, 108
Confirmation bias, 54
Corpus overlap, 40, 49, 128, 131
Cosine Delta, 65, 67 ff, 73, 103 ff, 110, 155
Crossvalidation, 87, 89, 90

D
Darwinismus, 108
Dekonstruktion, 109
Delta-Verfahren, 23 ff, 29 ff, 37, 40 ff, 45, 47, 54 f, 61 f, 65 ff, 103 f, 110, 150, 155
Depression, 82
Detektivgeschichten, 109
Deutscher Novellenschatz s. Novellenschatz
Dialekt, 8, 94
Digital Humanities, 1, 3 f, 24, 36, 115, 118
Digitalisierung, 1 f, 5, 109
Dimension, 67, 69, 70 f, 77, 81, 87, 122
Diplomatisierung, 45 f, 92, 114
Diskursanalyse, 9, 91, 120, 125, 132
Diskurstopics, 121, 147
Distant reading, 14, 53, 109, 116

Distinktivität, 40, 46, 58 f, 91, 111, 145
Domain adaption, 3, 37
Dorfgeschichte, 19 f, 31
Double keying, 38
Dramatis personae, 145

E

Ecriture féminine, 110
Ehenovelle, 18
Eigennamen, 58, 119
Elisaden, 77 ff, 83
Emanzipation, 79
Empfindsamkeit, 8, 10, 43, 50, 82, 94, 118, 121 f, 125, 127 f, 143, 145, 151, 154
Empirie, 3 ff, 115, 118
Entsagung, 82 ff, 97
Epoche, 6 f, 10, 14 f, 19 f, 35 f, 40, 46, 51, 63, 65, 81, 109, 116, 130, 136 f
Epochenschwelle, 44
Epochenwechsel, 40, 81, 143
Erbe, kulturelles, 5
Erwartungshorizont, 81, 85, 94, 111, 114, 121 f, 143
Erziehung, 78, 80, 83 f, 99, 110, 137 f
Erziehungsromane, 78
Evolutionstheorie, 108 f

F

Feature vector s. auch Wortvektor, 59, 63, 66 f, 70 f
Fehlklassifikationen, 87 ff, 95
Figurenkonstellation, 85, 139
Formalisierung, 2, 56, 85
Formalisten, 115
Französische Revolution, 83, 102
Frauenbeziehungen, 141
Frauenbild, 8, 82, 92, 94
Frauenemanzipation, 77 ff
Frauenliteratur, 6, 43 f, 78 f, 94, 109, 117
Frauenroman, 8, 80, 82, 85, 93
Frauenthemen, 122
Funktionswörter, 57 ff, 63 f, 67 f, 119

G

Gegenwartsliteratur, 5, 14
Geisteswissenschaften, 1 ff, 10, 27, 37, 43, 47, 54, 56, 79, 107, 115
Gemüt, 126, 128, 138, 142 f
Gender bias, 5, 22, 108 f
Gender-Klassifikation, 86, 89

Gender Studies, 79
Genderstereotypen, 94, 137, 139
Generationen, 13, 32, 47, 82 f, 110, 143
Genie, 14 f, 80 ff, 98 ff, 136, 142
Germanistik, 14, 17, 115, 117
Geschichtswissenschaft, 4, 102, 115
Goethezeit, 6 ff, 14 f, 22, 32, 38, 40, 46, 48 ff, 53, 60, 69, 71 ff, 77, 81, 86, 95, 100 ff, 110 ff, 127 ff, 137, 141, 143 ff, 149 ff, 154 f
Graphical user interface (GUI), 39
Great unread, 4 f, 35 f, 44, 108 f, 117
Gründerzeit, 14, 115
Gruppierungsverhalten, 75 f

H

Habitus, 4, 13, 43, 55, 81, 115
Herausgeberfiktion, 93
Hermeneutik, 1, 4, 9, 37, 45, 53, 79, 86, 94, 104, 107, 115 ff, 121, 130, 133, 136, 138, 151, 154

I

Improvement over chance, 88
Indegree-Zentralität, 30 f, 41
Informatik, 3, 75, 107
Internet, 2, 58, 65
Interpretation, 9, 24, 36 f, 44, 51, 53, 55, 60, 107, 111, 114, 119, 121, 125, 128, 133, 147
Intertextualität, 7, 106

K

Kanon, 4 ff, 9, 13, 36 f, 42, 108 f, 117, 120, 142
Kanonisierung, 5, 7 f
Klassifikation, automatische, 9, 85 ff, 94 f
Klassifikationsalgorithmus, 86, 88 ff
Klassifikationsexperiment, 10, 45, 76, 92, 111, 142
Klassik, 14, 37, 94
Komik, 21, 24, 138 f
Komödie, 14, 37
Konkordanz s. auch Konkordanzanalyse, 132, 151
Konkordanzanalyse s. auch Konkordanz, 117
Kontextsensitivität, 9, 115, 117
Kontrastanalyse, 9, 90, 111 ff, 155
Kontrollmodelle, 9, 69, 132 ff, 137, 143, 148, 150

Sachregister

Konvenienzehe, 82, 84, 151
Kookkurrenzanalyse s. auch Co-occurrence, 130
Körperpflege, 79
Korpuslinguistik, 118
Korpuszusammenstellung, 37, 46, 132
Kulturgeschichte, 13, 115
Kulturwissenschaft, 115
Künstliche Intelligenz, 86, 107 f

L
Latenz, 72, 120, 130
Lehramtsstudium, 1 f
Liebe, gleichgeschlechtliche, 98
Literaturmarkt, 16, 18, 22, 46, 79 ff, 84, 110, 136 f
Literaturwissenschaft, feministische, 8, 76, 78 f, 87, 89, 95, 108, 110

M
Makroanalyse, 3
Manhattan-Distanz, 67
Männlichkeit, 48, 140
Märchen, 18, 21 f, 33
Massengesellschaft, 13, 115
Median, 128
Metadaten, 4, 10, 37, 107, 117, 125
Methodenstreit, 3, 115
Milieu, 19, 102
Mittel, arithmetisches, 25, 27, 47, 54, 66, 68, 88 f, 128
Mutterschaft, 81, 97 f, 102, 137

N
Nachahmung, 55, 76 f, 79, 93, 97
Named entity recognition (NER), 58, 119, 125
Namen, 6, 13, 15, 20, 24, 27, 31 f, 39 f, 58, 67, 76, 80, 82, 90, 101, 119, 125, 140
Namensliste, 119
Narrativ, 5, 7, 32, 35, 78 f, 82, 102, 151, 155
Naturalismus, 15
Naturempfindung, 125
Naturwissenschaft, 1 f, 14, 109, 115
Netzwerk, bimodales, 151 f
Netzwerkanalyse, 10, 24, 26 f, 40, 102, 145
Normalverteilung, 66 f
Novelle, 15 ff, 29 ff, 35 f, 40, 47, 54
    Bauform, 23
    des 19. Jahrhunderts, 35
    deutschsprachige, 16
    echte, 17
    italienische, 17
    komische, 24
    moderne, 19, 22
    realistische, 7, 18, 21 f, 36
    romantische, 18, 22, 32
    spanische, 17
    Zentralität, 29
Novellenflut, 15
Novellenform, 17
Novellenkunde, 17
Novellensammlung, 6, 15 f, 22
Novellenschatz (Novellensammlung), 15 ff, 29 ff, 36, 40, 47
Novellenstruktur, 22

O
Öffentlichkeit, 4, 19, 138
Operationalisierung, 7, 9, 53 ff, 59 f, 63, 69, 85, 110, 138
Optical character recognition (OCR), 38, 101
Option, stilistische, 63
Originalität, 4, 43, 78, 80

P
Pädagogik, 8, 17, 80 f, 83 f, 93 f
Part-of-speech tagging (POS), 55
Philologie, 3 f
Positivismus, 3, 95, 102
Preprocessing, 58, 119, 125
Preußen, 96, 99, 102, 104
Proliferation, 16, 36, 121, 125 ff, 130

R
R (Programmiersprache), 10, 38 f, 57, 65, 75, 86, 89, 91, 112, 120
Reading at Scale, 116 ff, 144
Realismus, 6 f, 14 ff, 31 ff, 36, 83
    Literaturgeschichtsschreibung, 32
    poetischer, 31
Rechtsaufklärung, 81
Referenztext, 18
Regelungstechnik, 1
Repräsentativität, 35 f, 46, 91
Reproduzierbarkeit, 4, 10, 39, 87, 89, 128, 130, 133, 144 f, 151, 154 f
Rhetorik, 32, 36, 54, 80 f, 140
Romantik, 7, 15 ff, 31 f, 44, 47 f, 50 f, 60, 65, 72, 83, 89, 94, 100, 155
Rückschaufehler, 104

S

Säkularisierung, 136
Satz des Pythagoras, 70
Schlüsselstelle, 136, 141 ff
Schreibstil, 42 f, 106
Schwangerschaft, 137
Schwermut, 84, 138, 141
Sekundärliteratur, 37, 78, 117
Selbstähnlichkeit, 42, 48
Sexualmoral, 79
Signale, 6, 8, 38, 51, 55, 58, 62 ff
Signaltrennung, 64
Sozialwissenschaft, 3 f, 120
Spätaufklärung, 44, 80
Sprechernamen, 82
Stabilität, 6, 9, 46 f, 50 f, 60, 64 f, 72, 82, 86, 104, 110 ff, 114, 120, 128, 132 ff, 140 f, 143, 148, 150
Standardabweichung, 66
Statistik, 2 f, 9, 14, 30 f, 35 f, 38 f, 54 ff, 58 f, 64, 66, 75, 92, 94, 110, 115 f, 119, 130, 133, 136, 151, 154
  Fehler, 39
Statistikforschung, 54
Stellenlektüre, 54, 117, 133, 142 f, 151
Stichprobe, 35 f
Stil, 7, 19, 22 f, 31, 37, 45, 54 ff, 64, 94, 110, 140, 142, 155
  epischer, 20
  männlicher/weiblicher, 87, 91 f, 95
  objektiver, 22
Stilähnlichkeit, 65
Stilistik, 6, 26, 54, 63, 88, 104
Stilmerkmal, 19, 48
Stilmuster, 18, 22 f, 33
Stilrichtung, 63
Stilvergleich, 96
Stilvorlage, 6, 26
Stoppwortlisten, 58, 119
Störvariablen, 46 f, 64
Sturm und Drang, 44, 81, 136 f, 143
Subjektphilosophie, 145

T

Tagebuch, 40, 44, 46
Testkorpus, 86 ff, 91, 103, 112 f
Text Encoding Initiative (TEI), 37
Textähnlichkeit, 7, 66
Textanalyse, 9, 37, 44, 53, 75, 85, 107, 115, 118
Textkanon, 35
Töchterliteratur, 76
Token distribution, 39

Too big to read, 120
Topic keywords stability, 132
Tragödie, 14, 37, 100, 137
Trainingskorpus, 86 f, 91, 114
Trivialliteratur, 43, 80, 94
Tugend, 82, 93, 118 f, 121 f, 125, 127 ff, 130, 133, 136 ff, 154
  weibliche, 139
Tugenddiskurs, negativer, 128, 130, 133, 136 f, 141, 143
Type/token-ratio, 39, 68

U

Übersetzersignal, 42
Uneindeutigkeit, 8, 84
Universitätsmamsellen, 43
Urheberschaft, 8, 38, 76, 78, 82, 93, 100 f, 110

V

Validität, 55
Vektorlänge, 70 f, 87
Verfahren, überwachtes, 75 f, 85 f, 95
Vergleichbarkeit, 75, 115 ff, 147, 150
Versepen, 37
Vielschreiberei, 46, 94
Visualisierung, 4, 39, 144
Vocabulary richness, 55, 68

W

Wahrscheinlichkeiten, 41, 57, 87 f, 120 f, 125, 130
Weiblichkeit, 8, 48, 50, 79, 82, 84, 94, 110 f, 140, 143
Weltliteratur, 13
Wertungssystem, 79 f
  ästhetisches, 81
Wortähnlichkeit, 27, 29
Worthäufigkeiten, 9, 55, 57, 66 f, 69, 71, 74, 86, 90, 95, 106, 110 f, 114, 155
Wortvektor s. auch Feature vector, 46, 54, 116

Z

Z-Score, 66, 68 ff
  Normalisierung, 67
Zeitschriftenkultur, 4
Zentralität, 6 f, 17 f, 22 ff, 27, 29 ff, 35, 40 ff, 46, 48, 50, 60, 72, 75, 133, 145, 154
Zielkategorie, 76
Zipf'sches Gesetz, 57, 59, 68
Zweidimensionalität, 67, 70, 87

MIX
Papier aus verantwortungsvollen Quellen
Paper from responsible sources
FSC® C105338

If you have any concerns about our products,
you can contact us on
ProductSafety@springernature.com

In case Publisher is established outside the EU,
the EU authorized representative is:
**Springer Nature Customer Service Center GmbH
Europaplatz 3, 69115 Heidelberg, Germany**

Printed by Libri Plureos GmbH
in Hamburg, Germany